# EL MENSAJE SECRETO DE JESÚS

## DESCUBRA LA VERDAD QUE PODRÍA CAMBIARLO TODO

# BRIAN D. MCLAREN

GRUPO NELSON
Una división de Thomas Nelson Publishers
*Desde 1798*

NASHVILLE  DALLAS  MÉXICO DF.  RÍO DE JANEIRO  BEIJING

Publicado por Editorial Betania, una división de Grupo Nelson
© 2006 Grupo Nelson
Una división de Thomas Nelson, Inc.
Nashville, Tennessee, Estados Unidos de América
www.gruponelson.com

Título en inglés: *The Secret Message of Jesus*
© 2006 por Brian D. McLaren
Publicado por W Publishing Group
Una división de Thomas Nelson, Inc.

Los nombres y los detalles han sido cambiados para respetar la privacidad de las personas cuyas historias se comparten en este libro.

A menos que se indique lo contrario, todos los textos bíblicos han sido tomados de la versión Reina-Valera, de la *Santa Biblia*, revisión 1960. Usado con permiso.

Traducción: *John Bernal*
Diseño interior: *Marysol Rodriguez*

ISBN: 0-88113-154-7
ISBN: 978-0-88113-154-3

Impreso en Estados Unidos de América

3ª Impresión

Este libro está dedicado a todos los que trabajan por la paz
entre las naciones, razas, clases sociales, religiones, ideologías,
partidos políticos, familias, e individuos, porque esta gente
es parte de algo más grande y más importante
de lo que podemos entender.

# CONTENIDO

## 3ª PARTE
## IMAGINACIÓN: EXPLOREMOS CÓMO EL MENSAJE SECRETO DE JESÚS PODRÍA CAMBIARLO TODO

# INTRODUCCIÓN

*Busquen primeramente...*
— MATEO 6.33

**D**urante muchos años me he dedicado a buscar. Podría decirse que se trata de una búsqueda espiritual, o de pronto es una obsesión personal. El objetivo de mi exploración es entender a Jesús, y en particular su mensaje. Por supuesto, no creo que pueda contenerlo en mi cerebro diminuto. La idea no es tanto encajar su gran mensaje en mi pequeño cráneo, sino más bien tratar de sumergirme por completo en el mensaje de Jesús.

Algunos creen que una búsqueda espiritual de cualquier índole es una pérdida colosal de tiempo. Para ellos, lo único real es aquello que puede ser comprobado y medido. Piensan más o menos así: *La vida consiste en ganársela comprando y vendiendo, comiendo, bebiendo y pasándola bien; la vida se reduce a los procesos de respiración, digestión, eliminación, ovulación, eyaculación, gestación, reproducción, declinación, defunción. ¿Para qué buscar algo que no se puede probar? ¿Por qué no contentarnos con vivir la realidad? ¿Para qué gastar energía en una búsqueda espiritual? No existe nada fuera de la psicología y la biología, las cuales se reducen a nada más que química y electricidad, que a su vez solo son cuestión de física que es pura matemática. Eso es todo lo que existe.*

Otros piensan que mi búsqueda es una pérdida de tiempo por otra razón. Creen que ya se las saben todas en cuanto a Jesús y su mensaje, tras haberlo reducido a su propio «teorema». *Todo se explica con estos tres conceptos o aquellos cuatro pasos, o con esta fórmula de cinco enunciados; en realidad no es más complicado que una ecuación rudimentaria. Es como decir, 3 + 4 = 7. En otras palabras, 16 − 9 = 7 y −7 + 7 = 0. ¿Por qué Brian insiste en desviarse y complicar el asunto en lugar de ratificar las normas establecidas y seguir las instrucciones provistas?*

Ahora bien, parece que muchas personas tienen mi misma sospecha, que ni el formulismo religioso ni el materialismo secular tienen la explicación completa. Considere el número de personas que en años recientes han leído, escuchado o incluso visto *El Código Da Vinci*. Más que una novela cautivante, es la expresión audaz de una frustración generalizada con la religión cristiana organizada que ha sido dominada por varones, orientada a la adquisición y mantenimiento del poder y el estatus quo, y proclive a encubrimientos escandalosos. ¿Por qué les resulta más intrigante y hasta atractiva la visión de Jesús sugerida por Dan Brown, que la versión tradicional de Jesús que escuchan en las iglesias? ¿Por qué habrían de sentirse descorazonados al descubrir que la versión de Jesús elaborada por Brown ha sido desacreditada como una invención sin fundamento, dejando así intacta la versión oficial de la iglesia? ¿Es posible que así la versión ficticia de Brown engañe en muchos sentidos, por lo menos sirve para dar pie a la posibilidad de que las versiones convencionales de Jesús que la iglesia perpetúa no le hayan hecho justicia?

Piense en todas las personas que han explorado los evangelios gnósticos en años recientes, con la esperanza de recibir una visión más clara y radical de Jesús y su mensaje. ¿Qué tal si el problema no radicase en nuestras historias aceptadas de Jesús (las que recibimos a través de Mateo, Marcos, Lucas y Juan a diferencia de los demás registros), sino más bien en que hemos tenido éxito en domesticarlas y fracasado en asimilarlas en su vigor prístino y original. ¿Qué tal si el evangelio canónico (oficialmente aceptado) de Mateo, bien entendido, resulte más radical y robusto que el evangelio apócrifo de Tomás, o que el evangelio canónico de Juan sea mucho más visionario y transformador que el evangelio apócrifo de Pedro, si tan sólo tuviésemos «oídos para oír» como nos dice Jesús?

Piense ahora en todas las personas que leen artículos y ven documentales acerca de Jesús en los canales y programas educativos, con la esperanza de tener una vislumbre más real de este ser fascinante y único. Piense también en las personas que sienten repulsión hacia los representantes religiosos que aparecen en los noticieros o en los programas de opinión, para no mencionar los canales religiosos financiados con ofrendas. ¿Qué tan bien o mal representan estas personas y medios comunicativos a Jesús y su mensaje?

Piense en aquellas personas que tienen experiencias espirituales profundas que les dicen que la vida es mucho más que lo aparente, algo que no puede reducirse a las fórmulas ni a los mecanismos de la religión organizada o de la ciencia reduccionista. Piense en las personas que a pesar de haberse desencantado por completo con la «religión organizada» debido a malas experiencias o a simple aburrimiento, todavía tienen a Jesús en alta estima. Quizás «estima» no es la palabra adecuada, lo que tienen es cierto sentido de *posibilidad* en cuanto a Jesús, la noción de que es posible que él sea mucho más de lo que reconoce la mayoría, incluidos muchos que se llaman a sí mismos cristianos.

Este grupo de insatisfechos (en el cual me incluyo), intuye de alguna manera que tanto Jesús como su mensaje son mejores que todo lo que hemos oído, entendido o descubierto hasta ahora. Ellos, o más bien, «nosotros», sentimos que le falta una pieza al rompecabezas y que sin ella nunca podremos tener el cuadro completo. Existe una puerta secreta en algún lugar, detrás de una cortina o un escaparate, y al otro lado de esa puerta hay habitaciones que ni siquiera hemos imaginado que existan. Ellos (nosotros) tienen la grave sospecha de que hay un secreto que todavía no hemos podido captar.

No me refiero a algo inverosímil, tampoco a una gran confabulación ni a especulaciones alocadas. Para no ofender me abstendré de dar detalles específicos, pero el lector sabrá a qué me refiero: No pretendo decir que Jesús forme parte de una liga de superhéroes o extraterrestres originarios del planeta Zorcon 3 ni nada por el estilo. El secreto que tengo en mente se parece más a la sensación de hallazgo que se tiene al llegar al final de una película bien hecha: Desde la primera escena uno ha estado confundido con respecto a algo, pero de repente todo encaja y tiene sentido. Muchos de nosotros sentimos que nos la hemos pasado viendo la película atentamente, pero todavía no hemos llegado a ese momento de claridad. Cómo quisiéramos que llegara. Yo podría decirle que ya sé cómo va a terminar la película, pero es probable que no me crea. Después de todo, no hay nada más típico que un charlatán religioso que asegura tener la última palabra.

No, no puedo decirle que ya me averigüé todo el asunto, pero sí puedo decirle que voy por buen camino. Tras muchos años de búsqueda, lucha, cuestionamiento, duda, asombro, alejamiento, frustración, retorno, relectura y reinicio total, he visto un par de cosas que me han ayudado a armar el rompecabezas, y no solo a mí sino a muchos otros. Todavía no he llegado al punto de la película en que se tiene la sensación de hallazgo, pero estoy al borde. Quizás mientras escribo las páginas que usted se dispone a leer, tendré mayor claridad y cruzaré el umbral hacia un nuevo nivel de entendimiento.

Así lo espero. Es por eso que escribo, y supongo que también es la razón por la que usted lee.

Al escribir este libro le apunto a tres tipos de lectores. En primer lugar, es posible que usted nunca haya oído acerca de mí ni leído alguno de mis libros anteriores. Decidió leer estas líneas movido por el título, el tema indicado, el diseño de la portada o por recomendación de un conocido, no por haber reconocido mi nombre. Me alegra que de algún modo podamos conocernos por este medio, y espero que usted genere nuevos pensamientos e imagine nuevas posibilidades al leerlo. Espero que el mensaje secreto de Jesús se gane su corazón como se ganó el mío.

De manera especial, abrigo la esperanza de que este libro sea útil para personas que se consideran espirituales pero no religiosas, o interesadas en Jesús pero no en el cristianismo. Aunque he sido pastor más de veinte años, me identifico con ellos porque hay muchos aspectos del círculo religioso que me fastidian. Es una de las razones por las que anticipé tanto escribir este libro: Yo creo que el mensaje secreto de Jesús representa una alternativa clara y una dirección diferente a la tomada frecuentemente por el establecimiento religioso.

En segundo lugar, es posible que haya leído alguno de mis libros anteriores y decidió arriesgarse a leer otro. Quizás sienta, como yo, que mis libros anteriores han sido como la preparación del terreno para algo nuevo, y usted sospecha que este libro puede contener la semilla de ese «algo nuevo».

En tercer lugar, hay personas que consideran mis escritos anteriores controversiales o algo peor. Si usted forma parte de este grupo, espero que halle aquí algo de valor aunque sé que encontrará puntos débiles. Por ejemplo, tal vez querrá que yo hubiese dicho más sobre algunos aspectos de la vida o el mensaje de Jesús que sean de importancia especial para usted.[1] Confío en que tendrá presentes tres consideraciones. La primera es que no sentí que fuera necesario cubrir el mismo terreno que muchos otros escritores ya han cubierto bastante bien. Segundo, decidí que sería mejor escribir un libro menos prolongado para que la gente pudiera terminarlo en vez de asustarlos con un ladrillo. Tercero, mi enfoque aquí es el mensaje de Jesús, no ver cómo encaja Jesús con esta o aquella vertiente de teología sistemática, por importantes que sean esos temas para algunos. Los críticos concienzudos se darán cuenta que lo escribí para el público general y no para los eruditos ni los religiosos, y que por eso a veces debo abrirme paso de maneras que no parecerán ideales a los muy informados o a los recientemente curiosos.[2]

He aquí lo que el lector puede esperar de este libro: En la primera parte daremos un vistazo a Jesús y al tiempo en que vivió; trataremos de entenderle en el contexto de la política y la religión así como en la desazón y los sueños propios de su cotidianidad. En la segunda parte estudiaremos más de cerca el mensaje de Jesús. Vamos a empezar tomando en serio los diversos medios que sirvieron para transmitir su mensaje y luego nos iremos al fondo del mensaje mismo. Por último, tras viajar al pasado y saturarnos con el mensaje de Jesús, en la tercera parte volveremos al presente, a nuestro propio mundo con todos sus problemas, retos y oportunidades, y trataremos de ver nuestra existencia bajo una luz nueva.

Si logramos captar así sea un fragmento del mensaje secreto de Jesús, si lo asimilamos y llegamos no solo a verlo, sino también aprendemos a ver *a través* de él, nuestro mundo y nuestra vida se verán diferentes al culminar nuestra exploración. Si esto llegara a suceder con algún grado de profundidad dentro de cada uno de nosotros, *todo* podría cambiar.

# EXPLORACIÓN

### AL EXCAVAR BAJO LA SUPERFICIE SE DESCUBRE EL MENSAJE DE JESÚS

# CAPÍTULO 1

# PREGUNTAS INQUIETANTES
# ACERCA DE JESÚS

*¿También ustedes son todavía tan torpes?*
— MATEO 15.16 (NVI)

¿Qué tal si Jesús de Nazaret tuviera mucha más razón, en muchos aspectos y sentidos, de lo que nos hemos dado cuenta hasta ahora?

¿Qué tal si Jesús tuviese un mensaje que puede cambiar el mundo de verdad, pero el problema es que nosotros somos proclives a pasarlo por alto?

¿Qué tal que hayamos desarrollado una religión que hace declaraciones reverentes y honrosas acerca de Jesús pero no enseña lo que Jesús enseñó de la manera en que él lo enseñó? ¿Qué tal que la religión que se asocia por lo general con Jesús no instruye bien a sus adherentes ni espera de ellos que realmente vivan conforme a las enseñanzas de Jesús?

¿Qué pasaría si el mensaje central de Jesús se ha interpretado mal sin intención o ha sido sujeto a distorsiones intencionales? ¿Qué tal si muchos de los que han valorado sinceramente ciertos aspectos del mensaje de Jesús, al mismo tiempo han omitido o hasta suprimido otras dimensiones más importantes? ¿Qué pasaría si multitudes enteras han preservado y transmitido una religión que celebra fielmente a Jesús en rituales y expresiones artísticas, enseña con rigor acerca de Jesús en sermones y libros, proclama el nombre de Jesús en canciones e himnos, y teoriza acerca de Jesús en seminarios y salones de clase, pero en algún punto del recorrido dejó entre el tintero ciertos tesoros valiosos y radicales que yacían ocultos en el mensaje esencial de Jesús?

¿Qué tal si son demasiados los líderes religiosos de la actualidad, entre los cuales debo incluirme, que van a la retaguardia en cuanto a captar el mensaje de Jesús y a la vanguardia en el proceso paulatino de reducirlo, hacerle oposición, distorsionarlo o suprimirlo, tal y como lo hicieron sus correligionarios en el tiempo de Jesús?

¿Qué tal que Jesús literalmente haya escondido su mensaje más profundo, tratándolo no como algo patente y obvio, sino como un tesoro que uno debe esforzarse en buscar hasta encontrarlo? Si ese es el caso, ¿por qué haría Jesús algo así? ¿Cómo vamos a encontrar su mensaje si él realmente lo dejó escondido?

¿Qué tal si el mensaje secreto de Jesús revela un plan secreto? ¿Qué tal que él no haya venido para empezar una religión, sino para poner en movimiento una revolución política, social, religiosa, artística, económica, intelectual y espiritual que daría luz a un mundo nuevo?[1]

¿Qué pasaría si su mensaje tuviera implicaciones prácticas en nuestra manera de vivir a diario, en cómo ganamos y gastamos el dinero, cómo tratamos a gente de otras razas y credos, y cómo manejan las naciones del mundo sus políticas exteriores? Si el mensaje de Jesús estuviera directa o indirectamente vinculado a temas como publicidad, medio ambiente, terrorismo, economía, sexualidad, matrimonio, crianza, la búsqueda de felicidad y paz, la reconciliación racial, etc., ¿cuál sería el resultado?

Si así fuera, ¿nos gustaría saber cuál es el mensaje? ¿Cuánto nos motivaría el llegar a conocerlo? ¿Estaríamos dispuestos a buscar a fondo, pensar hondo y escrutar con tesón a fin de encontrarlo? ¿Estaríamos dispuestos a reevaluar nuestras nociones preconcebidas?

¿Qué diríamos si el mensaje de Jesús fuera una buena noticia, no solo para cristianos, sino también para judíos, budistas, musulmanes, hinduistas, gente de la Nueva Era, agnósticos y ateos? ¿Y qué si el mensaje de Jesús incluyera serias advertencias para judíos, budistas, musulmanes, hinduistas, gente de la Nueva Era, agnósticos, ateos, y *también* para los cristianos? ¿Qué diferencia podría marcar en las vidas de individuos, sus familias, vecindarios, círculos de amistades y en el mundo entero? Esas son las preguntas que vamos a explorar en estas páginas.

Para mí, estas no son simples preguntas hipotéticas. Yo crecí en la iglesia oyendo historias maravillosas acerca de Jesús que capturaron mi imaginación durante la infancia. Luego en mis años de adolescencia, tras un período breve pero intenso de duda, me sentí intrigado por Jesús de una forma más madura y empecé a preguntarme qué es lo que significa ser un seguidor auténtico de Jesús en mi vida diaria. En la universidad, aunque pasé por tiempos de cuestionamiento, escepticismo y desilusión, me mantuve confiado en que Jesús mismo de algún modo tenía la razón, era real y venía de Dios, así la religión que lleva su nombre me pareciera una mezcla disparatada y sus adherentes como yo con frecuencia diesen un ejemplo desalentador.

Tras salir de la escuela de postgrado, trabajé como maestro de inglés en una universidad secular con muchos estudiantes y traté de comunicar lo que sabía de Jesús al mundo de la educación superior. A mediados de los ochenta dejé la educación superior y entré al ministerio pastoral, donde he pasado los últimos veinte años de mi vida, sirviendo en una iglesia en las afueras de Washington, D.C. Como pastor y como ser humano, he tenido una obsesión constante: la personalidad fascinante, misteriosa, incontenible, incontrolable, enigmática, vigorosa, sorprendente, pasmosa, exquisita, sutil, honesta, genuina y explosiva de Jesús.

Sin embargo, en el transcurso de estos años una sensación incómoda me ha indicado que el retrato de Jesús que encontré en el Nuevo Testamento no cuadraba con la imagen del cristianismo proyectada por las instituciones religiosas, los evangelistas carismáticos de la televisión, los portavoces religiosos en los medios, y hasta por mis propias prédicas. A veces la desazón viene cuando caigo en cuenta de que las enseñanzas y el ejemplo de Jesús no se acomodan dócilmente dentro de las categorías sistemáticas de mi teología. En otras ocasiones la siento como resultado del simple y triste hecho de que a pesar de identificarme como cristiano, con demasiada frecuencia soy un patán inconstante que por mucho que quiera cambiar, tercamente se queda atascado en hábitos viejos y con ganas de mucha más transformación de la que ha experimentado hasta ahora.

El caso es que he vivido en busca de algo. Podría llamarse la expedición de la duda, porque he dudado de las maneras convencionales de entender a Jesús y su mensaje. También podría llamarse una aventura de fe porque mi búsqueda surge de una convicción profunda, que sea cual sea el significado esencial del mensaje de Jesús, es verdadero y vale la pena conocerlo, y que así trastoque algunos de nuestras presuposiciones, prioridades, valores y prácticas convencionales; un mejor entendimiento valdrá más cualquier molestia y escozor temporal.

Mucha gente dice: «Lo que uno cree no importa, siempre y cuando lo crea con sinceridad». En parte tienen razón porque la sinceridad es muy valiosa, y lo cierto es que casi siempre las discusiones acerca de quién tiene las creencias correctas solo conducen a la arrogancia e incluso a la violencia. No obstante, creer falsedades así sea sinceramente, puede acarrear sus propias consecuencias adversas.

Por ejemplo, trate de creer que usted agradará a Dios si estrella un avión contra un edificio, que podrá malversar fondos sin que nadie salga perjudicado, que usted es la excepción a la regla en materia de conducta sexual o decoro, o que su raza o religión le hace superior a miembros de otras razas o credos. Esa es una fórmula infalible para convertirse en una persona a quien nadie respeta, ni siquiera usted mismo, tarde o temprano.

En cambio, creer lo que es verdadero, procurar ver las cosas tal y como son en realidad, esforzarse en ser fiel a lo que es, lo que fue y lo que será, lo pone a uno cada vez más en contacto con la realidad y le ayuda a convertirse en una persona sabia y buena. También puede añadirle más significado y deleite a la vida. Por ejemplo, si usted ha heredado una gran fortuna pero no lo cree, o si alguien le ama de verdad y usted no lo cree, se está perdiendo de mucho, ¿no es así? La diferencia radica en tener creencias más verdaderas, creencias más alineadas con la realidad.

En uno de mis libros anteriores dije que a veces se valora demasiado la claridad y no se aprecia la intriga lo suficiente, pero aquí quiero afirmar, con toda claridad, cuán trágico es que cualquier persona, especialmente alguien afiliado con la religión que lleva el nombre de Jesús, no tenga claridad en cuanto a cuál fue el mensaje real de Jesús.

Mucha gente no entiende que la religión cristiana en sus diversas manifestaciones (católica, protestante, ortodoxa y pentecostal) es la religión más grande, rica y poderosa del mundo. Si la religión cristiana «subvalora» el mensaje de Jesús, si no conoce o no cree la verdad acerca de Jesús y su mensaje, el mundo entero sufrirá por la ignorancia, la confusión o el engaño de los cristianos. En cambio, si descubre, entiende, cree y vive el mensaje de

Jesús, será cada vez más fiel a la realidad de lo que Jesús enseñó en palabra y ejemplo, y como resultado todos podrán beneficiarse: Cristianos, judíos, musulmanes, hinduistas, budistas, agnósticos, ateos, todos sin excepción.

En una era de terrorismo global e intensos conflictos religiosos, es importante reconocer que todos los musulmanes tratan a Jesús como un gran profeta, que muchos hinduistas están dispuestos a considerar a Jesús como una manifestación legítima del orden divino, que muchos budistas ven a Jesús como una de las personas más iluminadas de la raza humana, y que Jesús mismo fue judío. A propósito, este libro establece que si no entendemos la identidad judía de Jesús nunca le entenderemos. Una revaloración aunada del mensaje de Jesús podría abrir un espacio único y un terreno común para el diálogo religioso que tanto se necesita en nuestro mundo, y no me parece una exageración decir que el futuro de nuestro planeta puede depender de tal diálogo.[2] Esta revaloración del mensaje de Jesús podría ser el único proyecto capaz de salvar varias religiones, incluida la cristiana, de una serie de amenazas que van desde su fusión con el consumismo y el nacionalismo hasta la práctica violenta del fundamentalismo.

¿No sería extraño que las personas que empezaran a descubrir y creer el mensaje secreto de Jesús ni siquiera se identificaran como cristianos? ¿No sería trágico que gente como yo, que se identifican como cristianos, no estuvieran dispuestos a considerar la posibilidad de que les falta más por aprender (y desaprender) acerca del mensaje de Jesús?

Tal vez parezca audaz que yo sugiera algo así, pero hablo por experiencia propia: Crecí en la iglesia y pasé muchos años en devotos círculos cristianos antes de darle más que una mirada furtiva al mensaje secreto de Jesús. Incluso ahora apenas lo veo en parte, y me siento como un niño parado al borde del Gran Cañón: Impresionado, falto de aire y con un poco de vértigo, pero más que todo incapaz de abarcar con la mirada todas las dimensiones de aquello que se expande ante mí. Esta es la razón por la que escribo este libro: No solo para beneficio del lector, sino también para el mío propio.

Por las razones anteriores, me gustaría hacerle partícipe de mi búsqueda e invitarle a sumarse a ella. No quiero arruinar el final, pero le adelanto lo siguiente: Cuanto más avanzo en la búsqueda, más inspirado, conmovido, retado, abrumado y motivado estoy en cuanto al mensaje secreto de Jesús.

# CAPÍTULO 2

# EL MENSAJE POLÍTICO DE JESÚS

*Se ha cumplido el tiempo. El reino de Dios está cerca.*
— MARCOS 1.15 (NVI)

Vivo cerca de Washington, D.C. He vivido aquí casi toda la vida, tal vez por eso no sorprenda que mi investigación empiece con la dimensión política del mensaje de Jesús. En realidad, no siempre vi el mensaje de Jesús como algo que tuviera implicaciones políticas, y nunca habría considerado esa dimensión como el mejor punto de partida para una exploración como esta.

Durante la mayor parte de mi vida fui como aquel pastor norteamericano de quien me contaron mientras visité Londres en 2004. Este pastor nacido en los Estados Unidos fue entrevistado en la televisión británica y le preguntaron por qué tantos cristianos en su país apoyaban sin mayor cuestionamiento la guerra de Estados Unidos en Irak, cuando esa política exterior (consideraba el entrevistador) iba tan claramente en contra de las enseñanzas de Jesús. El pastor estadounidense se notó sorprendido y un poco ofendido, así que el entrevistador se explicó: «Jesús habló de paz y reconciliación, de dar la otra mejilla, de recorrer el segundo kilómetro, ese tipo de cosas. ¿Cómo hace usted para reconciliar todo esto con su guerra?» El pastor vaciló un momento y luego contestó: «Bueno, las enseñanzas de Jesús son de aplicación personal. No tienen nada que ver con cuestiones de política y relaciones internacionales». Cuando me contaron aquello, me corrió un sudor frío por la espalda al recordar que yo mismo había hecho afirmaciones similares en el pasado. Independientemente de lo que usted piense acerca de la guerra en general y la guerra en Irak en particular, las preguntas acerca de las dimensiones públicas de las enseñanzas de Jesús son válidas.

Estoy convencido de que por muy personal que sea la aplicación del mensaje de Jesús, de ningún modo fue de uso privado.[1] Estoy convencido de que tiene todo que ver con asuntos públicos en general y con la política en particular, lo cual incluye temas como planeación estratégica y ayuda económica, capacitación del individuo y libertad para elegir, relaciones internacionales y guerra. El hecho es que Jesús llamó su mensaje buenas nuevas, un término público de por sí que aludía a los anuncios políticos de los emperadores romanos. Cada vez que ellos obtenían una victoria militar importante, enviaban mensajeros a anunciar la buena nueva.[2] César Augusto, por ejemplo, quien rigió el imperio desde 27 A.C. hasta 14 A.D., articuló su buena nueva en esta inscripción hallada en Mira de Licia: "Divino Augusto César, hijo de dios, emperador de cielo y tierra, el benefactor y salvador del mundo entero, os ha traído paz».

Estoy convencido que de salir hoy mismo en el periódico, las *buenas nuevas* de Jesús no serían relegadas a un párrafo en la sección de religión (por supuesto, no hay duda que causarían gran revuelo allí). La noticia generaría interrogantes de primera plana en cada sección, desde la internacional (¿cuál es el sendero a la paz mundial y cómo actuamos hacia las naciones necesitadas?) hasta la nacional y local (¿cómo tratamos a los niños, a los pobres, a las minorías, a los no privilegiados y a los más pequeños? ¿Cómo tratamos a nuestros enemigos?), también en la sección de vida social (¿amamos a nuestros vecinos y organizamos fiestas para que la gente se relacione mejor?), en la sección de alimentos (¿reflejan nuestras dietas respeto hacia el planeta de Dios y hacia los pobres? ¿Hemos invitado a cenar a alguno de ellos últimamente?), en las de entretenimiento y deportes (¿qué propósito cumplen nuestras diversiones y qué valores promovemos en los deportes?), y hasta en la sección de negocios (¿estamos sirviendo al amo equivocado? ¿Al dinero antes que a Dios?).

Como parte de mi crianza religiosa, no me enseñaron las dimensiones públicas y políticas del mensaje de Jesús, únicamente las dimensiones personales y privadas. Sí, Jesús me ama y quiere que sea bueno con mi hermanito y obediente a mis padres. Pero la idea de Jesús según la cual Dios ama la nación de mis enemigos, y que por ende nuestra política exterior debería reflejar ese amor, es una idea que nunca se me cruzó por la mente. No obstante, empecé a sospechar que me estaba perdiendo de algo. Creo que en ese mismo instante empecé a percibir un leve aroma del mensaje secreto de Jesús.

¿Cómo cambió mi manera de pensar para ver las dimensiones públicas y políticas del mensaje de Jesús? Mi primera respuesta sería que vino por medio de leer la Biblia, pero esa respuesta no bastaría porque durante años había leído la Biblia como millones de personas lo hacen, ajenas por completo a esas dimensiones públicas y políticas del mensaje. ¿Por qué no pude ver por tanto tiempo lo que empecé a ver en un momento dado? (Más sobre esto en el apéndice #1).

En retrospectiva, diría que mi manera de leer la Biblia con todas sus presuposiciones y el enfoque particular aplicado, lo que llamaríamos mi «marco interpretativo», me ayudaba a ver algunas cosas al mismo tiempo que me cegaba o distanciaba de otras. ¿Qué fue entonces lo que cambió mi marco interpretativo? Ese cambio vino por dos medios principales. En primer lugar, he tenido el enorme placer de hablar sobre la Biblia con muchas personas que nunca la habían leído antes, y sus preguntas honestas me forzaron a cuestionar algunas de mis presuposiciones nunca antes examinadas. En segundo lugar, he tenido el gran privilegio de leer y conocer a teólogos e historiadores que me instruyeron sobre el contexto histórico y político de la Biblia, algo que nunca había tenido presente. Tras aprender parte de la información básica sobre el contexto histórico y político de Jesús, al asimilar ese nuevo punto de vista, empezó a dibujarse y adquirir forma un nuevo cuadro.[3]

Es por esa razón que quiero dar inicio a nuestro recorrido por el mensaje de Jesús situándonos en el panorama político y social dentro del cual nació Jesús y en el cual vivió, habló y lanzó su revolución espiritual.

Para empezar, Jesús fue judío. No, Jesús no fue cristiano. El cristianismo como religión en sí no existió hasta muchos años tras la muerte de Jesús. El pueblo judío había estado bajo ocupación y opresión extranjera varios siglos. Desde 586 A.C., varios imperios uno tras otro (asirio, babilónico, medo y persa, griego y romano) habían ejercido dominio sobre ellos. Es probable que los judíos sintieran hacia sus ocupantes lo que hoy sienten los palestinos hacia los israelíes. Querían ser libres y vivir en su propia tierra sin interferencia, ocupación ni dominio forastero. En particular, a los judíos les parecía muy mal, terriblemente mal, que las naciones paganas rigieran sobre el pueblo que creía en el único Dios vivo y verdadero. ¿Por qué tendría que gobernar un pueblo atestado de religiones erróneas y falsas sobre aquellos que tenían la religión correcta y verdadera? Ese interrogante se agudizó todavía más cuando emperadores romanos como el «Divino Augusto César» se proclamaron a sí mismos como dioses a fin de fusionar lo que hoy llamaríamos iglesia y estado en una aleación maciza y espeluznante. «¿Cómo podemos seguir siendo ciudadanos callados y cumplidores cuando nuestro gobierno se diviniza a sí mismo?» Esta sería la inquietud constante de ellos.

Las preguntas de este tipo generaron respuestas diversas. Un grupo conocido como los zelotes dijo: «La razón de que vivamos oprimidos es que somos pusilánimes y cobardes. Si tuviéramos valor para sublevarnos y empezar una rebelión, Dios nos daría la victoria. Si emprendemos acción y degollamos un par de pescuezos romanos, si tenemos la fe y las agallas para lanzar una revolución violenta, Dios nos dará el poder como se lo dio al pequeño David, para derrotar a ese Goliat que es Roma, y entonces seríamos libres».

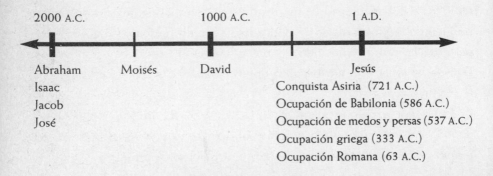

Otro grupo apoyaba al gobernador Herodes que era un títere de los romanos. Se llamaban herodianos y también contaban con el respaldo partidista de los saduceos. Ellos pensaban que la postura de los zelotes era ingenua y equivocada. «No tienen ni idea de cuán poderoso es el imperio romano. Rebelarse es puro suicidio. La resistencia es inútil, van a terminar aplastados. No, deberíamos sacarle el mejor provecho a nuestra situación, cooperar y participar en el juego. Es la única manera segura y sensata de vivir».

Otro grupo, los esenios, pensaban que tanto a zelotes como herodianos les faltaba iluminación. Decían: «La única manera de agradar a Dios es salir de los corruptos sistemas religiosos y políticos del mundo y crear una sociedad alternativa afuera en el desierto». Ellos establecieron varias comunas del desierto donde procuraron mantener la fe aislándose de la cultura prevaleciente, la cual consideraban patógena e irremediable.

Un cuarto grupo, los fariseos, tenían diagnóstico y receta diferentes: «El Señor nos enviaría al Mesías para librarnos si fuéramos más puros. Con tal que obedezcamos las enseñanzas de la Biblia, Dios nos va a libertar. Hay demasiado pecado y falta más piedad entre nosotros. Si hubiera más gente justa como nosotros y menos pecadores en la población, es decir, menos prostitutas, borrachos y cómplices de los romanos, entonces Dios pondría fin al dominio romano. ¡Es por culpa de esos pecadores pertinaces que seguimos bajo el talón de la bota romana! Pureza y rigor religioso, ¡esa es la solución!»

De forma muy parecida a como los partidos políticos de la actualidad riñen por el poder, estos grupos altercaban, actuaban y contrarrestaban sus acciones entre sí. Todo el tiempo se formaban y disolvían alianzas y los ánimos se acaloraban y calmaban a cada momento. Los zelotes practicaban una especie de terrorismo y los herodianos deploraban sus acciones al mismo tiempo que juraban lealtad a Roma. Los fariseos reprendían a zelotes y herodianos por igual mientras la emprendían contra beodos y prostitutas con su retórica de fuego y azufre. Los esenios vivían aislados de todo en el desierto y elaboraban escritos rebuscados para expresar su desdén, quizás deseando secretamente que Dios los destruyera a todos.

La pregunta que todos se hacían era: «¿Qué debemos hacer en cuanto al desbarajuste político y social en que vivimos? ¿Cuál es el camino correcto a seguir? ¿Cómo podemos ser liberados del imperio del César y el dominio de Roma?» Creo que usted estará de acuerdo: Se trata de preguntas públicas y políticas. Este es el telón de fondo en que el hijo de un carpintero, llamado Jesús, dio inicio a su labor de predicación itinerante.

Imagine una calle bulliciosa llena de gente. Un joven ha congregado una muchedumbre en una esquina del mercado local y alguien grita: «¿Cuál es tu plan? ¿Cuál es tu mensaje?» A lo cual él responde: «Cambien su manera de pensar. El reino de Dios está al alcance de todos. ¡Crean esta buena noticia! ¡El imperio de Dios está ahora mismo al alcance de todos!»

¿El reino de Dios? ¿El imperio de Dios? ¿A qué podría referirse Jesús con estas expresiones? Una cosa es cierta: No era lo que muchos, quizás la mayoría, piensan que quiso decir. Él no quiso decir «cuando lleguen al cielo a la hora de morir». Tal vez el significado podría ser todavía más claro si lo parafraseamos así: «Todos ustedes viven preocupados por el imperio opresivo del César y el reino oprimido de Israel. Se están perdiendo lo más esencial: El reino de Dios ya está aquí, ¡disponible para todos ahora mismo! Esta es la realidad que más importa. Crean esta buena noticia y ¡síganme los buenos!»

Si usted fuera un judío del primer siglo, le resultaría obvio que Jesús no hizo aparición en un vacío histórico ni debate con académicos y eruditos en un seminario teológico (aunque a sus doce años sí pasó un par de días haciendo algo similar en el templo de Jerusalén). Ahora Jesús predica en las calles, en los campos y a la vista de todos, porque su agenda es un mensaje público y oportuno para el momento. Suponga que usted está entre la multitud y piensa: *Este tipo tiene que ser un zelote porque se requiere mucho coraje para hablar en público de esa manera.* Imagine a un soldado romano que aparece en escena y dispersa a la multitud con un grito airado mientras sacude su lanza.

Jesús no exacerba a la multitud para que degüelle al ocupante infiel, sino que cumple la orden en silencio como el resto de los presentes. Decepcionado, usted baja la mirada porque había esperado oír más de lo que el carpintero de Galilea iba a decir. Unos días después se entera de que él le está hablando a una gran multitud en una ladera fuera del pueblo. Se apresura para oírlo hablar. «¿Quieren saber quiénes serán bienaventurados? No los poderosos con su montón de dinero y armas. No, más bien los pobres serán bienaventurados. No aquellos que pueden gritar más fuerte y salirse con las suyas. No, los mansos serán bienaventurados. No los que matan a sus enemigos, sino los que son perseguidos por hacer lo correcto. No los que nada arriesgan, sino los que se pronuncian a favor de la justicia. No los astutos ni los vivarachos, sino los puros de corazón. No los que se dedican a la guerra, sino los que se dedican a la paz».

Ahora usted dice para sus adentros: «Bueno, suena como un zelote en ciertos aspectos, pero no puede ser porque ellos solo se dedican a buscar el poder por medios violentos, no con paz ni mansedumbre. Tampoco puede ser un esenio porque al menos se toma la molestia de venir a predicarnos al resto de nosotros. Según ellos todos los demás son una causa perdida, por eso se han ido a vivir en sus comunas religiosas elitistas en el desierto. Es evidente que no pertenece a los herodianos porque ellos nunca usarían expresiones insurgentes como "reino de Dios", y tampoco hablarían acerca de pronunciarse en contra de la injusticia. Según ellos, Dios quiere que honremos al emperador y nos quedemos callados en nuestro sitio. No sé bien a qué grupo pertenece. De pronto es uno de los fariseos».

Sin embargo, unos minutos más tarde Jesús dice: «Ustedes deben ser más justos y buenos que los fariseos. Ellos lavan su vajilla por fuera pero no les preocupa lo interior. Los fariseos no entrarán al reino de Dios. Si ustedes quieren entrar, deben superar a los fariseos en su búsqueda del bien. ¡Hasta las prostitutas van a entrar al reino de Dios antes que los fariseos!» Al oír estas palabras usted queda pasmado. ¿Cómo podría cualquier persona ser más justa y cumplidora que un fariseo? Ellos siguen las reglas con escrúpulo sin par, ¿cómo es posible que alguien se atreva a criticar a los fariseos? Después de todo, son famosos por responder severamente a los que no estén de acuerdo con ellos. Tal vez Jesús representa algún tipo de movimiento nuevo que pretende reemplazar el fariseísmo, quizás esté tratando de ser más fariseo que los mismos fariseos.

Al poco tiempo, usted ve a Jesús en una fiesta nocturna a la que han asistido prostitutas, borrachos, colaboradores de los romanos (recolectores de impuestos) y otra gente de mala fama, precisamente todos aquellos que según los fariseos son la causa de todos los problemas de los judíos. Esto no tiene sentido, piensa usted, y como si fuera poco, parece que le gusta la buena comida y el vino. Jesús dice que los estándares de los fariseos son demasiado bajos, ¿por qué ahora se degrada a sí mismo al asociarse con gente tan despreciable? ¿Por qué en lugar de ir a fiestas no se comporta más como un asceta?

Usted tiene cada vez más curiosidad. Jesús le parece un manojo ambulante de contradicciones y lo único que quiere es averiguar bien quién es y qué representa. Cada vez que puede sale a oír lo que dice, y cuando no puede oírle en persona pide a otros oyentes que le den un resumen de su mensaje. Llega un momento en que es claro: *Este hombre no es un revolucionario más, nos está llamando a un nuevo tipo de revolución*. Usted nunca antes ha oído algo similar, y se siente tan intrigado como incómodo.

Revisemos lo que le está pasando por la mente: Jesús está de acuerdo con los zelotes violentos y con los fariseos súper-píos (en contra de los herodianos que mantenían el estatus quo) en que el estado actual de cosas es erróneo y no debería considerarse una situación aceptable. Está de acuerdo con los fariseos y los herodianos (en contra de los zelotes) en que la solución no es ejercer violencia contra los romanos. Por otro lado, está en fuerte desacuerdo con los fariseos porque no considera que las prostitutas, los borrachos y demás pecadores sean el chivo expiatorio de nuestros problemas, más bien nos llama a amarlos y aceptarlos como hijos amados de Dios. En gran parte su mensaje frustra por falta de claridad: Este hijo de carpintero proveniente de Galilea reta a todos los movimientos políticos en existencia a que se reevalúen radicalmente y nos invita a todos a atrevernos a imaginar y tomar en serio su alternativa revolucionaria.

¿En qué consiste su alternativa? En ver, buscar, recibir y acceder a una nueva realidad política, social y espiritual que él llama el reino (o imperio) de Dios, o el reino (o imperio) de los cielos.[4] Este reino pone en duda la supremacía del imperio de César centrado en Roma, porque en el reino de Dios la autoridad última no es César sino el Creador del universo. Además, la identidad o ciudadanía de cada persona no radica en Roma sino en un reino espiritual, en la presencia de Dios (el significado de la palabra *cielo*, pues la noción de angelitos regordetes que tocan harpas en las nubes es más mitología popular que teología juiciosa, más sobre esto en el capítulo 20).

Como partícipe de este reino, uno no va a degollar pescuezos romanos como los zelotes. Más bien, si un soldado romano me da una cachetada, yo le ofreceré la otra mejilla en una especie de acción recíproca trascendente que le dice «no» a la violencia. Si un soldado me obliga a llevar su carga un kilómetro, lo llevaré dos como expresión de la buena voluntad de mi propio libre albedrío. Es elegir una opción superior a la sumisión pasiva y a la retaliación activa. Si uno forma parte de este reino, no maldecirá ni condenará a los pecadores notorios y alevosos al infierno, sino que entablará diálogo amable y bondadoso con ellos, negándose a juzgarlos e incluso invitándoles a nuestras fiestas y reuniones para tratarles como a buenos vecinos, sin temer ser contaminados por su influencia, sino más bien con la esperanza de poder ejercer una influencia restauradora y ennoblecedora sobre ellos. Si uno es miembro activo de este reino, no va a ser patriótico y cumplidor a ciegas como los herodianos y sus aliados, los saduceos. Más bien, estará dispuesto a confrontar la injusticia así le cueste a uno la vida. No va a acomodarse plácidamente en el estatus quo, más bien procurará cambiar el estado actual de cosas para abrir paso a la manera en que podría y debería ser cada situación.

Si usted forma parte de este reino, empezará a vivir de una manera que algunos calificarán de necia e ingenua. (¿Dar la otra mejilla? ¿Caminar el segundo kilómetro? ¿Derrotar la violencia con perdón, sacrificio y amor? ¡Qué ridículo! ¡Viva en la realidad!) Por otro lado, habrá quienes puedan ver en su forma de vida la esperanza valiente e indómita que podría sanar y transformar al mundo.[5]

Ahora bien, ¿cómo encaja esta agenda política revolucionaria en el marco de la religión judía? ¿Es herejía, tradición, o algo por encima de ambas? Ese es el siguiente paso en nuestra excursión.

# CAPÍTULO 3

# EL MENSAJE JUDÍO DE JESÚS

*...y esperaba el reino de Dios.*
— LUCAS 23.51 (NVI)

Al ver que el mensaje de Jesús tiene una dimensión política y social que nunca había visto ni me habían enseñado, resultó claro que para poder entender mejor a Jesús yo necesitaba darle otra mirada a su trasfondo religioso. Necesitaba reexaminar la fe judía en que Jesús maduró, vivió, pensó, trabajó, enseñó y surgió como un profeta extraordinario.

Aunque muchos de nosotros creemos que Jesús fue mucho más que un profeta, es indudable que no fue menos que eso. Muchas personas de origen judío siguen debatiendo hoy día, como lo hicieron entonces, sobre si él fue un profeta legítimo o uno falso. Pero si no le vemos como un profeta judío de alguna clase, no le estamos viendo con ninguna precisión.

Claro, cuando hablamos de profetas en la actualidad tendemos a pensar en gente que pronostica el futuro o excéntricos que empiezan sectas nuevas en el patio de su casa. Eso no define lo que era un profeta en la tradición judía. La mejor manera que he encontrado de entender a los profetas judíos es verles en tensión dinámica con otra comunidad religiosa importante en el judaísmo: Los sacerdotes, quienes eran responsables por el mantenimiento regular, día tras día y año tras año de la vida religiosa en el judaísmo. Aquí la palabra clave es *regularidad* y su pariente *regulaciones*. Los sacerdotes se cercioraban de que las tradiciones y prácticas de la vida religiosa regular prosiguieran como era debido, con todos sus días festivos y sacrificios, fiestas y ayunos, Escrituras y adoctrinamiento. En el tiempo de Jesús, los sacerdotes eran aliados cercanos de los escribas, aquellos eruditos religiosos que estudiaban y discutían entre sí cuáles deberían ser con exactitud las reglas y regulaciones del judaísmo. Ambos constituían lo que podría llamarse el establecimiento religioso de la época.

Los sacerdotes podían trazar su linaje hasta Aarón, el primer sacerdote y mano derecha de Moisés en la liberación de los judíos de la esclavitud egipcia alrededor de 1400 A.C. Moisés y Aarón también colaboraron para el inicio y desarrollo de una identidad y cultura propiamente judías después de la esclavitud. Moisés fue un líder político y libertador revolucionario que se parecería a un cruce entre George Washington y Nelson Mandela. Sin embargo, también fue reconocido como profeta, es decir, alguien que oía de parte de Dios y comunicaba al pueblo lo que oía. Esto incluyó, notablemente, una lista de mandamientos y advertencias que incluye los famosos «Diez».

La relación entre Aarón el sacerdote y Moisés el profeta fue tensa, y las tensiones entre sacerdotes y profetas continuaron con el paso de los siglos. Los sacerdotes se enfocaban en la regularidad y la tradición, pero ¿qué sucedía si la gente se ponía a cumplir mecánicamente con los ritos externos, mientras sus corazones y mentes estaban desconectados? ¿Qué pasaba cuando los sacerdotes mantenían la vida religiosa de la nación como una máquina en perfecto funcionamiento, pero esa fidelidad ritual cegaba o insensibilizaba a la gente frente a la injusticia social o el enfriamiento espiritual? Era en esos casos que se levantaba un profeta para decirle al pueblo que a Dios le repugnaba la observancia religiosa externa carente de sinceridad de corazón y un compromiso con la justicia social y la compasión práctica hacia los pobres y los débiles.

Considere el siguiente ejemplo típico del vehemente profeta Isaías:

«¿Para qué me sirve, dice Jehová, la multitud de vuestros sacrificios?
Hastiado estoy de holocaustos de carneros y de sebo de animales gordos;
no quiero sangre de bueyes, ni de ovejas, ni de machos cabríos. No me
traigáis más vana ofrenda; el incienso me es abominación; luna nueva y día
de reposo, el convocar asambleas, no lo puedo sufrir; son iniquidad vuestras
fiestas solemnes. Vuestras lunas nuevas y vuestras fiestas solemnes las tiene
aborrecidas mi alma; me son gravosas; cansado estoy de soportarlas. Lavaos
y limpiaos; quitad la iniquidad de vuestras obras de delante de mis ojos;
dejad de hacer lo malo; aprended a hacer el bien; buscad el juicio, restituid
al agraviado, haced justicia al huérfano, amparad a la viuda.» (Isaías 1.11,
13-14, 16-17)

De suyo, los sacerdotes tenían todas las credenciales del caso para establecer y mantener el orden. Era esencial que su ordenación cumpliera con
todos los requisitos, que incluían varias ceremonias y atuendos especiales.
Hasta usaban una colonia especial (un aceite aromático) para irradiar cierto
aire único de santidad.

En cambio, los profetas aparecían en escena sin credenciales formales ni
vestimenta especial. Su única credencial era la autenticidad de su pasión y
su insobornable fibra moral. Como sería de esperar, puesto que su propósito
era zarandear el estatus quo, su vida y su retórica eran necesariamente incen-
diarias, angustiosas y en ocasiones chocantes. Por ejemplo, el profeta Oseas
escandalizó a la sociedad culta casándose con una prostituta. El profeta
Ezequiel (quien al igual que Jeremías tenía doble vocación de sacerdote y
profeta, lo cual hacía todavía más insólita su conducta profética) montó una
prolongada protesta pública en desnudez total, y en otra ocasión protago-
nizó un evento público que incluyó el uso de excremento en la cocción de
alimentos. Elías precipitó un enfrentamiento público espeluznante entre él
y un grupo de profetas paganos que habían seducido y desviado los
corazones y la lealtad del pueblo judío. Estos y muchos otros profetas
montaron espectáculos públicos que funcionaban de manera muy similar a
las demostraciones y protestas políticas en tiempos modernos. De hecho,
eso es exactamente lo que eran, demostraciones dramáticas que comuni-
caban por medio de acciones concretas el mensaje que proclamaban.

Jesús no fue sacerdote en el sentido tradicional, pues no tenía las credenciales del sacerdocio aarónico.[1] Por otro lado, fue un profeta que surgió del anonimato con un mensaje radical, inesperado, alarmante e incendiario. Su mensaje fue transmitido en lenguaje profético (fogoso, vehemente, metafórico y estremecedor) y acción profética (como aquella vez que hizo una demostración en el templo perturbando el orden rutinario, volteando mesas y lanzando monedas al piso para denunciar la avaricia, la hipocresía y el exclusivismo religiosos).

Resulta interesante que al menos en cuatro aspectos, el mensaje del reino de Dios predicado por Jesús hizo eco de varios temas que los profetas habían expuesto durante siglos. En primer lugar, como muchos de los profetas, Jesús hablaba en representación de los pobres, los olvidados, los rechazados y los desterrados. En el reino de Dios, decía él, los últimos son primeros. La posición de una persona en el reino se determina según como trate a los niños y al «más pequeño» (Mateo 5.19). Es algo asombroso, según Jesús, en el reino de Dios los pecadores notorios son amados, bienvenidos al hogar, perdonados y reconciliados, no rechazados. ¿Quién entonces es rechazado en el reino de Dios? Aquellos que no tienen compasión ni misericordia hacia aquellos que por lo general son rechazados.

En segundo lugar, haciendo fuerte eco de la tradición profética, Jesús recalcó la sinceridad interna del corazón por encima de la mera conformidad externa. Él dijo que la fidelidad exterior a la tradición puede enmascarar una infidelidad a Dios en el interior. La gente religiosa puede terminar convertida en «sepulcros blanqueados» (Mateo 23.27). En tercer lugar, como los profetas que le precedieron, Jesús habló de un juicio venidero contra la injusticia y la hipocresía. Para los profetas antiguos, juicio no significaba que la gente fuera a ser lanzada al infierno. Más bien, significaba que su maldad sería puesta al descubierto y que sufrirían las consecuencias de su maldad en esta vida.[2]

El cuarto eco tiene importancia especial: Jesús ratificó e intensificó el mensaje profético de la posibilidad y realidad de un nuevo orden mundial que está por venir. Los profetas emplearon muchas imágenes para describir este nuevo orden. Hablaron de cielos nuevos, tierra nueva y un nuevo corazón. Hablaron de un día cuando los lobos morarán con los corderos y los leones pacerán con los bueyes (no una imagen de trastorno literal del orden biológico, sino de transformación social, un tiempo en que gente violenta que detenta el poder como leones feroces, ya no oprimirán más a gente vulnerable como los pobres, los ancianos y las viudas). Describieron una era en que las espadas y las lanzas se fundirían para ser convertidas en herramientas para la agricultura, cuando las naciones «ni se adiestrarán más para la guerra» (Isaías 2.4).[3]

Yo creo que el mensaje de Jesús sobre el reino de Dios adquiere una claridad especial en este cuarto contexto, puesto que incluye y combina los otros tres. Se acerca un nuevo día, una nueva tierra, un nuevo orden mundial, una nueva realidad o nuevo orbe, es decir, un nuevo reino. En esa realidad nueva, los pobres y rechazados serán acogidos, valorados y reincorporados a la comunidad. En esa nueva era lo que contará es lo que haya realmente en el corazón y no lo que se proyecte, aparente o profese. En aquel nuevo reino, el mal en todas sus formas será expuesto, descrito y proscrito. En aquel nuevo reino prevalecerán la justicia, la integridad y la paz.

¿Qué hace entonces tan radical el mensaje de Jesús? ¿Acaso no es un profeta más? ¿Será que «reino de Dios» no es más que otra metáfora profética que ni siquiera es completamente original, para aludir a un futuro deseado que contradice y desestabiliza el presente indeseable? En esto radica el escándalo: No en que Jesús hable del reino nuevo (aunque su imagen del reino es única y poderosa), sino en que dice que el reino está *cerca*, disponible y al alcance de la mano, tocando a la puerta. No solamente algún día en el futuro, sino aquí y ahora. *¡Aquí y ahora!*

Para un oyente judío en el tiempo de Jesús, «reino de Dios» sonaba como una metáfora comprensible y evocativa, pero conjugado con «cerca» y «a la mano» era una noción que contradecía y trastocaba el pensamiento común. Todos pensaban que el reino de Dios no tendría lugar en el aquí y ahora, únicamente podría suceder *después*, más tarde, con tal que los romanos fueran expulsados o eliminados, lo cual a su vez no podría pasar (según los zelotes) hasta que los judíos se movilizaran militarmente al mando de un gran libertador castrense (léase «mesías»), lo cual tampoco podría suceder (en opinión de los fariseos) hasta *después* que todas las prostitutas, los ebrios y el resto de los indeseables fueran reformados o de algún modo sacados de la escena. Era tan difícil imaginar que tales condiciones se dieran en el corto plazo, que eran consideradas del todo improbables o prácticamente imposibles, tanto para los herodianos acomodaticios como para sus amigos igualmente acomodados, los saduceos. ¿El reino de Dios? Tal vez en algún tiempo muy distante. ¿Al alcance, aquí y ahora? *¡De ningún modo!*

Ese punto de vista es muy conveniente. Piense en nuestra realidad actual. Quizás todos creamos que la guerra y la pobreza deberían terminar algún día, pero ¿cuántos le creerían a un profeta auto-proclamado que se levantara, por decir algo, en Panamá, Sierra Leona o Sri Lanka, a comunicar en una entrevista por CNN o la BBC el siguiente mensaje: «¡Ha llegado el tiempo! Es hora de desmontar los programas de armamento y reconciliar a los enemigos. Ahora le toca el turno a las multinacionales para que se enriquezcan en obras de generosidad. Es hora de que los altos ejecutivos trasquilen sus salarios desproporcionados y les suban el sueldo a sus empleados que no reciben lo suficiente. No digan que esto sucederá "algún día" o "mañana". ¡La hora ha llegado ya!» En teoría, es posible que todos estemos de acuerdo en que alguien debería asegurarse de que los pobres y los hambrientos reciban ayuda y alimento, e incluso en que los ricos deberían estar dispuestos a renunciar a una porción de su riqueza para contribuir a que esto se haga realidad algún día, pero imagine lo que pasaría si alguien se levantara a decir: «¡Ha llegado la hora! ¡Cierren sus fábricas de armamentos! ¡Abran sus cuentas bancarias!»

¿Alcanza a percibir el escándalo que generaría un profeta que en lugar de decir «Me gustaría hablarles sobre el reino de Dios e inspirarlos con esta realidad venidera», dijera más bien: «¡El reino de Dios está a la vuelta de la esquina!»? Es difícil imaginar un profeta con ese estilo que viniera a proclamar la paz en esos términos, que no tuviera que comprarse un chaleco antibalas (más bien, una armadura) y un buen seguro de vida. Así precisamente es como fue de mal en peor todo el famoso proyecto de Jesús llamado «el reino de Dios se ha acercado»:

*Mal:* La proclamación de Jesús suena muy prematura y tan impráctica que parece del todo ajena a la realidad. (¿Entiende ahora por qué Jesús hablaba tanto acerca de tener fe sobre cosas que parecían imposibles de suceder?)

*Peor:* La proclamación de Jesús amenaza el estatus quo y aunque esto le llame la atención a los pobres y los oprimidos, inspira menos que entusiasmo entre los pudientes y poderosos para quienes el estado actual de las cosas es un arreglo muy conveniente. (¿Puede ver por qué Jesús dijo a sus seguidores que se prepararan para ser rechazados, perseguidos y aborrecidos?)

*Lo peor de todo:* La proclamación de Jesús comunica a los líderes de la nación y los dirigentes del establecimiento religioso que han perdido el camino, han olvidado su identidad y su infidelidad a Dios ha sido expuesta.

Para entender por qué, necesitamos excavar más hondo en la identidad judía, antes de los profetas, de Moisés y Aarón, y antes de Abraham hasta llegar a Adán. Para realizar ese tipo de excavación nos toca entender a grandes rasgos la historia de la humanidad desde la perspectiva del pueblo judío en el tiempo de Jesús, la perspectiva que tuvo Jesús mismo.

# CAPÍTULO 4

# EL MENSAJE REVOLUCIONARIO
# DE JESÚS

*¡Bendito el reino venidero de nuestro padre David!*
— MARCOS 11.10 (NVI)

En mi búsqueda por entender a Jesús y su mensaje, empecé a remover una por una las capas de la teología y la historia para llegar a la médula de ese mensaje. En el proceso, caí en cuenta de que todo tiene siempre una historia profunda y grandiosa en su centro. Algunos la llaman mito, mientras otros la consideran historia fáctica. De cualquier modo, es la historia que le dio significado y forma a la vida. Fue la historia en que Jesús mismo se vio envuelto. Son siete los personajes principales de esa historia: Dios, Adán y Eva, Abraham y Sara, Moisés y David.[1]

Dios es el protagonista central en la historia desde el momento de la creación, «en el principio» (Génesis 1.1). Desde el comienzo, Dios le confiere a la creación bondad y fertilidad, una independencia preciosa, su propia dinámica de vida y una gran libertad creativa, la rúbrica inconfundible de un Ser bueno, libre y creativo capaz de decir «¡Que exista la luz!» y la luz llegó a existir. Sin embargo, la creación no debe considerarse completamente independiente de Dios, pues Dios nunca ha dejado de velarla e interactuar con ella, no en la distancia, sino de forma directa e íntima, no como un simple observador sino también como participante activo en la relación. En otras palabras, la creación tendría su propia historia pero Dios siempre tendría un papel en esa historia, el papel de un rey bueno y sabio cuya creación es Su dominio. (Podríamos llamar este el primer episodio en la historia, con el título Creación.)

Adán y Eva son los primeros personajes humanos que salen en la historia. Mucha gente cree hoy que Adán y Eva deben entenderse como personas históricas literales, mientras otros los tratan como figuras míticas cuya historia tiene significado y validez así no hayan existido. Sea como sea, se dice que fueron hechos «a imagen de Dios», y lo mínimo que esto significa es que reflejaban de manera especial la bondad, creatividad y libertad de Dios (véase Génesis 1.27). Es muy posible que la frase «a imagen de Dios» incluya la regencia divina, de tal modo que los humanos tuvieron desde un principio la responsabilidad de ser agentes de la realeza de Dios en su cuidado de la tierra. Adán y Eva vivieron en conexión total con Dios, y ese compañerismo original era lo más parecido a una amistad. No obstante, esos atributos nobles se deterioran rápidamente tan pronto ellos se desconectan de Dios e infringen los límites impuestos a su libertad por parte de su Creador. A medida que avanza la historia, los resultados de su desobediencia saltan a la vista: Un sentido de vergüenza y alienación de Dios y también entre ellos, violencia de hermano contra hermano, desarmonía con la creación misma, incomunicación y conflicto entre tribus y naciones. (Podríamos titular este segundo episodio Crisis).

¿Cómo responde Dios a la crisis precipitada por Adán y Eva? ¿Le da la espalda a la humanidad y nos deja abandonados a nuestro propio caos? ¿Destruye la tierra y empieza otra vez de cero? ¿Abroga nuestra libertad y nos obliga a comportarnos como es debido? Ninguna de las anteriores. Dios arma un equipo de emergencia para responder a la crisis, en la forma de una familia, un linaje que en el transcurso de las generaciones se acordará de su Creador y de su propósito original, que además procurará traer verdad, bendición, sabiduría y sanidad al resto de la humanidad para que la creación de Dios pueda ser rescatada de la maldad humana. Dios empieza con una

pareja anciana, Abraham y Sara (allá por el 2000 A.C.), quienes milagrosamente conciben y dan a luz al pueblo que será conocido como los judíos, un
pueblo con una vocación o llamado especial que consiste en conocer a Dios
y darle a conocer, así como ser iluminados y bendecidos por Dios a fin de
iluminar y ser bendición a todos los demás. (Podríamos llamar el tercer
episodio Llamado.)

Siglos más tarde, los descendientes de Abraham pasan penurias tras
haberse convertido en esclavos oprimidos por Egipto, la superpotencia de la
época. No tienen esperanza de escape hasta que Dios llama a un hombre,
Moisés, con el fin de llevarlos a la libertad (cerca del 1400 A.C.). Pero,
¿cómo puede Moisés ayudar a los descendientes de Abraham a reclamar su
supremo y santo llamado? Han sido degradados y humillados durante generaciones enteras de maltrato y esclavitud. ¿Cómo podrán ser restaurados?
Moisés recibe de Dios y entrega al pueblo la ley o «Torah», una manera
sabia de vivir que definirá el pueblo a escala individual y comunitaria, recu-
perando su dignidad para que puedan elevarse de la degradación de la esclavitud y cumplir su propósito original de restaurar la creación. Como hemos
visto, el líder profeta Moisés cuenta con la colaboración de Aarón el
sacerdote, quien será pionero del sacerdocio y ayudará al pueblo a ser
instruido y adiestrado como pueblo santo, sano y ejemplar. También hemos
visto que la obra de los sacerdotes es complementada por la labor de
profetas y demás siervos (incluidos poetas, filósofos y líderes políticos) que
sostendrán un diálogo a través de las generaciones con Dios, acerca de Dios
y de su relación especial o pacto con Dios. (Podríamos titular este cuarto
episodio en la historia *Diálogo* o *Pacto*, pero también podría ser *Conflicto*, ya
que permanecer fiel a Dios y al llamado de Dios supone una gran lucha con
antagonistas tanto internos como externos).

Dios preservó fielmente al pueblo de su pacto en medio de muchos
peligros exteriores y fallas internas. Bajo el liderazgo del rey David por fin
gozaron una época de estabilidad y paz (alrededor de 1000 A.C.).
¿Atenderán ahora sí su llamado original de traer luz a todas las naciones?
Tristemente, el reino de David se deteriora paulatinamente y dos generaciones después, el reino sucumbe bajo el liderazgo de dirigentes necios y
arrogantes. Se desata una guerra civil que divide la población al norte y al

sur, y en el año 721 A.C. los descendientes de Abraham al norte son arrasados y conquistados por Asiria, un imperio en plena expansión centrado en lo que hoy es Irak. Luego, tras un cambio de régimen en Irak, el nuevo régimen ataca al reino del sur y avasalla a los súbditos más inteligentes y destacados para que sirvan al invasor en su ciudad capital, Babilonia (586 A.C.). Aún después que los descendientes de Abraham regresan a su tierra (en varias olas a partir de 537 A.C.), continúan bajo el dominio de una sucesión de potencias extranjeras que ya se mencionaron, los persas, los griegos y los romanos. La esperanza del pueblo yace en ruinas y la nación se divide en las facciones descritas en el capítulo 2.

Ahora imagine a Jesús, quien creció en medio de esta historia. Desde su niñez, Jesús tuvo un sentido de llamamiento y poder espiritual muy especial. Es indudable que por influencia de sus padres esa sensación de llamado se intensificó, pues ellos tenían sus propias razones para creer que Jesús tenía un papel histórico que cumplir. ¿Cómo habría entendido él su mundo, su tiempo, su vida y su misión? ¿Qué lugar habría de ocupar en aquella historia de creación, crisis, llamado y conflicto?

Desde el primer discurso público de Jesús, y tal vez sea más apropiado llamar su intervención una *demostración profética*, es evidente que él ve la resolución de cada tema, trama o episodio de la historia en su propio tiempo, y ve su propio llamado en términos de los héroes que hemos considerado. Lucas describe la llegada de Jesús a su pueblo de la infancia, cuando entra a la sinagoga en el día de reposo y pasa al frente para leer las Escrituras. Le entregan el rollo del profeta Isaías y él lo abre en búsqueda de cierto pasaje: «El Espíritu del Señor está sobre mí, por cuanto me ha ungido para dar buenas nuevas a los pobres; me ha enviado a sanar a los quebrantados de corazón; a pregonar libertad a los cautivos, y vista a los ciegos; a poner en libertad a los oprimidos; a predicar el año agradable del Señor» (Lucas 4.18-19). Después Jesús cierra el rollo con cierto dramatismo, lo devuelve al asistente y se sienta, siendo esta la postura típica de un maestro que se dispone a enseñar. Los ojos de todos quedan clavados en Jesús mientras se preguntan qué comentario hará sobre el pasaje que ha elegido. Su comentario anticipó lo que iba a decir más adelante en cuanto a la disponibilidad inmediata del reino: «Hoy se ha cumplido esta Escritura delante de vosotros» (v. 21).

Al parecer, Jesús ve el cumplimiento de la historia entera de su pueblo en su propio tiempo y en su propia persona. Por ejemplo, al hablar del reino evoca el recuerdo de David, el gran rey bajo cuyo gobierno el pueblo judío disfrutó de paz, prosperidad y vitalidad espiritual sin precedentes. Él está afirmando ser el nuevo David, y al hablar de liberación se remonta a la época de Moisés. Su alusión a un «mandamiento nuevo» (Juan 13.34) así como su típica reiteración, «Ustedes han oído que se dijo... Pero yo les digo» (Mateo 5.21-48), implican que se está identificando a sí mismo como el nuevo Moisés, un nuevo legislador que viene a darle al pueblo una ley nueva.[2]

Al hacer el llamado a la fe, al elegir doce discípulos, al retarles a ser luz del mundo y enviarles a multiplicarse haciendo nuevos discípulos en «todas las naciones» (Mateo 28.19), al afirmar una y otra vez la necesidad de creer que lo no humanamente posible es posible para Dios, Jesús se remonta todavía más al pasado en alusión a Abraham, el padre de la fe y el origen milagroso de las doce tribus de Israel, el recipiente original del llamado a recibir la bendición divina para bendecir a «todas las naciones» (Génesis 26.4).

Al negarse a establecer y acatar barreras raciales, religiosas, morales, étnicas, económicas o de clase, al acoger a personas no judías y tratarlas con bondad y respeto, al sentarse a comer con fariseos y también con las prostitutas que los fariseos aborrecían, Jesús mostró su filiación humana básica con toda la gente, como una especie de segundo Adán que se propone unir a la gente tras muchos siglos de desconfianza y división.

Al sanar a los enfermos y levantar a los muertos, al realizar exorcismos y confrontar la injusticia, al interactuar milagrosamente con las fuerzas de la naturaleza, Jesús llega a identificarse con el héroe original y definitivo de la historia, Dios mismo. Jesús declara que él y Dios fueron y siguen siendo uno y el mismo, y nos da a entender que a través de él, Dios estaba inaugurando un nuevo orden, un nuevo mundo y una nueva creación.

Estas no son las palabras ni los métodos de un maestro bien educado, sin importar cuán brillante sea. Van más lejos de cualquier declaración que un sacerdote, poeta o filósofo pueda hacer sobre sí mismo, y superan en calibre las palabras de cualquier profeta o reformador típico. Estas son las palabras y los métodos imponentes, abruptos, inspiradores, aterradores, chocantes y esperanzadores de un revolucionario que pretende acabar el estatus quo en todas las áreas de la vida. Las palabras de Jesús indican que lo imposible ahora no solo se vuelve posible sino real.

Procedamos ahora a imaginar el mundo mediterráneo del tiempo de Jesús que ha sido conquistado por los gobernantes más poderosos hasta ese punto en la historia: Los Césares romanos. Aquel mundo tiene como eje central la ciudad más poderosa y próspera de la historia: Roma. Su dominio, riqueza y poderío militar en plena expansión la convierten en el imperio más poderoso en toda la historia humana. Este imperio político, militar, cultural y económico impone un estatus quo que en cierto sentido podría considerarse «el fin de la historia», la cúspide hacia la cual había progresado la humanidad entera.

Quizás ahora, con ese telón de fondo, podamos imaginar a un carpintero judío desconocido, sin credenciales ni estatus, sin ejército ni armas, sin nobleza ni fortuna, ni siquiera terruño o un hogar. Con un puñado nada impresionante de seguidores y un grupo notable de mujeres que suministraban apoyo substancial, él viaja de aldea en aldea para hablar a labriegos rústicos y ciudadanos pobres, con atracción especial a los desempleados y los desposeídos, los incapacitados y los desaventajados, los desterrados sociales y los niños y mujeres marginados.

¿Por qué los pobres? ¿Por qué los niños? ¿Por qué los excluidos? Porque no solo les habla, sino también parece disfrutar de su compañía y sus agasajos, conversa respetuosamente con ellos y hasta come con ellos, que era la señal de solidaridad familiar en esa época. Según nos dice, estas personas a quienes él llama una y otra vez «pobres» y «pequeños», son quienes recibirán primero el reino de Dios, no los ricos y más grandes.

¿Por qué sin armas? ¿Por qué sin maquinaria política? ¿Para qué vivir en vulnerabilidad constante? ¿Por qué no identificar un chivo expiatorio, un enemigo, un blanco al que apuntar toda la energía y el odio? Porque, como Jesús dice una y otra vez, este reino no avanza con violencia, odio o venganza. No es un simple reino más entre los reinos de este mundo. No, este reino avanza lenta y calladamente, bajo la superficie, como la levadura

dentro de la masa, como una semilla en la tierra. Avanza a punta de fe:
Cuando la gente cree que es verdadero, se vuelve cierto. También avanza
mediante la reconciliación y el amor que perdona: Cada vez que alguien
decide amar a los extranjeros y los enemigos, el reino gana terreno. En este
sentido, las revoluciones violentas no son revolucionarias. Los cambios
estrepitosos de un régimen a otro son totalmente arbitrarios y vienen como
resultado de despliegues de poderío, promesas huecas y riqueza indómita.
En cambio, el mensaje de Jesús podría llamarse el más revolucionario de
todos los tiempos:

> El imperio revolucionario y radical de Dios está aquí y avanza por medio
> de la reconciliación y la paz, se expande por la fe, la esperanza y el amor, y
> empieza en los más pobres, los más débiles, los más mansos y los últimos
> en ser considerados. Ya es hora de cambiar su manera de pensar. Todo está
> a punto de cambiar. Es hora de adoptar una nueva manera de vivir.
> Créanme. Síganme. Crean esta buena nueva para que puedan aprender a
> vivir conforme a ella y ser parte de la revolución.[3]

Por un lado, esta clase de revolución parece risible. Es la quimera febril
de los poetas y los artistas, no la estrategia de los generales y los políticos.
Cualquiera que se la crea debería ser objeto de risa o lástima. Es difícil
imaginar algo más irrealista, o tal vez *pesaroso* sea la palabra más indicada.

Por otro lado, ¿qué otro tipo de revolución podría realmente cambiar el
mundo? Tal vez la locura sea seguir en pos de lo que hemos hecho y
procurado alcanzar hasta ahora, pensando que después de todos estos
milenios el odio se puede conquistar con odio, que la guerra es la solución
a las guerras, que con orgullo se aplasta el orgullo, que la violencia pone fin
a la violencia, que una venganza más acaba todas las venganzas previas, y
que la exclusión es el prerrequisito de la cohesión. ¡De pronto los locos
somos nosotros!

Esta imagen revolucionaria de Jesús no me quedó plasmada en la mente
durante el tiempo que pasé en la escuela dominical de mi niñez. Allá me
presentaron a Jesús como un tipo amable, callado y sereno, quizás un poco
frágil pero siempre dispuesto a cargar niños. O lo pintaban como un místico

que se vestía con túnicas raras y llevaba un corderito debajo del brazo mientras mantenía el otro levantado todo el tiempo, como llamando un taxi. La imagen revolucionara de Jesús tampoco me vino a la mente durante mi vida adulta en la iglesia. Allí Jesús era alguien cuya labor principal fue morir para que mis pecados sean perdonados y yo pueda ir al cielo (claro, ¡eso es maravilloso!), alguien de gran valor «en mi corazón» pero ajeno a este mundo y la historia, no un factor decisivo, público e histórico en relación con el estatus quo y las autoridades establecidas. También le consideraba un maestro cuyas palabras eran citadas para escarmentar a personas o conductas que nuestra iglesia o denominación desaprobaba. Lo digo con tristeza, y quisiera que no fuera cierto, pero así es. El caso es que Jesús no ha sido presentado por la iglesia como alguien cuyo mensaje puede cambiar por completo nuestra manera de pensar.

Por cierto, tampoco llegué a este entendimiento alternativo de Jesús gracias a los medios religiosos de comunicación. Allí Jesús se proyecta más como un súper-fariseo, un súper-herodiano, un súper-zelote o un súper-esenio y no como una alternativa radical y superior a todos ellos. De hecho, pasé por una fase de cinismo en la que dudé de casi todo lo que había aprendido sobre Jesús. Por eso, cuando empecé a leer la Biblia de nuevo, pude ver un poco más de lo que ahora sé que siempre ha estado ahí. Durante el proceso, este Jesús revolucionario empezó a adquirir forma, y siento que apenas he empezado a entender lo que ello significa.

¿Por qué tardó tanto en llegar la respuesta? ¿Por qué tuvo que ser una lucha? ¿Por qué nadie me contó todo esto? ¿Acaso había alguien tratando de ocultar la verdad, o fue Jesús mismo quien se la mantuvo velada? ¿Es posible que Jesús se haya propuesto mantener como un secreto su mensaje del reino para que no fuera obvio y fácil de captar, a diferencia de una fórmula matemática sencilla que puede aprenderse y aplicarse con rapidez? ¿Es posible que el mensaje de Jesús no sea como un slogan publicitario, obvio y fácil de entender, sino más bien como un poema cuyo significado solo le llega de manera sutil y silenciosa a quienes lo lean con calma, meditando pacientemente en su significado y rehusando darse por vencidos?

# CAPÍTULO 5

# EL MENSAJE MISTERIOSO DE JESÚS

*...porque escondiste estas cosas de los sabios y de los entendidos,*
*y las revelaste a los niños.*
— MATEO 11.25

C omo sería de esperarse, en mi búsqueda por entender el mensaje secreto de Jesús, he leído, releído y reflexionado en todas sus presentaciones públicas. Jesús *predicó* públicamente su mensaje del reino de Dios en muchas oportunidades y lugares durante un período cercano a los tres años. Ahora bien, predicó puede ser una expresión confusa porque para nosotros es un término religioso que alude a sermones solemnes y bien planeados que se pronuncian por altoparlante en edificios sagrados.

A diferencia de ello, el estilo de Jesús no fue típicamente religioso. Sus charlas casi siempre eran improvisadas y en respuesta a situaciones que se daban de manera espontánea. En algunos casos daba un discurso entero sin mencionar a Dios por nombre propio, aunque los oyentes de algún modo sabían que les hablaba de Dios en sus historias sobre mercaderes, pescadores, amas de casa, pastores, familias disfuncionales, reinos y sembradores. Los lugares que elegía casi siempre eran al aire libre, en playas, colinas, campos o calles, y también en casas. Además, si hacía aparición en un escenario religioso como la sinagoga o el templo, tendía a interrumpir el flujo rutinario de los eventos. Las grandes multitudes que se agolpaban para oír sus arengas públicas se parecían menos a una congregación en un templo y tenían más aire de demostración política o de festival (piense en Woodstock sin drogas ni orgías).

La fascinante oratoria pública de Jesús ciertamente me ha dado una idea de la esencia y el impacto de su mensaje, y dedicaremos el próximo capítulo a sus alocuciones públicas. Primero debo confesar que las conversaciones privadas de Jesús han demostrado ser portales igualmente eficaces para adentrarme en el mensaje del reino. Los cuatro registros aceptados del evangelio laten con estos encuentros personales, y cada uno es un tesoro que aguarda ser explorado.

Con frecuencia, los diálogos privados de Jesús sucedieron como consecuencia de sus proclamas públicas. Por ejemplo, un hombre llamado Nicodemo había oído a Jesús enseñar en público. Intrigado, acudió a Jesús de noche para sostener una conversación en privado. ¿Por qué al anochecer? Tal vez porque Nicodemo era fariseo y sería considerado traidor por sus cofrades si le llegaran a ver con Jesús a plena luz del día, teniendo en cuenta que ellos en su gran mayoría detestaban a Jesús.

Esta conversación se describe en el tercer capítulo del evangelio de Juan. Resulta interesante que Juan casi nunca emplea el término «reino de Dios» (que es el corazón del mensaje de Jesús según Mateo, Marcos y Lucas). Hay dos excepciones, y ambas ocurren en esta conversación singular, pero Juan alude a «reino de Dios» con otra frase muy difícil de traducir a nuestro idioma. El giro más común que Juan emplea al traducir la frase original de Jesús es «vida eterna». Tristemente, la frase *vida eterna* casi siempre se interpreta erróneamente como «la vida en el cielo después que uno se muere», lo cual también ha sucedido con las frases *reino de Dios* y su sinónimo, *reino de los cielos*. Por eso creo que necesitamos encontrar una paráfrasis más adecuada.

Si «vida eterna» no significa «vida después de la muerte», ¿qué significa entonces? Más adelante en el evangelio de Juan, Jesús reduce la frase escuetamente a «vida» o «vida en abundancia». Casi al final del relato de Juan, Jesús hace una declaración particularmente fascinante en una oración, y es lo más cercano que tenemos a una definición: «Y ésta es la vida eterna: que te conozcan a ti, el único Dios verdadero, y a Jesucristo, a quien tú has enviado» (Juan 17.3). Aquí «vida eterna» significa conocer, y conocer se refiere a una relación interactiva. En otras palabras, «En esto consiste la vida eterna, en tener una relación interactiva con el único Dios verdadero y con Jesucristo, su mensajero». Lo interesante es que en eso consiste precisamente un reino: La relación interactiva y recíproca que uno tiene con un rey y con los demás súbditos de ese rey.[1]

La frase griega que Juan usa para «vida eterna» significa literalmente «vida de las edades», que en mi opinión contrasta con la «vida tal como la gente la vive en estos días». De modo que las frases asociadas de Juan, *vida eterna, vida en abundancia* y simplemente *vida*, nos permiten ver desde un ángulo único lo que Jesús quiso decir al hablar de «reino de Dios». Una vida radicalmente diferente a la manera en que vive la gente últimamente, una vida plena que sobreabunda y se multiplica, una vida superior que está centrada en una relación interactiva con Dios y con Jesús. Aquí vamos a definirlo simplemente así: «Una vida extraordinaria que se vive al máximo, centrada en una relación con Dios». (A propósito, no espero que usted quede satisfecho con estas palabras como una definición exhaustiva del reino de Dios. Yo mismo no estoy satisfecho con ella, pero es un ángulo, una dimensión, una faceta válida.)

Volvamos a Nicodemo. Él llega de noche donde Jesús y empieza con una lisonja: «Rabí, sabemos que eres un maestro que ha venido de parte de Dios, porque nadie podría hacer las señales que tú haces si Dios no estuviera con él». Jesús no le responde amablemente diciendo «Gracias por el cumplido», sino va directo al grano y le dice: «de cierto te digo, que el que no naciere de agua y del Espíritu, no puede entrar en el reino de Dios» (véase Juan 3.2-3).

*Nacer de nuevo*, al igual que *vida eterna*, es otra frase que se presta a malos entendidos y que mucha gente equipara al acto de repetir o leer una oración al final de un librito o tratado evangelístico, o a tener una experiencia emocional al final de un culto en la iglesia. Con frecuencia se utiliza para distinguir a personas con ciertas creencias o que han pasado por ciertas experiencias, de tal modo que se convierte en adjetivo: «Soy un cristiano nacido de nuevo». Sin embargo, es claro que Jesús no habla aquí de una simple experiencia o una etiqueta religiosa que Nicodemo necesita adquirir como algún tipo de certificación. No, Jesús está diciendo: «Nicodemo, eres un fariseo. Tú mismo eres un maestro respetado, pero si acudes a mí con la esperanza de experimentar aquella vida extraordinaria y abundante de la que he venido enseñando, vas a tener que empezar otra vez por el principio. Vas a tener que volver a ser como un bebé, dispuesto a desaprender todo aquello de lo que estás tan seguro, para que puedas volver a ser enseñado en la verdad».

Nicodemo apenas ha estado con Jesús menos de un minuto, y ya está confundido. ¿Por qué Jesús no expone con claridad absoluta su mensaje? ¿Por qué su mensaje está tan encubierto por metáforas y envuelto en un lenguaje extraño y paradójico? «¿Cómo puede alguien nacer de nuevo si ya es un adulto? ¡Esto es ridículo! ¿Se supone que me toca volver al vientre de mi madre?» (véase Juan 3.4).

Algo similar sucede en el siguiente episodio escrito por Juan, otra conversación personal, esta vez con una mujer que es mitad judía y pertenece a los samaritanos de «raza mixta». Ella nunca había oído acerca de Jesús y se sorprende bastante cuando él, un hombre judío, entabla conversación con ella, una mujer samaritana, junto a un pozo. Él tiene sed y le pide agua, ella se la da. Luego él dice: «Si conocieras el don de Dios, y quién es el que te dice: Dame de beber; tú le pedirías, y él te daría agua viva» (véase Juan 4.10). *Agua que da vida.* Esta imagen suena como otra metáfora de «una vida extraordinaria vivida a plenitud», otra metáfora que alude al reino de Dios. ¿Qué se supone que significa? Ella está confundida. No sabe de qué le habla aquel judío. ¿Por qué tendría que ser tan poco claro Jesús? ¿Por qué esconde su mensaje en metáforas?

En una historia contada por Lucas, Jesús dialoga con un hombre identificado como rico y joven, con algún tipo de cargo político (Lucas 18.18-25). El joven rico le pregunta a Jesús cómo puede experimentar «vida eterna», que aquí tampoco debe confundirse con «vida después de la muerte». Es rico, joven y poderoso, pero su vida terrenal está vacía y él busca algo más. Jesús charla con él un rato y cuestiona la manera en que ha formulado la pregunta. Luego responde su pregunta con otra pregunta: «¿Qué piensas tú?» El joven dirigente da su respuesta y Jesús dice: «Buena respuesta. Haz eso. Eso te va a funcionar». El hombre está confundido porque dice que ha

hecho eso mismo toda su vida. Entonces Jesús le da una respuesta inesperada: «Liquida todos tus bienes y da a los pobres todo el dinero de la venta.
Después regresa para volverte discípulo mío». El hombre se fue de allí triste
y Jesús también se puso triste. El texto nos hace pensar que él vio gran
potencial en aquel joven y que le cayó muy bien.

En una conversación tras otra, Jesús es renuente a dar respuestas claras o
directas. Casi no hay preguntas que él responda fácilmente; su respuesta casi
siempre viene en forma de otra pregunta o la convierte en una historia, o la
adorna con metáforas que generan más interrogantes. ¿Qué sucede aquí?

Me he hecho preguntas como estas durante años. He leído y vuelto a leer
todas las historias. He consultado un comentario tras otro y he oído más
sermones y conferencias de los que pensé ser capaz. Francamente, pocos
expertos parecen siquiera notar este patrón de vaguedad, de circunloquios y
falta de claridad, de sigilo y camuflaje, y los que lo notan en algún grado
tienden a ofrecer respuestas poco convincentes, al menos para mí.[2]

¿Cuál podría ser el beneficio de la intriga y la falta de claridad de Jesús
al usar metáforas y contestar preguntas con más preguntas? ¿Por qué arriesgarse a no ser bien entendido o ser relegado como alguien totalmente
incomprensible? Si el mensaje es tan importante, ¿por qué esconderlo en
frases evocativas en lugar de usar lenguaje técnico?

¿Cómo respondería usted esas preguntas, y cómo se relacionan las
respuestas con su experiencia en este momento preciso, como una persona
que lee este libro? Por otro lado, ¿cómo se aplican a mí mientras escribo
estas palabras? ¿Estoy tratando de ser claro y directo, o disimulado? ¿Será
una mezcla de ambas cosas? ¿Acaso es un factor determinante?

# INVESTIGACIÓN

## CÓMO DESMENUZAR EL SIGNIFICADO DEL MENSAJE DE JESÚS

# CAPÍTULO 6

# EL MEDIO DEL MENSAJE

*El reino de los cielos es semejante a un hombre que sembró buena semilla...
un grano de mostaza... la levadura que tomó una mujer, y escondió en tres
medidas de harina... un tesoro escondido... un mercader que busca una
perla preciosa... una red.*
— MATEO 13.24, 31, 33, 44, 45, 47

Literatura inglesa fue mi asignatura principal en la universidad y el postgrado. Los que así estudiamos el idioma inglés pasamos varios años aprendiendo a hacer lo que la mayoría de la gente cree haber aprendido desde segundo de primaria: Leer. Se espera que la práctica adicional nos haya permitido alcanzar un nivel de lectura que por lo menos sea superior al promedio. Cuando leo las enseñanzas de Jesús con mis aguzados sentidos de estudiante, noto lo siguiente: El corazón de la enseñanza de Jesús nos ha llegado a través de un género literario único conocido como *parábola*.

Las parábolas son tan importantes para Jesús como lo son los chistes para un comediante. Mateo 13.34 lo deja en claro con una hipérbole (exageración intencional que comunica una verdad): «Sin emplear parábolas no les decía nada». ¿Por qué haría Jesús algo así? ¿Por qué optaría por la narrativa ficticia como formato artístico para comunicar su mensaje esencial?

La mejor introducción a las parábolas, si con ello me refiero a «ser lanzado a la parte honda de la piscina para aprender a nadar», se encuentra en Mateo 13, con su paralelo en Lucas 8. En este pasaje (espero que usted lo lea por cuenta propia ahora mismo, antes de proseguir), Jesús cuenta una sucesión fascinante de parábolas que tienen varios elementos en común.

En primer lugar, note que cada parábola termina con una frase que se repite (los estudiantes de literatura lo llaman técnica del refrán): «El que tiene oídos para oír, oiga». Esa frase es prácticamente una parábola por derecho propio. ¿Qué habrá querido decir Jesús con ella? *No oigan solo con sus oídos, oigan con su corazón. No escuchen solamente mis palabras, presten atención al signi-ficado más profundo. No busquen el significado literal al que solo tiene acceso su mente racional, profundicen su búsqueda para encontrar un significado que les requiera una inversión personal de su esfuerzo sincero y su imaginación.* (¿Nos vienen a la mente Nicodemo y la mujer samaritana del capítulo anterior?) *No crean que les hablo solamente de un nacimiento literal o un agua física, entiendan que les estoy hablando de algo mucho más profundo.*

En segundo lugar, cada parábola incluye un aspecto velado que más adelante se disipa con visibilidad. Al leer Mateo 13, vemos una imagen tras otra de este patrón recurrente entre lo encubierto y lo visible. Vemos *semillas* genéricas plantadas en un campo genérico, semillas en las que se esconde la potencialidad de una planta madura y una cosecha futura de miles de semillas más, semillas que a su vez permanecen escondidas en el suelo donde su germinación y crecimiento son un misterio que solo se manifiesta cuando brotan y maduran. También vemos mala hierba cuya identidad se oculta al principio porque se parece al grano, y también ha sido plantada en secreto entre el grano, donde no puede ser vista hasta que su identidad se hace manifiesta a la hora de la cosecha. Tenemos después un *grano de mostaza* plantado o escondido bajo el suelo y cuyo potencial para crecimiento se hace evidente después. También se menciona la levadura amasada o revuelta en la harina de una masa, donde la hace crecer de manera misteriosa hasta que la masa queda visiblemente transformada. De forma similar, vemos un tesoro escondido en un campo, una perla de inmenso valor que se esconde entre otras perlas menos finas, un surtido de peces buenos y malos para comer que han sido atrapados en una red, los cuales se habían mantenido ocultos bajo el agua y cuya identidad como aptos o inservibles fue un misterio hasta que fueron sacados del agua y clasificados. Aunque sutil, la reiteración del patrón en cada historia transmitió un mensaje contundente.

En tercer lugar, cada parábola tenía un elemento de sorpresa: La variedad sorpresiva de cosechas, la infestación sorpresiva de la mala hierba, la respuesta inesperada en cuanto a lo que debía hacerse con la mala hierba, el tamaño sorprendente del árbol de mostaza, etc.

Así no reflexionemos en las enseñanzas únicas y específicas de cada parábola, quizás empecemos a entender cómo funciona este lenguaje. Las parábolas esconden la verdad de tal modo que necesitamos hacer más que simplemente «oír con nuestros oídos» o «leer con nuestros ojos» a un nivel literal. Tenemos que embarcarnos en una búsqueda imaginativa del significado, y ese significado nos sorprenderá cuando lo excavemos o descubramos por nosotros mismos.

Eso es exactamente lo que sucede en el recuento de Mateo. Los discípulos oyen a Jesús contar la primera parábola pero no pueden interpretarla por sí mismos. Tienen oídos pero no pueden oír, para usar las palabras exactas de Jesús. Por eso acuden a él de nuevo con una pregunta fascinante, de hecho es la misma pregunta que hacemos aquí: «¿Por qué le hablas a la gente en parábolas?»

Uno podría esperar que los discípulos preguntaran: «¿Qué es lo que significa esta parábola?» En lugar de esto preguntan *por qué*: «Jesús, ¿por qué haces esto? Estás contando historias, pero nadie capta lo que quieres decir. ¿No puedes emplear un método más claro, directo y obvio?»

Las parábolas incitan a los oyentes a adentrarse en territorio desconocido. Si la meta es una relación interactiva (que es el corazón mismo del plan en términos de *reino de Dios* y *vida eterna*, como hemos visto), la parábola funciona allí donde las respuestas fáciles y las explicaciones obvias son inútiles. Con una explicación inteligible y diáfana los oyentes pueden escuchar, entender y seguir por su camino, independientes del maestro. En cambio, cuando una parábola los deja confundidos, son incitados e invitados a formular sus propias preguntas para que sigan dependiendo del maestro mismo y no se apoyen en su capacidad intrínseca para entender las palabras que dijo.

De modo que, si una parábola nos deja confundidos, podemos optar por una de dos reacciones. Podemos responder con enojo arrogante e impaciente («No tengo ni la menor idea de lo que dice, ¡qué pérdida de tiempo!»), lo cual nos motivará a alejarnos. O podemos responder con humildad ávida y curiosa («No puedo quedar así, ¡tengo que saber más!»), lo cual nos mantendrá en suspenso y motivados a aprender cada vez más. Esto se debe a que las parábolas tienen la capacidad de hacer mucho más que *informar* a los oyentes. Las parábolas también tienen el poder de *transformar* a cada oyente en una persona interactiva, interdependiente, humilde, inquisitiva y persistente.

En la narración de Mateo, la respuesta de Jesús es tan fascinante como la pregunta de los discípulos. Él les explica que han recibido un gran regalo: «Saber los misterios del reino de los cielos» (13.11). Citando al antiguo profeta Isaías, les explica que cuando el corazón de la gente se endurece, pierden su capacidad para ver y oír a niveles más profundos. En otras palabras, aunque las multitudes alcancen a oír las palabras de Jesús con sus oídos físicos, se pierden el mensaje que solo puede ser escuchado en el corazón, tal como lo indica la famosa frase, «el que tenga oídos, que oiga».

Tal vez ahora podamos empezar a contestar la pregunta de los discípulos y la nuestra. ¿Por qué habló Jesús en parábolas? ¿Por qué fue sutil, indirecto y secreto? Porque su mensaje no fue una simple transmisión de información y su propósito era precipitar algo más importante: La transformación espiritual de los oyentes. El formato de la parábola permite amoldar aquel corazón que esté dispuesto a entrar en una relación de confianza con el maestro que sea continua, interactiva y persistente. Lo logra llamando al oyente a explorar un territorio nuevo. Es un método de enseñanza que facilita la transformación de un corazón que tiene la humildad suficiente para admitir que todavía no entiende y que tiene sed suficiente para hacer preguntas. En otras palabras, una parábola no convierte a sus oyentes en expertos ni eruditos que se las saben todas... sino en niños.

¿Ahora sí empiezan a tener más sentido algunos de los dichos más famosos de Jesús? Por ejemplo, que el reino de Dios le pertenece a los niños, que necesitamos ser como niños para entrar al reino, que necesitamos nacer de nuevo. Los niños son dependientes, no independientes. Sólo aprenden cuando hacen preguntas a personas a quienes les tienen confianza. Expresan su sed de conocimiento siendo incansablemente curiosos, siempre inquisitivos y preguntones.

A propósito, de esto se trata aquella palabra tan problemática, *arrepentimiento*. La palabra significa volver a pensar, examinar la dirección en que uno va y considerar la posibilidad de cambiarla y seguir una nueva, admitir que uno puede estar equivocado, pensarla bien antes de seguir viviendo en el error, y en últimas repensar nuestra manera de pensar. Significa, tal como Jesús le dijo a Nicodemo aquella noche, que tenemos que empezar de nuevo, volvernos otra vez como niños, nacer de nuevo. De modo que si el problema es que somos demasiado independientes, demasiado autocéntricos, demasiado tercos y determinados a seguir por nuestro propio camino... si el problema es que demasiados de nosotros somos arrogantes que creen sabérselas todas, adultos de mente cerrada, presumidos que no piensan en lo verdaderamente importante, mejor dicho demasiado creciditos, entonces la parábola puede convertirnos exactamente en lo que necesitamos ser: Niños maleables que se dejan enseñar. ¡Con razón Jesús decide guardar su mensaje como un secreto! ¡Con razón lo esconde en metáforas e historias!

El problema es que no todos estamos dispuestos a ser enseñados así. Algunos quieren recibir información rápida sin dolor ni esfuerzo, no una transformación lenta y portentosa que involucre todo su ser, «muchas gracias, ni más faltaba». ¿Qué le pasa entonces a quienes dicen: «No tengo tiempo para oír historias infantiles sobre semillas, levadura y ovejas. Soy una persona importante, ¡tengo títulos para probarlo! ¡Ya es mucho lo que sé!»? En pocas palabras, la parábola los excluye o mejor dicho, los expone. En ese sentido, mientras la parábola lleva a algunos a repensar su vida con la actitud cándida y humilde de un niño, a otros les provoca rabia, arrogancia, impaciencia y fealdad. Cuando apenas empecé a entender que esto era en parte la aplicación de Mateo 13, me sentí mal. No quería que nadie quedara por fuera. No quería que nadie quedara expuesto ante los demás. ¿Acaso las parábolas de Jesús no podrían tener una efectividad del 100 por ciento? ¿No podía haber un final feliz para todos? ¿No le llegaba su mensaje a todos los oyentes? (Más sobre esto en el capítulo 18.)

En el tiempo de Jesús la respuesta fue no o no todavía, porque muchas personas no reaccionaron a sus parábolas como lo hicieron los discípulos. Esas personas no hicieron preguntas, no ablandaron sus corazones para ser como niños y no procuraron encontrar «los secretos del reino». Hubo otros que captaron el mensaje aunque no se ganó sus corazones, ¡los puso iracundos! Por ejemplo, en cierta ocasión Jesús contó una parábola detallada sobre la gente que recurre a un uso horrendo de la violencia para mantener control sobre su pedacito de tierra. Los líderes religiosos que vieron amenazado su pedacito de tierra por Jesús, captaron el significado de inmediato y lo aborrecieron, como nos dice Lucas, «comprendieron que contra ellos había dicho esta parábola» (20.19). Su reacción consistió en empeñarse todavía más en sus propias estratagemas hostiles.

Tal vez nos gustaría que las parábolas de Jesús se hubieran podido ganar hasta el corazón de los fariseos. (De hecho, algunos de ellos sí fueron ganados, como Nicodemo, José de Arimatea y más adelante un fariseo llamado Saulo, mejor conocido como Pablo, quien se convirtió en un apóstol de primer orden en los albores del movimiento cristiano.) Claro, si el corazón es lo que cuenta debe entenderse que los corazones no pueden ser coartados. Nadie puede ser convencido contra su voluntad. Pueden ser invitados, atraídos, intrigados, incitados y retados, pero nunca forzados. Este quizás sea el aspecto más genial de una parábola: No te agarra por las solapas y te grita en la cara «¡Arrepiéntete, vil pecador! ¡Vuélvete a Dios o arde en llamas!», sino que trabaja de manera amable, sutil e indirecta. Respeta la dignidad de la persona, no mangonea hasta que uno se someta, sino que nos deja en libertad para descubrir y elegir de forma voluntaria.

Es tal vez por eso que el mensaje del reino de Dios no se presente como una simple fórmula o una lista con datos e instrucciones, ni tampoco como una amenaza iracunda o un ultimátum, sino más bien como un secreto escondido en una parábola, como un tesoro enterrado en un campo, como una semilla oculta en el suelo, como la levadura disuelta en la masa.

Los reinos humanos avanzan por la fuerza y la violencia, a punta de bombas y balas, pero el reino de Dios avanza por medio de historias y relatos ficticios que se prestan a ser ignorados y mal interpretados. Tal vez sea el único medio posible.[1]

CAPÍTULO 7

# LA DEMOSTRACIÓN DEL MENSAJE

*Sanad a los enfermos... y decidles: Se ha acercado a vosotros el reino de Dios.*
— LUCAS 10.9

Vamos a suponer que la reportera de un noticiero se acerca a Jesús y le dice: «Jesús, tenemos treinta segundos antes del corte a comerciales. ¿Puede decirnos en una o dos frases de qué se trata su mensaje?» ¿Qué diría él?

«Todos necesitan reexaminar sus vidas como individuos, y es nuestro deber repensar nuestra dirección como cultura e imaginar un futuro nunca antes imaginado para nuestro mundo», es lo que podría decir. «Porque el reino de Dios está aquí. De eso pueden estar seguros».

La reportera diría: «Bueno, a ver, ¿por qué no nos define exactamente qué es el reino de Dios? Nos quedan quince segundos».

Me puedo imaginar a Jesús diciendo: «El reino de Dios es como un hombre que tenía dos hijos...» Tras oír unas cuantas frases de la historia, la reportera interrumpe y hace el corte a comerciales. Jesús acaba de perderse la oportunidad dorada de presentar su mensaje por televisión. Fuera de cámaras la reportera le pregunta: «¿Podría terminar la historia sobre el hombre y sus hijos?» Al terminar de contar la historia Jesús se dispone a irse, pero la reportera sigue con curiosidad y sugiere que vayan a tomarse un café. Entran a una cafetería y la conversación continúa: «Déjeme preguntarle otra vez, ¿cómo definiría eso que usted llama el reino de Dios?»

Jesús empieza: «Se podría comparar a una mujer que empieza a hacer pan».

«No», interrumpe la reportera, «no quiero saber a qué se parece, ¡quiero saber qué es!»

Jesús sonríe y dice: «Bueno, el reino de Dios es como aquel mercader de café que se propone encontrar los granos más aromáticos al mejor precio disponible...».

¿Utilizó Jesús otros medios para comunicar el mensaje del reino de Dios además de las parábolas con todos sus significados secretos? La respuesta es negativa si nos limitamos a las palabras que salieron de su boca, pero más allá de esto la respuesta es afirmativa porque él también comunicó secretamente su mensaje por medio de señales y prodigios.

El término que usamos típicamente para estos fenómenos no es *señales* y *prodigios* sino *milagros*. El problema es que en estos tiempos la palabra milagro nos transporta a una visión del mundo que no corresponde al entorno de Jesús. Para entender cómo funcionaron los milagros como vehículos del mensaje secreto de Jesús, creo que lo más sabio es sumergirnos en la cosmovisión de Jesús en lugar de traerle de los cabellos a la nuestra.

Una cosmovisión es una manera particular de ver el mundo. No es solamente lo que vemos, sino cómo vemos todo lo demás. Es como un lente a través del cual vemos, un lente que construimos con presuposiciones, creencias, imágenes, metáforas, valores e ideas que heredamos de nuestra familia, nuestros profesores, nuestros compañeros, nuestra comunidad y nuestra cultura. Al pasar por la vida, a muchos de nosotros nos resulta casi imposible cuestionar nuestra cosmovisión heredada, pero es exactamente lo que algunos decidimos hacer: Repensamos e imaginamos otras maneras de ver las cosas, y a veces experimentamos conversiones radicales en las que nos despojamos de una cosmovisión para vivir conforme a otra.

La mayoría de nosotros en el mundo occidental moderno, seamos religiosos o irreligiosos, hemos heredado una visión del mundo que se formó en gran parte durante el siglo diecisiete. Desde esta perspectiva, a lo que mejor se compara nuestro mundo es a una máquina. Dios, si acaso existe, creó el universo como un reloj, y tras diseñar el mecanismo complejo le dio vuelta a las manecillas, lo puso a andar y es así como ha hecho tictac todo este tiempo, yendo cada vez más lento en un proceso impertérrito llamado entropía. O podría compararse con una mesa de billar antes del primer tacazo: En el principio Dios construyó la mesa, le puso la felpa verde y organizó las bolas en un triángulo, puso la blanca a cierta distancia y la golpeó con el taco, y desde entonces las bolas han rebotado de un lado a otro y entre sí, en una compleja cadena de causas y efectos que determinan el curso del universo.

En esta cosmovisión, los milagros, si acaso ocurren, requieren de interferencia exterior. Dios estira un brazo para hurgar los componentes del reloj o interviene y empuja una bola del billar para alterar su recorrido natural. En esta manera de ver el mundo, Dios es un agente exógeno y las causas naturales generan efectos mecánicos y automáticos a no ser que Dios intervenga. Algunas personas creen que Dios sí interviene y se sobrepone a los mecanismos naturales. Podríamos llamarles súper-naturalistas. Otros creen que Dios no existe o que el Dios que existe nunca intervendría, nunca infringiría las reglas establecidas desde el comienzo, nunca introduciría causas nuevas al sistema ni alteraría el curso de los efectos naturales. A ellos les llamaremos naturalistas o reduccionistas.

No obstante, el hecho es que Jesús vivió mucho antes que los relojes, las mesas de billar o las máquinas complejas de cualquier tipo. Su cosmovisión o su modelo del universo fue muy diferente, más orgánico y menos mecánico. En muchos sentidos fue más simple pero también más grandioso, más lleno de vida, más libre, más sutil y más dinámico: Dios no estaba ausente ni por fuera del universo, tampoco atrapado dentro de él. Más bien, Dios estaba conectado al universo, presente al mismo tiempo con él e involucrado íntimamente en su devenir. El universo se parecía menos a una máquina y más a una familia; no era tanto un mecanismo autómata como una comunidad viva. La palabra *reino* lo da a entender, pues los reyes se relacionan personalmente con sus reinos. Están presentes y activos, participan y generan participación. No son una simple parte del reino entre muchas otras, pero tampoco existen apartados de él.

Esta cosmovisión permite un equilibrio espléndido y multidimensional. Por una parte, los reyes no son ausentes ni distantes, tampoco se desentienden de su reino como el ingeniero que diseña y construye un reloj y lo deja a un lado para que funcione por cuenta propia, o como un experto jugador de cartas que después de hacer su jugada se levanta de la mesa y se reclina sobre la pared, se fuma un cigarrillo y ve cómo se desenvuelve el juego en la distancia. Por otro lado, los reyes en un sentido estricto no están en control absoluto, pues no controlan su reino de la manera en que un niño opera los controles de un videojuego. No, en esta cosmovisión más intuitiva y orgánica los reyes tienen una relación interactiva que no puede irse a extremos de distanciamiento total o control veleidoso. Tienen poder y autoridad reales, pero los usan entre individuos que también tienen voluntad propia. El rey puede dar órdenes pero los ciudadanos pueden optar por desobedecer. El rey puede establecer leyes pero los ciudadanos las pueden ignorar. El rey tiene la opción de responder a esa insubordinación, y así sucesivamente, en una relación interactiva continua.

En consecuencia, para los judíos antiguos el universo no era un simple sistema mecánico y controlado. Era una comunidad compleja y orgánica con sus límites y su libertad, con creatividad y responsabilidad. En ella había espacio para ejercer la libertad, tanto para Dios como para la humanidad. Había límites y orden pero también espacio para respirar y posibilidades reales para tomar decisiones y llevar la vida que uno quisiera. En este universo, Dios nos da amplitud de espacio y tiempo para vivir nuestras vidas. Tenemos una medida de libertad pero nuestra libertad no erradica la libertad de Dios. Dios también tiene libertad, pero la libertad de Dios no extingue la nuestra. Como dijimos antes, es un universo en relación interactiva con Dios. Por eso la invitación de Jesús para entrar al reino de Dios era una invitación al universo original, como se supone que todo debe ser.

En consecuencia, a fin de entender lo que significaban las señales y prodigios de Jesús debemos tratar de expandirnos más allá de nuestro moderno universo occidental, naturalista, mecánico y reduccionista, y sentirnos a gusto en este universo relacional mucho más amplio y abierto.

No entenderemos las señales y prodigios en particular ni la noción del reino de Dios en general si tratamos de encogerlos y amoldarlos para que quepan en nuestro universo restrictivo. Tenemos que considerar estos fenómenos en su hábitat natural.

Como ya hemos visto, los judíos antiguos entendían que la humanidad estaba en crisis porque nosotros los seres humanos abusamos de nuestra libertad. Robamos, matamos y destruimos. Acaparamos, violamos y saqueamos. Oprimimos, torturamos, mentimos y engañamos. Menospreciamos lo valioso y valoramos lo despreciable. Como resultado, el organismo o comunidad entera del mundo se ha enfermado, y esa enfermedad fea, dolorosa y terminal afecta adversamente a toda mujer, todo hombre, toda niña y todo niño.

Volvamos a nuestra reportera imaginaria que a pesar de ser una narradora profesional de historias, sigue poniendo resistencia a las historias de Jesús. «Discúlpeme, Jesús, perdone mis interrupciones. Quizás en otra ocasión esté más interesada en oír esas lindas historias, pero ¿no es *posible* que me cuente más sobre el reino de Dios sin usar cuent...» La reportera empieza a toser y no puede terminar la frase. «Lo siento, es culpa de estos cigarrillos», dice mientras señala la cajetilla que está en su bolso. «He sido fumadora compulsiva varios años, y últimamente me pregunto si acaso tengo cáncer de pulm...» Otra ronda de tos vuelve a interrumpirla.

Ahora imagine que Jesús se inclina un poco y la toca en el brazo. «¿Te gustaría ser sanada de esa tos?» le pregunta.

«Y de paso me gustaría ser sanada de mi adicción a la nicotina», dice con una sonrisa antes de toser más.

«También se puede», dice Jesús, y le pregunta: «¿Crees que Dios puede sanarte?»

En ese instante la reportera adquiere un tono serio. «Supongo que sí, creo que es, usted sabe, teóricamente posible. Pero mi fe es microscópica», responde.

Jesús dice: «Solo se requiere una cantidad microscópica de fe, como este grano de azúcar aquí en la mesa. Por eso, tu fe microscópica te ha sanado». La reportera se da cuenta de inmediato que tanto las ganas de toser como el impulso de fumar han desaparecido por completo. Respira hondo y siente que sus pulmones no se han sentido así de oxigenados y saludables en años.

«Así es como se respira en el reino de Dios», dice Jesús. Con una sonrisa se levanta, deja un par de billetes en la mesa y sale de la cafetería.

La reportera se levanta y lo alcanza en la puerta. «¿Qué es lo que me acabó de suceder? ¿Qué está pasando aquí?»

Jesús se detiene en el andén, se voltea a mirarla y dice: «Esa fue una señal, un prodigio. Como señal, *indica* la realidad y la naturaleza del reino. Como prodigio, te ha llenado de *asombro*. Te hace pensar. Rompe tus categorías para determinar qué es posible y qué es imposible. Así es el reino. Lo que es imposible para la humanidad es posible para Dios».

Aunque no faltan los que se dejan engañar con oro falso en nuestro mundo, yo todavía creo en el oro de las *señales* y los prodigios verdaderos.[1] Creo firmemente que Dios está vivo y que interactúa y participa activamente en nuestro mundo, y creo que todos experimentamos en diferentes grados de intensidad y frecuencia, a veces de forma dramática y otras de manera sutil, los toques de la gracia de Dios.[2] Estas experiencias son señales significativas de Dios y la actividad de Dios que se supone debemos captar. Además son *maravillas* prodigiosas que nos hacen preguntar qué es lo que pasa y nos llenan de asombro. Por naturaleza son inexplicables y confunden cualquier intento por achacarlas a mecanismos, causas o fórmulas, y es por eso que nos ayudan a liberarnos de la tiranía de lo imposible.

¿A qué me refiero con la tiranía de lo imposible? Al crecer durante mi niñez en los Estados Unidos el racismo estaba en todas partes. (Sé que todavía existe en variedades más sutiles pero no menos reales.) Si alguien dijera en esa época que vendría un día de armonía total en que todos se enriquecerían mutuamente con todas sus diferencias raciales y culturales, la gente habría dicho: «¡Es imposible!» En Sudáfrica por ejemplo, el sistema de apartheid hizo que la esperanza de reconciliación racial pareciera todavía más imposible.[3] Cuando todo el mundo «sabe» que algo es imposible, nadie ni siquiera lo intenta hacer. ¿Para qué perder tiempo y energía? No obstante, considere lo que ha sucedido en décadas recientes: Lo que era imposible, así no sea todavía una realidad plena, por lo menos se ha convertido en algo verdaderamente posible.

Una mujer con drogadicción, un hombre que se deja controlar por la ira, un país devastado por luchas religiosas, una comunidad religiosa infectada por conflictos internos, una escuela afectada por mediocridad crónica, un abismo creciente entre los ricos y los pobres, una economía a base de carbón totalmente incompatible con el ambiente natural, todos estos problemas pueden parecer tan irreversibles e inexorables que se diría son «imposibles de cambiar». Pero cuando se acerca el reino de Dios, cuando lo experimentamos, la palabra *imposible* se desintegra. Se derrite y se evapora, se pone fin a su tiranía sobre nosotros.

Ese es el tipo de experiencias imposibles que acompañaron a Jesús casi dondequiera que iba. Digo casi porque hubo algunos lugares (véase por ejemplo Marcos 6.5) donde la gente se había constreñido tanto a su visión del mundo que no podían experimentar algo que la abriera a la posibilidad de ver señales y prodigios, ni siquiera con Jesús presente. Algunos prodigios y señales fueron dramáticos y públicos, como la alimentación de varios millares con unos cuantos bocados, cuando una tormenta se calmó súbitamente o cuando un muerto fue devuelto a la vida en medio de una procesión fúnebre. Otros fueron menos públicos y más personales, como cuando a unos padres desconsolados les fue devuelta su hija que había muerto, o cuando el siervo bienamado de un soldado romano fue curado. Cada señal y prodigio fue tan creativo y único que sería imposible reducirlo a una fórmula o mecanismo. Por ejemplo, en cierta ocasión Jesús curó una enfermedad con saliva y barro, otra vez con un baño, otra vez acercándose a tocar la persona enferma y en otra ocasión con tan solo decir una palabra a distancia. Ahora bien, a pesar de su diversidad, sí es posible hacer unas cuantas generalizaciones sobre las señales y los prodigios de Jesús.

En primer lugar, su propósito es sanar y restaurar, no destruir. Jesús no hace descender fuego del cielo sobre los que resisten y se oponen. De hecho, reprende enérgicamente a sus discípulos por sugerir tal cosa. Él no hizo que sus críticos cayeran al suelo y se retorcieran adoloridos. Tampoco cegó ejércitos para que fueran derrotados ni desató inundaciones para abrumar a sus antagonistas. Por el contrario, sus milagros siempre trajeron sanidad a excepción de uno, en que un árbol sin fruto fue marchitado y usado como señal para otro fin.

En segundo lugar, suponen fe. Esta relación con la fe es compleja porque a veces los milagros de Jesús ocurren en respuesta a la fe y otras veces ocurren a fin de acrecentar la fe. Es interesante ver cómo Jesús minimiza con frecuencia su propio papel en el proceso, cuando dice «tu fe te ha sanado» en lugar de decir «yo te he sanado» (véase por ejemplo, Lucas 8.48; 17.19; 18.42). En otras ocasiones Jesús recalca su papel, como cuando sana al paralítico con estas palabras: «para que sepáis que el Hijo del Hombre tiene potestad en la tierra para perdonar pecados …» (véase Mateo 9.6). Pero incluso aquí, la sanidad demuestra algo visible (sanar un cuerpo) para que la gente tenga fe en que Jesús puede hacer algo invisible (perdonar sus pecados). Así es como las señales y los milagros pueden estimular la fe al mismo tiempo que son respuesta a la fe. Al parecer, son parte de una espiral en ascenso de la fe.[4]

En tercer lugar, como hemos visto, los prodigios y señales tienen un significado simbólico o secreto. Ya hemos considerado la expresión de Jesús acerca de tener «oídos para oír» como alusión al corazón de quien escucha, y resulta natural que su acto de sanar a los sordos aluda a su disposición de ayudarnos a escuchar la verdad en nuestro corazón. Asimismo, al sanar ciegos nos da a entender que quiere ayudarnos a «ver la luz». Sanar la parálisis también puede simbolizar su interés en que la gente, las religiones y las culturas puedan moverse como es debido para que vuelvan a ser fructíferas y creativas. ¿Qué dramatización podría ser más poderosa que resucitar muertos para demostrar la posibilidad real de un nuevo comienzo? ¿Qué podrían dar a entender los actos de calmar una tormenta, alimentar a millares con la merienda de un jovencito (y dejar siete o doce canastas llenas de sobrados), curar el embarazoso «problema femenino» de un desorden menstrual crónico, o liberar a una persona de ataques epilépticos y conductas auto-destructivas?

En cuarto lugar, Jesús por lo general instruye a los beneficiados que guarden silencio en cuanto a la señal o prodigio en que han sido hecho partícipes. Uno pensaría que los milagros son la mejor técnica de mercadeo y que Jesús aprovecharía la experiencia de sus «clientes satisfechos» para divulgar la noticia. Algunos se han preguntado si decirle a la gente que no relatara su experiencia era como un juego psicológico para que hicieran justamente lo contrario, pero yo creo que la política de «no contar» tenía más que ver con una estrategia general de Jesús para su mensaje secreto, y esa estrategia consistía en la reserva y la generación de interés a través del silencio y la alusión. Era mejor que algo empezara a sazonarse y rebullir lentamente bajo la superficie, que carbonizarlo como un pedazo de carne en la llama del tumulto público. También es posible que Jesús simplemente haya querido ahorrarse la molestia de verse rodeado por multitudes inmanejables como resultado de la divulgación masiva de las señales y los prodigios.[5]

En quinto lugar, es claro que las señales y prodigios de Jesús no son el mensaje en sí. Más bien, como los avisos de carretera, su función es indicar la meta. Los trucos publicitarios y los artificios en las relaciones públicas pueden llamar la atención al objeto mismo; en cambio las señales apuntan a algo más allá de sí mismas que puede ser un destino, un sendero o algo que vale la pena notar. ¿Hacia qué apuntan entonces?

Voy a responder esa pregunta con una parábola de mi propia cosecha. Si usted ve soldados con uniformes camuflados que se adentran con sigilo en el bosque, si observa aviones de un país enemigo cruzar el firmamento por encima de su casa, si algunos líderes políticos de su país desaparecen o son asesinados misteriosamente, usted podría sospechar una invasión. Si se empiezan a oír disparos y sirenas de emergencia, sus sospechas serán confirmadas. Otra nación o *reino* se prepara para invadir y conquistar el reino donde usted vive.

Pero, ¿qué tal si este reino invasor es un tipo muy diferente de reino? ¿Qué tal si la invasión en cuestión utiliza la bondad y la compasión, no la fuerza y la agresión? ¿Qué pasaría si los enfermos empezaran a mejorarse de forma inesperada e inexplicable? ¿Qué tal que se divulgaran rumores sobre tormentas calmadas, dementes cuerdos, hambrientos satisfechos y muertos resucitados? ¿Podría ser esta la señal de un tipo diferente de invasión y la venida de una clase diferente de reino?

Así es como he llegado a entender las señales y prodigios de Jesús. Son representaciones dramáticas de su mensaje, son el mensaje del reino expresado en un medio que trasciende las palabras. Su acción combinada nos da a entender que lo imposible está a punto de hacerse posible: El reino de Dios con su paz, salud, cordura, poder y libertad, está a disposición de todos aquí y ahora mismo. Las señales y prodigios descoyuntan los mecanismos que nos dictan qué es posible o imposible desde un punto de vista matemático y práctico. Le abren paso a la fe en algo nuevo que se ha desencadenado, algo sin precedentes y hasta ahora imposible. Nos dicen que estamos siendo invadidos por una fuerza de esperanza, un grupo de agentes encubiertos que traman bondades.

Algunos eruditos consideran ficticias las historias de las señales y los prodigios, como si fueran parábolas pedagógicas elaboradas por la iglesia primitiva. Aunque respeto su punto de vista, no lo comparto. Yo creo que las señales y los prodigios fueron un aspecto fáctico y real de la obra de Jesús y de su mensaje secreto del reino de Dios, tal como es de esperarse si Jesús y su mensaje realmente vinieron de Dios. Por otro lado, no creo que hayan ocurrido como sucede en la mesa de billar cuando un jugador decide acomodar las bolas a su antojo. Más bien, me he convencido de que la cosmovisión de Jesús es mejor que la nuestra. Él no es un intruso que manipula desde afuera las leyes de la naturaleza. No es cuestión de que el mecanismo haya sido alterado por un agente externo. Lo que sucede en realidad es que el universo nunca ha sido ni será una máquina. Más bien es como una familia, una comunidad o un reino, y Dios nunca ha estado fuera del universo para intervenir de vez en cuando, sino que está aquí, dentro de él junto a nosotros, presente y cercano.

De hecho, esto es lo que yo creo que las señales y los prodigios de Jesús nos dicen secretamente: Que Dios, el buen Rey, está presente y realiza su labor desde adentro. El Rey está en el reino y el reino está entre nosotros aquí y ahora, disponible a quienes tengan ojos para ver y oídos para oír. El Rey está presente en el desorden y el caos de la vida diaria en la tierra, trayendo sanidad, vista, percepción, liberación, plenitud, salubridad, movimiento, salud, satisfacción, nutrición, cordura y equilibrio. La incursión del reino de Dios ha empezado. Estamos bajo el asalto compasivo y bondadoso de un reino de paz, sanidad, perdón y vida.

¿Podría ser más claro que esto el mensaje secreto de Jesús?

# CAPÍTULO 8

# EL ESCÁNDALO DEL MENSAJE

*Mas si por el dedo de Dios echo yo fuera los demonios,*
*ciertamente el reino de Dios ha llegado a vosotros.*

— LUCAS 11.20

Paradójicamente, a medida que avanza la historia de Jesús y su mensaje se hace cada vez más claro y refulgente, el drama de fondo se vuelve más siniestro y tenebroso. Los enemigos de Jesús quieren destruirlo y él no se está cuidando. Al contrario, prácticamente estira el brazo y les da un serrucho con las parábolas que cuenta para provocarlos, con demostraciones públicas que invitan a la retaliación y se prestan para cualquier cantidad de malas interpretaciones.

Considere por ejemplo los sucesos del día que hoy celebramos como domingo de ramos al comienzo de la pascua, cinco días antes de la crucifixión de Jesús el viernes santo: La «entrada triunfal» a Jerusalén cuando la multitud trata a Jesús como rey y los líderes religiosos le dicen que los detenga pero él se rehúsa. O en la «limpieza del templo» cuando Jesús pasa por alto los protocolos del establecimiento religioso, o cuando dice a los líderes religiosos que los niños pequeños entienden más que ellos. Al parecer, su intención clara es espolear a sus enemigos para que pasen de la aversión a la furia, de la furia a la conspiración y de la conspiración a la violencia: «¡Ay de ustedes, maestros de la ley y fariseos! Las rameras van a entrar al reino antes que ustedes. Ustedes cuelan el mosquito pero se tragan el camello. Limpian el exterior del vaso y del plato, pero por dentro están llenos de robo y de desenfreno. ¡Ay de ustedes!»

¿Por qué hace esto Jesús? ¿Acaso es un provocador descocado, un agitador empedernido que no puede controlar su retórica? ¿O hay un secreto método racional en su aparente desvarío?

¿Qué tal que el mensaje secreto de Jesús requiera un método secreto? ¿Qué pasa si los recursos convencionales de la política y los medios de comunicación, la promoción y el mercadeo que permiten moldear la opinión pública, no sirvan para difundir un mensaje secreto como este? ¿Qué tal si el mensaje sin precedentes de Jesús requiere un método tan inusual que resulta escandaloso?

Tal vez haya notado que en el capítulo anterior evité estratégicamente un asunto importante. Entre las múltiples señales y prodigios de Jesús, nunca mencioné uno de los más importantes y para muchos de nosotros, el más extraño: Los enfrentamientos de Jesús con entes malignos. En mi opinión, esas confrontaciones demoníacas son como una ventana que nos permite ver el método secreto que Jesús empleó para poner en acción su mensaje secreto.

Hablar de demonios y diablos le parece a mucha gente anticuado y primitivo, mítico y supersticioso. ¿Tiene uno que creer en un diablo y unos demonios literales para poder entender a Jesús y su mensaje, o es posible que leamos las historias de exorcismos con una especie de ingenuidad intencional, suspendiendo el juicio por tiempo suficiente para ver qué aprendemos en lugar de descartarlos de antemano? Eso es lo que recomiendo precisamente a quienes se sientan incapaces de aceptar honestamente lo satánico como algo fundado en la realidad: Suspendan su juicio lo suficiente para ver qué aprenden tras leer las historias tal como se presentan.

Si suspendemos por un momento cualquier cuestionamiento de la historicidad de esos relatos, creo que al final nos pondremos de acuerdo en esta conclusión: Para que el mensaje secreto de Jesús sobre el reino pueda hacerse una realidad, primero debe exponer la maldad intrínseca de todos los reinos, regímenes, sistemas e ideologías alternativos. En ese orden de ideas, para que el mal sea expuesto, primero debe ser sacado de las sombras, donde se oculta en secreto.

A nivel de las confrontaciones con demonios, esta salida y exposición a la luz suceden en cada caso, una y otra vez. Un muchacho era lanzado al suelo con convulsiones suicidas. Jesús llega y saca al espíritu maligno invisible que hace actuar al joven de esta manera chocante que le parte el corazón a los demás, y el joven es sanado. Un hombre vive desnudo entre las tumbas y se hace cortadas en todo el cuerpo. Jesús llega y saca a los espíritus malignos invisibles que precipitan esta conducta visible, y al rato el hombre aparece vestido y en pleno control de sus facultades. Miles acuden a Jesús con diversas aflicciones y opresiones internas. Jesús saca a la luz todas las fuerzas opresivas y destructivas causantes de enfermedad, desequilibrio, parálisis o convulsiones que se han afincado en su interior para que puedan ser libertados y restaurados a una vida balanceada y saludable. Esta liberación y restauración se convierten, como vimos en el capítulo anterior, en señales visibles del mensaje secreto de Jesús. En cierto punto él dice con una sencillez que desarma a cualquiera: «Mas si por el dedo de Dios echo yo fuera los demonios, ciertamente el reino de Dios ha llegado a vosotros» (Lucas 11.20).

Esa bien podría ser toda la historia: El reino ha venido a través de Jesús, liberando y sanando a individuos de poderes espirituales opresivos. Pero, ¿qué tal si esa estrategia individual es en sí misma una señal que apunta en dirección a la estrategia mayor de Jesús para cada nación, quizás para el mundo entero? ¿Qué tal si es una señal o prodigio más que apunta a su estrategia más amplia y menos obvia que es exponer la maldad corporativa, global e incluso cósmica, sacarla de las tinieblas y exponerla a plena luz del día para que pueda ser vista, nombrada, rechazada y desterrada del todo? ¿A qué me refiero al hablar de maldad corporativa y cósmica? Todos hemos oído expresiones como *espíritu de equipo* o *espíritu escolar* o *el alma de una nación o cultura corporativa, mentalidad de grupo o manada*. Esos términos expresan cómo la mentalidad determinada con que un grupo se identifica puede llegar a tomar control y precedencia sobre la mentalidad de cualquier individuo en particular, o «poseer» a los individuos del grupo. Todos hemos oído historias o hemos tenido experiencias en las que la gente se dejó controlar por un «espíritu» maligno, como se expresa con palabras que terminan en «ismo» como nazismo o terrorismo. ¿Qué pasaría si, más que referirse a la posesión de individuos por espíritus malignos, la esfera demoníaca suministra el lenguaje adecuado para personificar e identificar estas fuerzas encubiertas que acceden a ciertos grupos humanos para usarnos, para guiarnos a ciertas maneras de pensar y comportarnos, para poseernos, influenciarnos y hasta controlarnos, en forma de motivaciones e impulsos sucios, feos y enfermizos pero no reconocidos, que nos llevan a lugares donde nunca habríamos ido a parar por iniciativa propia?

Para mí lo más interesante de las confrontaciones de Jesús con poderes demoníacos es lo siguiente: Puede ser que haya espíritus malignos individuales tras bambalinas (por ejemplo, al susurrar en el oído del discípulo Pedro o al sembrar pensamientos de traición en la mente de Judas Iscariote), pero podría decirse que en todos esos casos Jesús los trata sin más ni más. Es decir, su oposición principal no va dirigida a demonios que se esconden en las esquinas a la espera de su próxima víctima, sino más bien hacia sistemas malignos de poder y violencia que operan en la gente que ejerce el poder y que funcionan a plena luz del día. Así como él expone y expulsa invasores demoníacos escondidos, Jesús debe sacar, exponer, nombrar, rechazar y desterrar la maldad sistémica transpersonal que se la pasa de incógnito bajo mantos reales y coronas, que se esconde en templos y palacios, camuflada tras agendas políticas, en billetes y monedas, como ingrediente secreto en reglamentos y tradiciones, de tal modo que «posee» a grupos enteros para que piensen y se muevan conforme a una coreografía infernal. Jesús utilizó sus señales y prodigios de liberación de demonios para darnos a entender que existen fuerzas muy reales y peligrosas de maldad que se esconden y trabajan en nuestro mundo, tan comunes en grupos como los tormentos demoníacos en individuos que sufren enfermedad y trastornos mentales. Este mal transpersonal puede poseer, oprimir, enfermar y enloquecer a naciones, religiones y demás redes sociales, tanto como los espíritus demoníacos personales poseen, oprimen, paralizan y convulsionan a individuos.

Una y otra vez, Jesús saca de las tinieblas el mal sistémico encubierto para exponerlo a la luz, nombrarlo y echarlo fuera. Lo hace en una variedad de formas. A veces lo confronta directamente, como cuando entra al templo y voltea las mesas de los cambistas, cuando llama hipócritas y lobos vestidos de oveja a los líderes religiosos, o cuando sana a alguien en el día de reposo de forma intencional y pública, invitando así la furia de la élite religiosa. Las reacciones violentas y odiosas de ellos muestran su carácter verdadero y confirman el dictamen de Jesús. A veces él hace afirmaciones ambiguas que se prestan a malas interpretaciones y por así decirlo, expone su cuello a quienes se atrevan a cortarlo. Por ejemplo, cuando dijo que el templo sería destruido y él lo volvería a levantar en tres días. Sus críticos interpretaron esa declaración en el peor sentido posible, y con su respuesta envenenada muestran de qué están hechos y qué los motiva.

Al instigar y sacar a la luz el mal encubierto para que se manifieste, Jesús expone los «espíritus» nocivos que pueden habitar en las instituciones más respetadas a nivel de gobierno (el imperio romano y el rey títere Herodes), *movimientos políticos* (zelotes y herodianos), *partidos religiosos* (fariseos y saduceos), *estructuras y jerarquías religiosas* (sacerdotes y sumo sacerdote), *profesiones* (escribas) y *sistemas de familia*. («No llamen "padre" a nadie en la tierra» y «deja que los muertos entierren a sus muertos», es lo que Jesús dice de los tales [Mateo 23.9; 8.22]). Quizás en el sentido más chocante de todos, Jesús muestra que el mal puede invadir hasta a *sus propios discípulos*, y lo puede hacer en el momento menos esperado. Por ejemplo, la Biblia nos dice que Satanás entra en Judas mientras está sentado con todos en lo que llamamos la última cena (Juan 13.27). Igualmente alarmante es cuando Jesús le dice a Pedro su discípulo de cabecera «¡Quítate de delante de mí, Satanás!» contados instantes después que Pedro fuera el primero en identificar correctamente la identidad verdadera de Jesús (Mateo 16.23). En cada caso, Jesús siempre identifica y nombra la maldad entre sus propios seguidores.[1] ¿Qué significan estas incursiones y exposiciones inesperadas del mal? ¿Qué nos enseñan?

Las confrontaciones de Jesús con fuerzas demoníacas nos traen de vuelta a su mensaje secreto: Una nueva fuerza, un nuevo espíritu está en el mundo, no un espíritu demoníaco sino el Espíritu Santo. Así como los espíritus corruptores y destructivos pueden tomar posesión de grupos, este nuevo Espíritu está entrando en la gente para formarlos como un nuevo tipo de comunidad o sociedad saludable y creativa que es el reino de Dios. Este reino representa una fuerza de contraataque, un movimiento en contra de la corriente, un reino revolucionario que confrontará todos los regímenes humanos corruptos exponiéndolos, nombrándolos y mostrando lo que son en realidad. El nuevo reino, a diferencia de los reinos del mal, no se impone por la fuerza allí donde no es deseado y recibido. Con todo su poder y realismo, siempre viene de manera sutil, suave y secreta.[2]

Resulta interesante que Pablo, un líder de segunda generación en el movimiento empezado por Jesús, hable comúnmente de realidades que suenan muy compatibles con esta esfera corporativa de lo demoníaco.[3] Este apóstol habla de diversos regímenes que llama tronos y dominios, principados y potestades, y este lenguaje contrasta como un espejo resquebrajado con el lenguaje cohesivo y unificado de Jesús cuando nos habla de un solo *reino de Dios*. En la mente de Pablo, estas fuerzas del mal no son simplemente demonios invisibles e independientes que se esconden en la maraña de neuronas de cada individuo, sino fuerzas muy reales y poderosas que acceden a grupos de personas y les guían o incluso controlan su funcionamiento interno y su conducta externa. Bajo su influencia, la gente se mueve de forma sincronizada como con una sola voluntad, parecidos a un cardumen de peces, una bandada de cuervos o una manada salvaje, y según se necesite pueden ser paralizados, convulsionados, retorcidos o masajeados con tal que se conformen a valores y dictados que tal vez jamás se les hubieran ocurrido por cuenta propia.[4]

En el drama de la vida de Jesús, dos de estas fuerzas transpersonales que son invisibles pero muy reales, son expuestas como agentes opositores específicos al reino de Dios. En primer lugar, Jesús confronta al imperio romano que muchos judíos identifican como la fuente o punto focal de todos los males y tribulaciones que padecen. Irónicamente, al leer las narraciones de la vida de Jesús no quedamos impresionados por la fuerza del régimen romano, más bien nos fijamos un poco en su debilidad. Por ejemplo, un centurión romano que representa al imperio acude a Jesús en busca de un milagro de sanidad para un apreciado sirviente suyo. Con todo el poder que detenta para controlar y destruir con espadas y lanzas, es incapaz de cambiar la situación en su propia casa y necesita la intervención sanadora de un poder superior al suyo. El hombre reconoce en Jesús tal poder superior.

Hasta en las fuertes escenas de enjuiciamiento al final de los evangelios, el gobernador Pilato que es un títere de Roma se parece más a un politiquero de barrio que a un potentado digno de ser temido. Es manipulado por el gentío, presionado por su esposa, paralizado por sus propios conflictos internos, titubeante para tomar una decisión hasta verse forzado a hacerlo, y aun entonces carece de resolución y seguridad total. Frente a él está Jesús, quien acaba de ser azotado y golpeado, burlado y atado a un madero, esperando que Pilato dicte sentencia. ¿Por qué en ese momento Pilato es el inseguro que pregunta temeroso qué es la verdad, y por qué Jesús parece tan sereno y firme en rehusar una respuesta, quedándose con la verdad y confiado en que el poder de Pilato es ínfimo, que no podría hacer nada si una fuente superior no le hubiera conferido ese poder? Es una escena tremenda. Yo diría que es una señal y un prodigio.

Ante la autoridad moral sencilla de Jesús, el poder y la autoridad de Roma parecen brutalmente grotescos y éticamente peleles. Lo hace pensar a uno en los estudiantes chinos que se pararon frente a los tanques en la plaza de Tiananmen en 1989, o en Nelson Mandela yendo de la prisión a la presidencia en Sudáfrica en 1994, o en Martin Luther King Jr. encarcelado en Birmingham en 1963. Estos detenidos ejercieron mayor liderazgo moral que los guardias, los policías y los oficiales que creían estar en control de la situación. Nos hace pensar en las protestas de oración de los católicos que expusieron la debilidad del comunismo en Polonia, o las multitudes desarmadas que depusieron el régimen comunista en Rumania, o en Gandhi quien a pesar de no identificarse como cristiano, pareció entender el método secreto de Jesús mejor que muchos cristianos al encabezar la resistencia no violenta contra el imperialismo y el odio religioso. El mensaje de Jesús sobre el reino de Dios escandaliza porque muestra la debilidad de quienes parecen poderosos y el poder de los aparentemente débiles.[5]

En segundo lugar, Jesús confronta el espíritu igualmente tenebroso de la élite religiosa de su tiempo. Una cosa es mostrar la debilidad de los que parecen poderosos, otra muy diferente es mostrar la maldad de los que parecen justos. Es precisamente lo que Jesús hace. Uno por uno, él los expone a la vista de todos paseándose a un lado y otro de sus líneas divisorias, violando sus tabúes, honrando a sus villanos y detractando a sus apadrinados. Al decirles la verdad les provoca tanta cólera que se les sube la presión y acelera el pulso; el sudor les corre por la frente y las manos, sus quijadas y sus puños se aprietan y desaprietan de tal modo que ya sus elegantes túnicas no pueden esconder sus verdaderos impulsos, sus valores y la furia que arde en su interior. Cuando Pilato le presenta Jesús a la muchedumbre, abatido y sangriento, ellos vociferan «¡Crucifícalo!» Con mayor escándalo todavía, ellos declaran: «No tenemos más rey que el emperador romano». Confrontados con el reino de Dios, ellos prefieren someterse al reino del César.

Estos líderes religiosos, como muchos en la actualidad, fingieron dedicarse a la piedad religiosa y la fidelidad nacional. Parecían querer la liberación del dominio de César, pero ahora manifiestan su deseo verdadero: Afiliarse con el poder establecido para mantener la soberanía en su reducto y la continuación de su pequeño régimen religioso. «Hágase *nuestra* voluntad» es lo que de hecho están diciendo. Si el mensaje secreto de Jesús amenaza su dominio, ellos apelarán a César para validar sus intenciones, y es así como saltan a la vista sus verdaderos colores gangrenosos, biliosos y pálidos.

Es una historia conocida: Los poderes religiosos y político-militares colaboran y negocian para llegar a una solución final muy elegante: Jesús será crucificado como un rebelde. Será clavado a una cruz romana, el símbolo visible del poder del principado y la potestad de Roma, el instrumento de tortura y ejecución que pone fin a todos los que se opongan a Roma.

Lo aplastan tanto a él como a su movimiento, y al parecer Jesús ha fracasado.

Este es el escándalo del mensaje de Jesús. El reino de Dios fracasa. Es aplastado. Cuando su mensaje de amor, paz, justicia se encuentra cara a cara con los principados y las potestades del gobierno y la religión con sus lanzas, espadas y cruces, ellos descargan todo su odio, poderío, manipulación y propaganda. Como aquellos estudiantes indefensos que se pararon frente a los tanques y las metralletas en la plaza de Tiananmen, el movimiento de resistencia conocido como el reino de Dios es aplastado.

Pero, ¿cuál es la alternativa? Esta es una pregunta muy importante. ¿Podría el reino de Dios venir con armas más grandes, espadas más afiladas y organización política más audaz que el sistema imperante? ¿Podría establecerse el reino de Dios por medio de una especie de violencia redentora? ¿Acaso tal metodología corrompería al reino de Dios de tal modo que no sería más «de Dios» y se convertiría en otro principado o potencia terrenal, y en cierto sentido hasta demoníaca? Quizás el reino podría llegar con una lógica arrolladora, intachable e irresistible, como un tren imparable de argumentos que derriban cualquier objeción. ¿O acaso esa conquista mental sería tan dominadora como la conquista militar y también reduciría el reino de Dios a un régimen de tiranía estridente?

¿Qué tal si la única manera en que el reino de Dios puede venir en su forma verdadera, como un reino que «no es de este mundo», implique debilidad y vulnerabilidad, sacrificio y amor?[6] ¿Qué tal si sólo puede conquistar siendo conquistado primero? ¿Y qué si es absolutamente necesario que sea conquistado para exponer la violencia brutal y la opresión tenebrosa de estos principados y potestades, estas ideologías y reinos humanos, de tal modo que al ser expuestos todos puedan ver lo que son en realidad y rechazarlos libremente, abriendo así espacio para aquel reino nuevo y mejor? ¿Qué tal si el reino de Dios debe fracasar de esa manera para poder triunfar?

Quizás en este momento alcancemos a avistar breve y fragmentariamente uno de los misterios más profundos del reino de Dios: La muerte y resurrección de Jesús tiene que ser la señal y el prodigio más profundo y significativo de todos, ya que su escándalo nos muestra la verdad innegable de que no se puede confiar en ningún sistema humano y que todos los movimientos o –ismos son ideologías de ídolos y demonios. Quizás esta manera de entender el reino revela la horripilante verdad de que hasta la iglesia y el estado con sus teologías e ideologías sagradas, al igual que las demás estructuras de este mundo, si llegaran a tener la oportunidad estarían dispuestos a ejecutar a Dios con tal de mantener el control de sus reinitos terrenales.[7] ¿Qué hacemos si nuestra única esperanza radica en esta paradoja imposible: La única manera en que el reino de Dios puede ser fuerte y traer libertad verdadera es a través de una demostración de debilidad que escandaliza sin imponerse; la única manera en que puede ser poderoso es por medio de una vulnerabilidad incomparable; la única manera en que puede seguir viviendo es muriendo; su éxito depende de su fracaso?

¿Entiende ahora por qué un mensaje como este es demasiado subversivo para comunicarlo abiertamente? ¿Puede ver por qué debe tratarse como un secreto y hasta ser contado como un secreto? ¿Entiende por qué aquellos que detentan el poder y celebran con rebuznos el éxito que han alcanzado, no tendrían interés alguno en un mensaje tan secreto, subversivo y escandaloso, y por qué los no privilegiados, los pobres, los dolientes, los excluidos y los mansos ocuparían en cierto sentido un puesto privilegiado por el simple hecho de «captarlo»?

Tras meditar en Jesús y su mensaje, Pablo habló de la cruz como la debilidad y locura de Dios en 1 Corintios 1.18-25. El apóstol dijo que esa debilidad y locura eran más poderosas que la sabiduría y el poder de la humanidad con toda su ideología, metodología, religiosidad, ingenuidad y violencia. Al ver la cruz, Pablo entendió que «Dios estaba en Cristo reconciliando consigo al mundo, no tomándoles en cuenta a los hombres sus pecados» (2 Corintios 5.19). Para él, la derrota de Cristo en aquella cruz romana, el momento en que Dios aparece débil y desquiciado, como si la maldad humana le hubiera ganado la partida, suministró el medio por el cual Dios expuso y juzgó la perversidad de tanto imperio como religión, y en ellos la maldad individual de cada ser humano, de tal modo que la humanidad pudiera ser perdonada y reconciliada con Dios. Ese movimiento de reconciliación encarnado en la vida, la enseñanza, la muerte y la resurrección de Cristo es a lo que nos referimos cuando hablamos del reino de Dios.

Este entendimiento del mensaje secreto de Jesús le da sentido a muchos detalles de su historia, por ejemplo por qué la resurrección de Jesús no fue divulgada por algún medio milagroso a millones como evidencia irrefutable de la legitimidad de Jesús. ¿Alcanza a ver por qué? Tan pronto la evidencia se vuelve irrefutable adquiere un carácter dominante, con la misma fuerza ejercida por los principados y las potestades de maldad. En lugar de ello, y conforme al poder del reino de Dios que es un secreto paradójico y parece débil, las primeras personas en enterarse del secreto son unas cuantas mujeres, que en aquella época ni siquiera eran aceptadas como testigos legítimos ante un juez. Eran personas vulnerables que fácilmente podrían ser ignoradas y relegadas por quienes prefieren el estatus quo, el poder establecido y los sistemas y regímenes que funcionan como «reinos de este mundo». A estas mujeres humildes sólo les creerán aquellos que quieran creer, aquellos que libremente opten por creer.

*Qué sistema tan ineficiente*, es lo que podríamos pensar. *Tiene que existir un plan mejor.*

Si se le ocurre un mejor plan, por favor háganoslo saber, de repente usted se convierte en el salvador del mundo. Pero antes de rechazar el plan presentado, asegúrese de que el suyo sea superior de verdad. El que yo presento aquí no tiene comparación entre todo lo que he encontrado o he sido capaz de imaginar.

# CAPÍTULO 9

# UN SECRETO QUE NO SE PUEDE GUARDAR

*Y será predicado este evangelio del reino en todo el mundo,*
*para testimonio a todas las naciones.*
— MATEO 24.14

Los cuatro registros del evangelio difieren en varios aspectos como enfoque, lenguaje, eventos incluidos y omitidos, etc., pero tienen en común que llegan a la misma conclusión: Tras su muerte y resurrección, Jesús envía a sus discípulos al mundo con una misión. Veamos lo que dice cada versión:

- *Mateo*: «Por tanto, id, y haced discípulos a todas las naciones, bautizándolos en el nombre del Padre, y del Hijo, y del Espíritu Santo; enseñándoles que guarden todas las cosas que os he mandado» (28.19-20).
- *Marcos*: «Id por todo el mundo y predicad el evangelio a toda criatura» (16.15).
- *Lucas/Hechos*: «quedaos vosotros en la ciudad de Jerusalén, hasta que seáis investidos de poder desde lo alto»... «pero recibiréis poder, cuando haya venido sobre vosotros el Espíritu Santo, y me seréis

testigos en Jerusalén, en toda Judea, en Samaria, y hasta lo último de la tierra» (Lucas 24.49; Hechos 1.8).

- *Juan:* «Como me envió el Padre, así también yo os envío» (20.21).

Bien sea que cada uno de los escritores del evangelio nos describa la misma comisión en palabras diferentes o diferentes ocasiones en que se pronunció la misma comisión, podemos integrar las cuatro versiones de la siguiente manera:

Discípulos míos, no pueden quedarse con el secreto del reino como si fuera solo para ustedes. Ahora yo los envío como el Padre me envió, a comunicar la buena nueva del reino de Dios. A los que reciban su mensaje, fórmenlos en comunidades de aprendizaje para que se conviertan en discípulos practicantes que vivan conforme a mi mensaje secreto, así como ustedes lo están aprendiendo. No traten de hacer esto en sus propias fuerzas. Deben depender del poder del Espíritu Santo. No se limiten a su propia cultura, lenguaje o religión. Ustedes deben cruzar todas las fronteras y líneas divisorias para comunicar a todas las personas en todo lugar el secreto que han aprendido de mí: El camino, la verdad y la vida que han experimentado en su andar conmigo.

La última instrucción, que los discípulos divulguen su mensaje globalmente, fue más radical de lo que nos imaginamos. Primero que todo, los politeístas que constituían la mayoría de la población en el mundo antiguo tenían muchos dioses con legitimidad y jurisdicción territorial. Fue bastante novedoso proclamar un solo Dios universal no restringido a cierto lenguaje, cultura, región o religión, y en especial que tal proclamación no viniera acompañada por la intención de propagar su cultura ni su régimen político de origen. Lo que más llama la atención, en vista de que el judaísmo no era una religión misionera aunque creía en un Dios universal, es que la comisión que los discípulos recibieron de Jesús fuera a escala global. Como hemos visto, los judíos estaban más interesados en sus propios asuntos internos, como liberarse políticamente de la opresión romana o al menos calmar las tensiones entre sus diversas facciones internas y así evitar más problemas con los romanos. La prioridad del judaísmo en aquel entonces era poner en orden la vida moral y religiosa de la nación.

No obstante, la idea de una misión global sí tenía precedentes. Como se mencionó en el capítulo 4, el llamado original del judío primigenio, Abraham, tenía dimensiones globales implícitas: «Haré de ti una nación grande, y te bendeciré... ¡y serán bendecidas en ti *todas las familias* de la tierra!» (véase Génesis 12.2-3). Existe una correspondencia inequívoca entre esas palabras y la comisión de Jesús de «hacer discípulos de *todas* las naciones», pero los judíos antiguos, al igual que sus equivalentes monoteístas más recientes, terminaban más enfocados en ser bendición para sí mismos y olvidaban o ignoraban su llamado a ser bendición para los demás. Ellos también veían su llamado como algo *exclusivo* («Somos bendecidos y esto nos excluye del resto de las naciones»), en lugar de *instrumental* («Somos bendecidos para beneficiar al resto de las naciones»).

Los profetas y poetas que surgieron esporádicamente a lo largo de la historia judía, le recordaron frecuentemente al pueblo su llamado a las naciones y lo amonestaron por su exclusivismo parroquial.[1] Como las palabras de los profetas formaban parte de su conciencia nacional, es posible que el pueblo haya pensado: *Tal vez algún día seremos bendición a otras naciones, pero eso no sucederá hasta que seamos libres de la ocupación extranjera.* Jesús dice en cambio: «El reino de Dios no necesita esperar que suceda algo más. No, está disponible y está entre ustedes ahora mismo, así que empiecen a esparcir ahora mismo la bendición de que habló Abraham. Inviten a gente de todas las naciones, razas, clases y religiones a participar en esta red de relaciones dinámicas e interactivas con Dios y la creación de Dios. Yo les he enseñado cómo vivir conforme al reino. Ya es hora que ustedes vayan a enseñarlo a otros. ¡Vayan, no se tarden más!»

Así lo hicieron. El segundo documento de Lucas en el Nuevo Testamento, los Hechos de los Apóstoles, cuenta su historia, y el mensaje secreto de Jesús sobre el reino de Dios es su tema de principio a fin. Lucas informa que Jesús «se presentó vivo con muchas pruebas indubitables, apareciéndoseles durante cuarenta días y hablándoles acerca del reino de Dios» (1.3). Los discípulos hablan del reino en todo el libro de Hechos, empezando por Felipe, quien «anunciaba el evangelio del reino de Dios y el nombre de Jesucristo» (8.12).

El apóstol Pablo continuó la misma tradición en sus extensos viajes, «fortaleciendo a los discípulos y animándolos a perseverar en la fe. "Es necesario pasar por muchas dificultades para entrar en el reino de Dios", [les decía]» (14.22). Más adelante, en Éfeso, «exhortándoles a que permanaciesen en la fe, y diciéndoles: Es necesario que a través de muchas tribulaciones entremos en el reino de Dios» (19.8). Él describió su ministerio en términos de «predicando el reino de Dios» (cp. 20.25), y así es como Lucas termina su hermoso recuento: «Y habiéndole señalado un día, vinieron a él muchos a la posada, a los cuales les declaraba y les testificaba el reino de Dios desde la mañana hasta la tarde, persuadiéndoles acerca de Jesús... predicando el reino de Dios y enseñando acerca del Señor Jesucristo, abiertamente y sin impedimento» (28.23, 31).

Hace muchos años tuve una experiencia que me ayudó a concebir la magnitud de esta comisión dada por Jesús y ejecutada en el libro de Hechos. Fue en una tarde tranquila mientras trabajaba en mi oficina preparando un sermón o haciendo algo parecido. Sonó el teléfono y al levantarlo oí a alguien decir: «Buenas tardes, ¿hablo con Brian McLaren? ¿Reconoce mi voz?» Era una voz grave pero no la reconocí. «Mi nombre es Stephen Crabb», dijo, pero todavía no sabía quién era. «Tengo un hijo llamado Scott».

En ese momento me acordé y dije: «Scott Crabb, el joven que fue al campamento de verano donde trabajé mientras estuve en la universidad».

«Sí», contestó el hombre. «El es mi hijo. Usted le enseñó algo, ¿recuerda qué fue?»

Lo recordé. «Si mal no recuerdo, le enseñé a tocar un par de acordes en la guitarra, y recuerdo que tuvo mucha dificultad para tocar el acorde de fa».

«Sí, por eso lo estoy llamando», contestó. «Usted le dijo algo a mi hijo, ¿recuerda?»

Le contesté: «Solía decirle a la gente que si realmente querían aprender a tocar, que se compraran una guitarra pero que nunca la pusieran en el estuche. Si la dejaban por fuera, era más probable que se pusieran a tocarla sentados frente al televisor o en cualquier rato libre».

«Sí, y Scott hizo exactamente lo que usted le dijo», me contó el Sr. Crabb. «Scott estudió guitarra clásica en la universidad, y después sacó una maestría como intérprete de guitarra. Durante sus estudios el *maestro* Segovia lo oyó tocar y lo invitó a ser uno de sus últimos estudiantes. Como usted sabrá, el *maestro* Segovia ya estaba muy anciano y frágil, y sabía que no iba a recibir más estudiantes después de ese grupo».

Sonreí al oír esas palabras. Pensar que un adolescente a quien había ayudado a interesarse en la guitarra había llegado a convertirse en ¡estudiante del guitarrista clásico más grande de la historia! Pero el Sr. Crabb no había terminado. «Pues bien, la semana pasada mi hijo presentó su recital de *maestros* y el *maestro* Segovia estuvo presente. Como podrá imaginar me sentí profundamente orgulloso y me acordé de usted. Decidí localizarlo y decirle que uno de sus estudiantes había llegado lejos. Usted fue quien le ayudó al maestro Crabb a empezar en su profesión». Tras darme las gracias y despedirse, nunca volví a oír de él. Ni siquiera me dio oportunidad de agradecerle por la llamada.

Recuerdo que me quedé sentado en la oficina abrumado por dos sentimientos: El primero fue una gran alegría por el honor de haber influenciado a Scott en su carrera, y el otro fue una sensación curiosa, pues no creía haber oído decir la palabra maestro tantas veces en tan breve tiempo: Maestro Segovia, recital de maestros, maestro Crabb. Pensé en otros usos de la palabra, como maestro albañil y maestro pintor. Luego caí en cuenta: Esto es exactamente lo que Jesús hizo con sus *discípulos.*

Jesús fue un maestro en hacer la música de la vida, no con madera y cuerdas, clavijas y trastes, sino con piel y hueso, llanto y risa, grito y susurro, tiempo y espacio, comida y bebida. Él invitó a los discípulos a que aprendieran a hacer bella música de la vida en su método secreto y revolucionario del reino de Dios. Él le ayudó a cada uno a aprender las disciplinas y habilidades necesarias para vivir en el reino de Dios. Ellos le vieron tocar su instrumento, le observaron vivir e interactuar, e imitaron su ejemplo hasta que empezaron a moverse en el espíritu de su estilo y la presencia poderosa de su porte artístico. Más adelante, después de su resurrección, él dijo: «Ese fue su recital de maestros, haber pasado por la agonía de mi rechazo, humillación, crucifixión, sepultura y resurrección. Ahora sí están listos para ser enviados como maestros por derecho propio, maestros de mi mensaje secreto, maestros en vivir la vida del reino».

Los maestros de música hacen tres cosas. Primero, nunca dejan de practicar su arte. Si no continúan la práctica, pierden flexibilidad y la gente perderá interés en su trabajo. Estoy seguro de que ningún maestro permitiría que su estudiante tocara en el recital de maestros si no supiera que el estudiante practica por su cuenta a fin de hacerse acreedor al título de maestro de música. En segundo lugar, los maestros de música se presentan en público y tocan música. Ellos llevan el placer y el gozo de la música a oyentes en muchos lugares del mundo. En tercer lugar, están autorizados para tener estudiantes.

Jesús llamó a doce estudiantes o aprendices (lo que significa discípulo), y demostró el arte de vivir en el reino de Dios. Les dio tres años de lecciones privadas, por así decirlo. Al final de sus estudios, once de ellos pasaron los exámenes requeridos para ser enviados como artistas y maestros (es decir, *apóstoles*). La vida de un discípulo y apóstol consiste en ser llamado a aprender y practicar, ser enviado a practicar, desempeñarse en público y enseñar. Es lo que Jesús comisiona a su banda de discípulos para que sean y hagan alrededor del mundo.

Así pues, todo el «programa» reino de Dios empezó como una comunidad de personas que aprendieron a amar y tocar la música del reino en la tradición del Maestro y su primera generación de aprendices. La historia del reino es la historia de esta banda de músicos de la vida durante los últimos dos mil años. De padre a hijo, de mentor a alumno, de amigo a amigo, el arte de vivir, interpretar y enseñar en el reino de Dios ha sido transmitido durante siglos en todos los continentes. A veces su música es bella y agradable, pero debemos admitir que en demasiadas ocasiones también ha sido fea, desafinada e indigna del Maestro y compositor cuyo ejemplo afirman seguir. En muchos casos, después de una mala racha de intérpretes que dejan mucho por desear, cuando el arte del reino está a punto de extinguirse, surge un nuevo maestro del género que le inyecta vitalidad y pasión a la tradición antigua, alguien como San Patricio, San Francisco, Teresa de Ávila, Hildegard de Bingen, Juan Wesley, C. S. Lewis, Desmond Tutu, o la Madre Teresa de Calcuta. Muchos de nosotros sentimos que la tradición cristiana necesita hoy algunos artistas nuevos que lleven la música del reino en lo profundo de su alma, para revivir la tradición en nuestro mundo, sobre todo en el hemisferio occidental.

Tristemente, son demasiados los lugares donde la religión cristiana ha relegado, retocado u olvidado por completo el mensaje secreto de Jesús, en muchos casos durante varios siglos. En lugar de enfocarse en la venida del reino de Dios a la tierra, la religión cristiana ha optado por el escapismo de abandonar la tierra por irse al cielo. A sus miembros casi siempre se les olvidan las enseñanzas de Jesús acerca de fomentar la paz, dar la otra mejilla y cruzar fronteras para servir a quienes consideran «forasteros». En lugar de ello hemos iniciado o bautizado guerras, hemos perpetuado el racismo y defendido un estado de cosas injusto. Hemos traicionado el mensaje del reino de Dios como una realidad disponible para todos, empezando por los pequeños, los últimos y los perdidos, y hemos llegado a creer y enseñar por el contrario que el reino de Dios está reservado para la élite, empezando por los correctos, los limpios y los poderosos. Nos hemos enfocado en la culpa y el dinero, el poder y el temor, el control y el estatus, no en el servicio y el amor, la justicia y la misericordia, la humildad y la esperanza. Francamente, nuestra música casi todo el tiempo ha sido superficial, discordante, o tocada con precisión mecánica carente de sentimiento y pasión. O ha sido tocada con pasión pero se ha apartado de las notas, el ritmo y las armonías originales del Maestro. Cada vez que eso sucede, nuestros oyentes hacen lo que sería de esperarse: Nos ignoran y pasan por alto nuestro mensaje; se alejan aburridos o huyen espantados.

Jesús mismo dijo que esto sucedería. Él anticipó que sus seguidores se enfriarían en su entusiasmo y se desviarían de su mensaje. Les advirtió que no escondieran su luz ni permitieran que su sal perdiera el sabor, pues si lo hacían iban a ser «hollados» (cp. Mateo 5.13). Les prometió que si decían las palabras correctas sin vivir realmente conforme al reino de Dios, si eran como árboles llenos de hojas sin dar fruto reflejado en obras, si dejaban de amarse de verdad para volverse jueces los unos de los otros, o si empezaban a codiciar el poder y el dinero, su fe carecería de valor y serían reconocidos como un fraude. La historia de la iglesia, incluso en años recientes, ha corroborado las predicciones de Jesús en este sentido.

En mi trabajo y mis viajes, veo muchas manifestaciones de religiosidad ajetreada, parlanchina, maníaca o monótona sin el corazón del mensaje de Jesús sobre el reino de Dios. No obstante, también veo que dondequiera el mensaje secreto de Jesús es creído, proclamado y vivido, hay transformación en individuos, comunidades de fe, vecindarios enteros y hasta culturas.

Cuando sucede esta transformación silenciosa y las cosas van por buen camino, la gente casi ni se da cuenta. Como Jesús dijo, el reino avanza tan sutilmente como una semilla mientras crece o como la levadura que pone a crecer la masa de pan. Pero tan pronto se nota el crecimiento, se sabe a ciencia cierta que Dios está presente, y la gente lo aprecia porque es algo inconfundible. A pesar de nuestras incontables fallas y fracasos, ¡el secreto está saliendo a la superficie!

# CAPÍTULO 10

# AGENTES SECRETOS DEL
# REINO SECRETO

*De cierto os digo, que los publicanos y las rameras van delante de vosotros al*
*reino de Dios... Por tanto os digo, que el reino de Dios será quitado de*
*vosotros, y será dado a gente que produzca los frutos de él.*
— MATEO 21.31, 43

Según parece, los más religiosos fueron los que menos captaron la esencia del mensaje secreto de Jesús, y los menos religiosos fueron quienes mejor lo recibieron. Es cierto que los religiosos podían contribuir en algo, y Jesús dijo que todo erudito religioso «todo escriba docto en el reino de los cielos es semejante a un padre de familia, que saca de su tesoro cosas nuevas y cosas viejas» (Mateo 13.52). Pero aún así, *reino* no es una palabra de connotación religiosa, y parece que Jesús se esforzó en describir el reino en términos que pudiera entender el común de la gente. Los reinos pueden tener sacerdotes y predicadores, pero también deben tener agricultores, gobernadores, pintores, ingenieros, conductores, escritores, carpinteros, científicos, diplomáticos, profesores, doctores, enfermeras, cocineros, filósofos, escultores y hasta abogados.

Con demasiada frecuencia, cuando se cuenta la historia del movimiento de Jesús, la mayor parte de la atención se enfoca en los religiosos de profesión. ¿Qué pasaría si su papel es secundario en el mejor de los casos?

¿Qué tal si la diferencia real en nuestro mundo no la marcamos nosotros los predicadores, sino la gente que se aguanta nuestras prédicas, aquellos que viven calladamente el mensaje secreto del reino de Dios en sus rutinas diarias, en el laboratorio, en el salón de clases, en la oficina, en la cabina del avión, en el parlamento, en la cocina, en el mercado, en la fábrica y en el vecindario?

En uno de los documentos del Nuevo Testamento encontramos una ilustración bella de cómo se pone en práctica el reino de Dios. Es la carta de Pablo a Tito. Ahí el apóstol le dice a los esclavos, quienes constituían un alto porcentaje de la sociedad romana, que ellos tienen un papel muy importante que desempeñar en el reino de Dios. Les dice que hermoseen el mensaje acerca de Dios nuestro Salvador mediante su manera de vivir y la integridad con que realizan sus labores diarias (Tito 2.10). Esta puesta en práctica del reino de Dios se realiza al menos de dos modos. Primero, dando a los esclavos una dignidad nunca antes concedida a su posición en la sociedad. En segundo lugar, con el paso del tiempo, esa dignidad misma empezará a deshacer la esclavitud como institución social.

Es lo mismo que sucede con profesores, políticos, abogados, ingenieros y vendedores que toman en serio su identidad como participantes activos en el reino de Dios. La manera como enseñamos, gestionamos políticas públicas, buscamos que se haga justicia, diseñamos y trabajamos con los recursos de la creación de Dios, compramos y vendemos, todas estas actividades reciben dignidad en el contexto del reino de Dios, y como resultado de ello en breve tiempo se observará una gran transformación. Después de todo, cuando usted ve a sus estudiantes, sus gobernados, sus clientes o sus usuarios como personas a quienes Dios ama y como conciudadanos suyos en el reino de Dios, se vuelve más difícil estafarlos o darles productos y servicios de segunda calidad. Cuando haya suficientes personas que vivan conforme a esa mentalidad, las cosas van a cambiar a todo nivel con el paso del tiempo. Así es como se pone en marcha el progreso en materia de educación, política, ley, industria y economía, cuando cada uno de nosotros no solo dice las palabras «venga tu reino», sino también se convierte en parte de la respuesta a esa oración en nuestra esfera particular de influencia.

Ahora quizás se vean con mayor claridad las dimensiones del mensaje secreto de Jesús. Él empezó un movimiento de personas que confían en él y creen su mensaje. Sus verdaderos seguidores creen que no tienen que esperar a que esto o aquello suceda, sino que pueden empezar a vivir ahora mismo de una manera nueva y mejor, una forma de vida que Jesús encarna y preña de significado en la frase *reino de Dios*. La vida para ellos es una relación interactiva de reconciliación con Dios y reconciliación con los semejantes; por eso ven sus vidas enteras como la oportunidad de tocar la bella música del reino de Dios, a fin que cada vez más personas sean atraídas a él y el mundo pueda ser cambiado por su influencia creciente. Todos pueden desempeñar un papel en este reino expansivo: Mujeres y hombres, amos y siervos, los que ejercen el poder y los que no tienen poder, los viejos y los jóvenes, la población urbana y la rural, los trabajadores de fábrica y los oficinistas, los que antes fueron religiosos y los que antes fueron irreligiosos. Cada vida puede añadirle belleza al mensaje secreto de Jesús, y cada persona puede ser un agente secreto del reino secreto.

La idea de que el reino de Dios es algo que se vive a diario en la cotidianidad y que se relaciona ante todo con nuestro estilo de vida puede resolver la tensión que la mayoría de gente siente al contrastar las palabras *religión y espiritualidad*. Quizás la palabra *religioso* signifique para muchos «creer en Dios pero no en el reino de Dios», y tal vez la palabra *espiritual* ha llegado a significar para otros «vivir una relación interactiva con Dios y los demás como un estilo de vida cotidiano». De este modo, la influencia de Jesús puede ser tan fuerte fuera de algunas instituciones religiosas como lo es por dentro, y de pronto hasta sea más fuerte. Esto podría incluso ayudarnos a explicar por qué la asistencia a las iglesias ha disminuido tanto en toda Europa y en muchas partes de los Estados Unidos. Cuando el cristianismo se ve a sí mismo más como un sistema de creencias o una serie de rituales para la minoría electa y menos como un modo de vida diaria disponible a todos, pierde la «magia» del reino.

He pasado mucho tiempo en Europa durante la última década. Me encanta ir a las hermosas catedrales en cada ciudad que visito. Muchas veces me siento en silencio y aprecio la grandeza de ese pasado religioso, pero al rato también siento la grave problemática de su presente, ya que muchas de ellas atraen en promedio a más turistas extranjeros que feligreses locales.

¿Qué les pasó a las congregaciones que se reunían en esas grandes catedrales? Y en los Estados Unidos, ¿cómo se estancó la iglesia y se convirtió en una industria como cualquier otra? Esas preguntas se salen del alcance de este libro, pero ya se imaginará una de mis respuestas: La religión cristiana sigue cantando, predicando y enseñando acerca de Jesús, pero en demasiados lugares (¡no en todos!) se ha distraído y ha olvidado el mensaje secreto de Jesús o lo ha entendido mal. Cuando nos desviamos y dejamos de entender y vivir este mensaje esencial del reino, nos convertimos en sal sin sabor o en una bombilla fundida, y nos volvemos tan aburridos que la gente simplemente perdió el interés y se fue a hacer lo suyo. Quizás hayamos hablado sobre ir al cielo después de morir, pero no proclamamos que se haga la voluntad de Dios en la tierra antes que muramos. Quizás hayamos presionado a la gente a vivir conforme a un código moral y a ser buenos, correctos y ortodoxos para evitar el infierno después de la muerte, pero no les inspiramos con la posibilidad de convertirse en personas bellas y fructíferas que salgan al mundo a sanar la tierra en esta vida. Quizás les hayamos instruido en cuanto a cómo ser un buen bautista, presbiteriano, católico o metodista el domingo, pero no les adiestramos, retamos ni inspiramos a vivir en la práctica el reino de Dios, en sus trabajos, sus vecindarios y sus familias, en sus escuelas, clubes y asociaciones el resto de la semana.

Quizás hemos tratado de hacer que la gente sea «buena» en el sentido de ser ciudadanos cumplidores y súbditos tranquilos de sus reinos nacionales, así como trabajadores y consumidores activos en sus economías terrenales, pero no les entusiasmamos ni inspiramos a invertir y sacrificar su tiempo, inteligencia, dinero y energía en la causa revolucionaria del reino de Dios. Es penoso pero cierto, Carlos Marx tuvo la razón en muchos sentidos: Utilizamos la religión como una droga para que podamos tolerar las condiciones paupérrimas de un mundo que no es el reino de Dios. La religión se volvió nuestro tranquilizante para que no nos incomodara tanto la injusticia. Así es como nuestra religiosidad se convirtió en socio y cómplice de los que detentan el poder, y cuya única intención era conservar y preservar el estado de cosas que les fuera lucrativo y cómodo así fuera injusto para todos los demás.

Sentado bajo la bella luz que pasa por los gloriosos vitrales de una catedral en Praga, Viena, Londres o Florencia, me pregunto: ¿Qué pasaría si pudiéramos saborear de nuevo las buenas nuevas de Jesús? No como un tranquilizante sino como un vino nuevo, vibrante y potente que nos llena de gozo y esperanza ante la posibilidad real de un mundo mejor. ¿Qué tal si, embriagados con este vino nuevo, perdiéramos nuestras inhibiciones y empezáramos a actuar realmente como si el reino de Dios estuviera a la vuelta de la esquina?

Sentado en esas grandiosas catedrales hago duelo por esta pérdida terrible de identidad y dirección, esta aventura triste de haber perdido el significado. Tal vez le suene extraño, pero hago duelo por Jesús, me da lástima la manera en que hemos atontado, domesticado, regimentado e incluso arruinado lo que él empezó. Sin embargo, también empiezo a imaginar que el mensaje secreto de Jesús sea otra vez explorado, explicado y celebrado en esas catedrales, y puedo imaginar esos lugares repletos de gente puesta en pie en un futuro no muy distante. De vuelta en mi país, puedo imaginar a chicos y adultos jóvenes que no se salen de las iglesias (como sucede con tanta frecuencia cuando nuestras iglesias se vuelven lugares aburridos donde solo se oyen noticias malas o mediocres), sino que por el contrario llevan a todos sus amigos para que ellos también se hagan partícipes del mensaje secreto, la verdaderamente buena noticia del reino de Dios. Puedo imaginarnos abandonando la muy mala idea de que unos cuantos constituyen «el clero» (la gente especial que ministra en público) y el resto son «laicos» (gente pasiva que observa y a veces critica el desempeño del clero). En lugar de eso, puedo imaginarnos viendo a todas las personas como agentes potenciales del reino.

¿Cómo puede convertirse usted en un agente secreto del reino de Dios? Por ejemplo, digamos que usted es dueño de una empresa que fabrica computadoras. Su misión, si decide aceptarla, es descubrir cómo su empresa puede alinearse y participar en el reino de Dios. En otras palabras, su empresa podría contribuir a que se haga la voluntad de Dios, o podría frustrarla y oponerse a que la voluntad de Dios se haga en la tierra y específicamente en la industria de la computación. Usted trabaja todos los días no solo para devengar un sueldo, sino también para que venga el reino de Dios cada vez más en su empresa y a través de ella. Usted procura dirigir a su compañía de tal manera que sus empleados y clientes puedan degustar un poco del reino de Dios en la entereza, diligencia, honestidad, respeto, trabajo en equipo y solaz que experimentan en su empresa. Los que trabajan con computadoras pueden trabajar en el reino de Dios.

O supongamos que usted es ama de casa, vive en los suburbios y lleva a sus hijos a las prácticas de fútbol y demás. Usted conduce una camioneta familiar, prepara galletas y golosinas para la clase de segundo de primaria, colabora como voluntaria para enseñar inglés a inmigrantes, y trata de ir a clase de aeróbicos por lo menos una vez cada semana, mejor dicho una vez al mes. Cada vez se ve más a sí misma como una agente del reino de Dios asignada a las demás familias que también tienen hijos en prácticas deportivas, entre sus vecinos que pertenecen al mismo distrito escolar, con los inmigrantes que no solo son sus estudiantes, sino también se han vuelto nuevas amistades, y con sus compañeras de ejercicio con quienes suda al mismo tiempo en el club. La idea de ser un agente del reino de Dios infunde su imaginación con posibilidades novedosas para su vida. ¿Qué tal si usted el año entrante organizara la limpieza de un arroyo para educar a la gente de su vecindario sobre los recursos naturales de la localidad, que después de todo es su paradero en la creación de Dios? ¿Y qué tal si un año después usted organizara un proyecto en la primaria de su distrito escolar para levantar fondos destinados a un orfanato en Burundi, un proyecto que no solo ayudaría a los huérfanos, sino les enseñaría a sus hijos y sus compañeros de clase que tienen semejantes cuyas vidas son muy diferentes a las de ellos, y que todos por igual formamos parte como prójimos del reino de Dios? Luego al año siguiente, ¿qué tal si...? Espero que haya captado la idea. Las amas de casa pueden participar en el reino de Dios.

Tal vez usted sea un abogado. Puede buscar la justicia y servir a sus clientes como un agente del reino de Dios. Quizás sea recepcionista, y puede convertir su oficina en un lugar hospitalario y acogedor para recibir a las personas de tal manera que les haga sentir que el reino de Dios es real y está presente. Tal vez sea un gobernador de estado, un consultor corporativo, una estrella de rock, un oficial de policía o un oficial del ejército. Todos estos trabajos pueden convertirse en vocaciones si usted los ejecuta como un agente del reino de Dios.

De pronto usted piense que tiene el trabajo más aburrido, degradante e insatisfactorio del mundo. ¿Qué pasaría si viera su trabajo como un componente, bien sea grande o pequeño, de su llamado superior y más profundo como participante en el reino de Dios? ¿Le ayudaría esto a cambiar su actitud?

Considere la siguiente historia verídica de un hombre a quien conocí hace poco. Carter tiene como setenta y cinco años, es afro americano y conduce un taxi en Washington, D.C., la ciudad donde vivo. Hace unas semanas recogió a mi amigo Don y se han vuelto amigos. Don y yo estábamos trabajando en un proyecto para concientizar al público sobre el genocidio en Darfur, Sudán, y Don invitó a Carter a asistir a uno de nuestros eventos. Don nos presentó allá y Carter me contó su historia.

En 1994, Carter prestó sus servicios como taxista para un hombre de Malawi, África. Puesto que Carter no era «un simple taxista», sino «un taxista en el reino de Dios», él trató a su invitado con un respeto especial que sólo un taxista en el reino de Dios podría tener. El invitado les presentó Carter a otros amigos suyos y al poco tiempo Carter el taxista fue invitado a visitar Malawi, lo cual hizo en 1998.

Allá, Carter vio pobreza como nunca antes la había imaginado, y esta fue su oración: «Señor, ayúdame a traerle un poco de alegría a esta aldea». Dios contestó su oración. En primera instancia, Carter vio que la aldea no tenía buenas vías, solo un sendero angosto y enlodado. Claro, esto es algo que notaría un taxista, pues si hubiera sido yo habría dicho que necesitaban una biblioteca. Con una calzada decente la gente podría desplazarse mejor de un lugar a otro y los ancianos y enfermos serían transportados al hospital con mayor facilidad. Él había traído un poco de dinero y se ofreció a pagar combustible y chóferes si los aldeanos se comprometían a hacer el trabajo. Al poco tiempo, alguien se contagió del espíritu generoso de Carter que es el espíritu del reino de Dios, y prestó una aplanadora. Luego se ofrecieron más voluntarios y tres días después quedó construido un camino adecuado de dos kilómetros de longitud.

Como un año después, Carter regresó a la aldea. Un joven había sido acusado falsamente de robo y estaba encarcelado. Como Carter busca el reino y la justicia de Dios dondequiera que va, se involucró en el asunto y en poco tiempo el joven fue dejado en libertad. En la misma visita, Carter conoció a un niño que necesitaba cuidados médicos que solo le podían dar en una ciudad distante. Carter hizo posible que el niño recibiera los tratamientos al encontrar y convencer a un colega suyo para que lo llevara con la frecuencia requerida.

Al año siguiente regresó y en esa ocasión les ayudó a algunos aldeanos a mejorar su labranza. Aunque Carter no es agrónomo, había ahorrado dinero en su trabajo como taxista para el reino de Dios, y lo utilizó para comprar más semilla. También hizo las conexiones del caso para que veintiséis balones de fútbol fueran donados a los niños de la aldea, porque en el reino de Dios la diversión y el juego son cosas importantes. Carter lo sabía, y hasta les ayudó a conseguir uniformes porque en el reino de Dios, la dignidad y el honor son importantes.

En otro viaje, la generosidad de Carter el taxista inspiró a un tendero de la aldea a donar fondos para que unos niños enfermos consiguieran tratamiento para los parásitos. Luego se inauguró una escuela dominical que en poco tiempo pasó de diecisiete a ochenta y cinco alumnos. No es ninguna sorpresa, pues cuando uno ve señales de que el reino de Dios ha llegado a su aldea, quiere aprender todo lo relacionado con él.

Vías, transporte, semillas, tratamientos médicos, balones de fútbol y uniformes, una escuela bíblica, todas estas son señales de cómo el reino de Dios se hizo presente en esa pequeña aldea. Carter me dijo: «Yo no hice ninguna de esas cosas. Dios es quien lo está haciendo a través de mí».

Carter es un taxista en Washington, D.C. También es un agente secreto en el reino de Dios. Existen miles de agentes como Carter, o más bien millones. No salen por televisión ni se oyen en la radio. Nadie ha oído hablar de todo lo que hacen. Ellos tampoco escriben libros ni necesitan hacerlo, porque sus días en la tierra son las páginas del libro más importante de todos.

CAPÍTULO 11


# EL SECRETO ABIERTO

*Si un reino está dividido contra sí mismo,*
*tal reino no puede permanecer.*

— MARCOS 3.24


**S**in importar cuán bien evaluemos el mensaje secreto de Jesús, como ya hemos visto, tenemos que enfrentarnos al hecho de que el desempeño histórico de la iglesia cristiana sale perdiendo en cualquier comparación de resultados. Hablo como alguien que ama la iglesia y ha dedicado toda su vida adulta a su servicio, así que lo digo con profunda tristeza porque sé que es la verdad. ¿Cómo se explica esa diferencia tan abismal? Algunos teólogos y eruditos han concluido, para bien o para mal, que el mensaje de la iglesia cristiana se convirtió en un mensaje totalmente diferente al mensaje de Jesús.

Almorzaba cierto día con un reconocido académico y escritor, cuando el contraste me cayó como un baldado de agua fría. Estábamos comiendo en un restaurante de comida china en Tyson's Corner, Virginia. Me estaba tomando una sopa agria picante cuando él dijo: «Como tú sabes, la mayoría de los evangélicos no tienen la más remota idea de qué es realmente el evangelio». Como yo me considero evangélico, me sentí un poco desafiado por su afirmación y mi respuesta fue clavar la mirada en mi sopa, esperando que él resolviera el asunto sin requerir mi opinión. Claro, él como buen educador no me dio escapatoria. «Para ti ¿qué es el evangelio, Brian?»

Le contesté citando al apóstol Pablo en el Nuevo Testamento, con afirmaciones sobre la justificación por gracia mediante la fe, el don gratuito de la salvación, Cristo como sacrificio substitutivo por mi pecado. «Eso es exactamente lo que dicen la mayoría de los evangélicos», me dijo y después se quedó callado, creando una tensión que duró más de lo que anticipé. Me quedé mirando mi plato de sopa y pregunté en tono defensivo: «Bueno, ¿qué dirías tú que es el evangelio si no es eso?» Prácticamente estaba preparado para escuchar una sarta de herejías, no para recibir alguna iluminación porque me sentía muy confiado con mis citas de Pablo.

«*El reino de Dios está cerca*. Ese fue el mensaje de Jesús. ¿No crees que deberíamos dejar que Jesús nos diga qué es el evangelio?» Su respuesta me dejó confundido. Por supuesto, tenía que estar de acuerdo con él, pero no podía ver conexión alguna entre el mensaje del reino de Dios y el evangelio tal y como yo lo entendía basado en los escritos de Pablo.

¿Cómo resolví la tensión? No lo hice. De algún modo, la dejé a un lado. Le puse una tapa encima. La ignoré. Varios años antes que empezara la búsqueda que me llevó a escribir este libro, me volvió a pasar por la mente aquella «conversación de la sopa agria picante». Hay muy pocos temas tan agrios y acalorados como este entre los teólogos en la actualidad. Algunos dirían que hemos suplantado el «cristianismo» con el «paulinismo», que le hacemos más caso a Pablo que a Jesús mismo. Según ellos, el cristianismo consistía en la llegada del reino de Dios a la tierra para beneficio de todos, y el paulinismo consiste en que unos cuantos elegidos escapan de la tierra y se van al cielo después de morir. Ellos ven a Pablo como el enemigo que arruinó el fabuloso movimiento empezado por Jesús. Yo no creo que Pablo sea el enemigo, más bien las malas interpretaciones de sus escritos. Creo que Pablo en realidad es un gran amigo del evangelio del reino, quizás su mejor amigo después de Jesús. Por supuesto, no quiero que esté de acuerdo conmigo hasta que haya considerado la información pertinente.

En primer lugar, el lenguaje del reino es más común en las cartas de Pablo de lo que muchos reconocen. Si hacemos una búsqueda de la palabra *reino* en los escritos que se atribuyen normalmente a Pablo, encontraremos más que una docena de referencias.

En cuatro ocasiones él habla acerca de «heredar el reino de Dios», y en cada caso lo hace para especificar el tipo de conductas que descalifican a las personas de heredarlo: Inmoralidad sexual, avaricia, borrachera, idolatría, envidia y demás (1 Corintios 6.9, 10; Gálatas 5.21; Efesios 5.5). En otro texto dice que «carne y la sangre no pueden heredar el reino de Dios» (1 Corintios 15.50), en una referencia aparente a la experiencia de resucitar después de morir.[1]

En dos casos, describe aquello de lo cual no consiste el reino de Dios (ni «comida o bebida» según Romanos 14.17, y tampoco es «no consiste en palabras» según 1 Corintios 4.20), así como de qué se trata realmente («justicia, paz y alegría en el Espíritu Santo» en el primer pasaje, y «poder» en el segundo)

En dos casos, Pablo se refiere nuevamente al reino de Dios como una realidad que ya está presente, y en otros dos como una realidad por la cual laboran y sufren muchos en la actualidad:

1. Los creyentes en Colosas han sido trasladados por Dios «de la postetad de las tinieblas» al «reino de su amado Hijo» (Colosenses 1.13).
2. Los creyentes en Tesalónica han sido llamados «a su reino y gloria» (1 Tesalonicenses 2.12).
3. Pablo describe a algunos de sus colegas como «los únicos de la circuncisión que me ayudan en el reino de Dios» (Colosenses 4.11).
4. Los creyentes tesalonicenses han demostrado ser dignos del reino de Dios pues han estado dispuestos a sufrir por él (2 Tesalonicenses 1.5).

En tres ejemplos más, Pablo parece inclinarse más hacia una realidad futura o venidera del reino de Dios:

1. El apóstol anticipa «el fin, cuando entregue el reino al Dios y Padre, cuando haya suprimido todo dominio, toda autoridad y potencia» (1 Corintios 15.24).

2. Pablo delega a un aprendiz suyo el liderazgo «delante de Dios y del Señor Jesucristo... en su manifestación y en su reino» (2 Timoteo 4.1).

3. Dios rescatará a Pablo de complots en su contra y le salvará «para su reino celestial» (2 Timoteo 4.18).

El argumento del cristianismo contra el paulinismo pasa por alto esas trece referencias obvias al mensaje del reino (volveremos a tratar la dimensión futura del reino de Dios en el capítulo 19). También parece perder de vista algo que puede aclararse con unas cuantas analogías simples.

Si Alberto Einstein tuvo éxito como físico a principios del siglo veinte, la próxima generación de físicos no se limitará a repetir sus experimentos y confirmarlos al infinito, sino que partirán del cimiento sólido de su trabajo para extenderlo a nuevos territorios. Se presentarán nuevos problemas y las teorías nuevas generarán más preguntas, de tal modo que la siguiente generación ratifique su confianza en los descubrimientos de Einstein, no hablando de ellos constantemente, sino tratando de resolver los nuevos problemas y contestar las nuevas preguntas. Tal vez nunca tengan que decir $E = MC^2$. Tal vez escriban muy poco acerca de la teoría general de la relatividad, pero eso no constituye necesariamente un rechazo a la labor de Einstein, más bien podría ser la extensión lógica de sus aportes en un campo nuevo.

De modo similar, si el Dr. Martin Luther King Jr. hizo un buen trabajo en la década de los sesenta, la siguiente generación de líderes de los derechos civiles en los setenta y más adelante, partirán de la base de sus palabras y su obra a fin de extenderse en su aplicación a nuevas situaciones y abrirse paso en terreno nuevo. La próxima generación continuará su labor, no repitiendo todo el tiempo su famosa frase «Tengo un sueño», sino aprovechando las oportunidades nuevas que surjan precisamente porque el Dr. King supo articular su sueño.

Por ende, si Jesús tuvo éxito en realizar su trabajo, si Jesús fue eficaz en proclamar el reino de Dios e introducir personas en él, no le dejará a sus sucesores la misma situación que él heredó, sino una situación radicalmente nueva, con nuevos problemas, nuevas preguntas, nuevas oportunidades y nuevos requisitos. Si vemos que Pablo hace más que repetir las palabras e imágenes de Jesús, no deberíamos llegar automáticamente a la conclusión de que Pablo está predicando otro mensaje. Más bien, deberíamos considerar que Pablo bien podría estar lidiando fielmente con la nueva situación que Jesús ha creado. Desde ese punto de vista, podemos leer a Pablo con cuidado y ver si su mensaje realmente trata problemas nuevos y aprovecha oportunidades nuevas que generó el éxito de Jesús.[2]

El mensaje secreto de Jesús tanto en palabra como en obra deja muy en claro que el reino de Dios será radical y escandalosamente inclusivo. Como hemos visto, Jesús disfruta sentarse a la mesa con prostitutas y borrachos, y así traslada la espiritualidad del templo (el cual dice que será destruido) a la mesa del compañerismo y la reconciliación. Confirma y responde a la fe de los gentiles representados por romanos, sirofenicios y samaritanos. A sus seguidores les tomó un buen rato entender a dónde iba a parar todo eso, pero al fin se dan cuenta que en el reino de Dios ya no pueden catalogar a las personas con etiquetas vetustas como masculino/femenino, judío/gentil, esclavo/libre, rico/pobre, bárbaro/escita, etc. Deben ver a la gente en una luz nueva.[3] Cuando ven a todas las personas como criaturas de Dios, amadas por el Rey y bienvenidas en el reino, deben abrirle su corazón a todos, así como sus hogares, sus mesas y sus círculos de amigos, sin considerar las antiguas distinciones. Esto es algo radical para todos, pero especialmente para los compatriotas judíos de Jesús, cuya identidad y devoción únicas les hacían sospechar de cualquier iniciativa que incluyera la posibilidad de mezclarse con no judíos.

En el corazón de las epístolas de Pablo vemos el desenlace de estos mismos temas de inclusión una y otra vez: ¿Cómo pueden juntarse judíos y gentiles en un reino y una misma red de relaciones interpersonales? Si los seguidores judíos de Jesús empiezan a asociarse y hasta volverse amigos de no judíos (aquí deben insertarse expresiones de estupefacción y desconcierto total), a comer con ellos y demás, ¿qué vamos a hacer con cuestiones prácticas como las restricciones alimenticias que son tan valiosas e importantes para los judíos? Si los gentiles que siguen a Jesús invitan a sus hermanos judíos a cenar en su casa y les sirven una cacerola con pernil de cerdo, ¿se levantarán asqueados los invitados judíos, se disculparán por rehusar la comida, o comerán para demostrar su solidaridad y transgredir así su tradición? Más allá de los escrúpulos religiosos, ¿cómo se mezclarán los ricos y los pobres en estas comunidades del reino? ¿Qué decir de quienes pertenecen a diferentes razas y clases sociales? ¿Y las personas con talentos, prácticas y prioridades diferentes? En una carta tras otra, Pablo trata en detalle cada uno de estos asuntos. Se está creando una nueva realidad social sin precedentes, un nuevo dominio, una nueva red de relaciones, un nuevo reino.

Así pues, más allá de las trece referencias directas al reino, vemos en los escritos de Pablo evidencias contundentes de que él edifica sobre el cimiento puesto por Jesús en lugar de poner otro fundamento (1 Corintios 3.11). Queda entonces la pregunta: Si Pablo no emplea exactamente el mismo lenguaje con una frecuencia similar, ¿cómo logra traducir el mensaje de Jesús para aplicarlo a su propia y nueva situación?

CAPÍTULO 12

# El mensaje encuentra un nuevo escondite

*El campo es el mundo; la buena semilla son los hijos del reino.*
— Mateo 13.38

El gran teólogo africano Lamin Sanneh señala que el cristianismo es único entre las religiones del mundo por la manera asombrosa en que se presta para ser traducido. Por ejemplo, no requiere que personas de todas las culturas se refieran a Dios en el lenguaje de su fundador ni que citen al fundador en su lenguaje original. De hecho, la mayoría ni siquiera sabe cuál fue el idioma original de Jesús.[1] Esta religión, según Sanneh, se apropia de giros lingüísticos e imágenes nuevas cada vez que se introduce a una nueva cultura. Como empezamos a ver en el capítulo anterior, Pablo (quien siempre se distinguió por cruzar fronteras) hizo una contribución enorme al traducir el mensaje originalmente judío de Jesús para que los no judíos alrededor del imperio romano pudieran entenderlo como una alternativa espiritual.

Por ejemplo, el imperio romano era visto comúnmente como un ente o *cuerpo político*, y el César era cabeza de ese cuerpo. Pablo retoma la imagen y habla del cuerpo de Cristo, del cual Cristo es la cabeza. Hasta sus referencias reiterativas a Jesús como Señor suenan a lenguaje de reino. En griego, el «juramento a la bandera» en el imperio romano era *Caesar ho Kurios*, que significa «César es Señor». Así pues, decir que Jesús es Señor equivale a jurar lealtad a un imperio o reino diferente. Esta fue una de las razones principales por las que los cristianos primitivos fueron perseguidos, no por sus creencias religiosas, sino por la falta de patriotismo y lealtad nacional que expresaban al negarse a decir el famoso juramento de lealtad a César.

Cuando uno lee a Pablo sin limitarse a buscar referencias literales al reino sino consciente de este lenguaje genérico de reino, los escritos adquieren una vitalidad explosiva. Nos damos cuenta que lejos de arrinconar el mensaje de Jesús, Pablo lo asimila y aplica de maneras poderosas e inequívocas al traducirlo con diversas imágenes. Considere por ejemplo el poema (que tal vez haya sido la letra de una canción) que Pablo incluye en la primera sección de su carta a los colosenses.[2]

[Cristo] es la *imagen* del Dios invisible, el primogénito de toda creación.
Porque en él fueron creadas todas las cosas, las que hay en los cielos y las
    que hay en la tierra,
visibles e invisibles; sean tronos, sean dominios, sean principados, sean
    potestades;
todo fue creado por medio de él y para él.
Y él es antes de todas las cosas,
y todas las cosas en él subsisten;
y él es la cabeza del cuerpo que es la iglesia,
él que es el principio, el primogénito de entre los muertos,
para que en todo tenga la preeminencia;
por cuanto agradó al Padre que en él habitase toda plenitud,
y por medio de él reconciliar consigo todas las cosas,
así las que están en la tierra como las que están en los cielos,
haciendo la paz mediante la sangre de su cruz.
    (Colosenses 1.15-20)

Es innegable que este poema palpita con el lenguaje radical del reino de Dios y late con la misma confianza audaz y subversiva de las declaraciones públicas de Jesús.

Examine la primera línea que habla de Jesús como la imagen de Dios. Muchos lectores recordarán cómo después de la caída del régimen de Sadam Hussein en Irak, los noticieros mostraron las estatuas y los retratos del ex-dictador que estaban por todas partes. El dictador tenía que mantener una ilusión constante de su dominio, como diciendo «el tío Sadam nos vigila a todos», y su régimen lo logró haciendo que la imagen de Sadam apareciera en todos los edificios, monumentos, billetes y monedas. En la época de Jesús, la imagen del César también se utilizaba como un recordatorio omnipresente del imperio romano (¿recuerda cuando Jesús preguntó de quién era la imagen que estaba en la moneda?) Ahora Pablo sugiere, en términos tan sutiles como los de una parábola pero sin rodeos para estar seguro, que existe otro reino que opera en nuestro planeta. Su Rey es Dios, y la imagen de Dios o la señal de Su autoridad presente, es Jesús entre nosotros.

¿Cómo asciende un rey o emperador al trono? Siendo el primogénito, y Pablo proclama dos veces a Jesús en esos términos: Primogénito y heredero de la creación original, y primogénito de la nueva creación tras haber muerto y resucitado de entre los muertos. La autoridad de un rey es absoluta en su reino, y la palabra «todo» resuena a lo largo de todo el poema para ratificar la autoridad ilimitada y sin paralelo de Jesús. De hecho, Pablo nos dice que todos los sistemas de gobierno fueron creados en Cristo, por medio de Cristo y para Cristo, trátese de tronos, dominios, gobernadores y potestades. Esto indica que César y su reino realmente existen dentro de la jurisdicción de Jesús, ¡no al contrario!

Puede que César afirme ser el gobernante supremo y último, pero Pablo celebra a Jesús como «antes de todas las cosas» y «en todo tenga la preeminencia». Pablo nos da a entender que así los emperadores romanos afirmen ser dioses, eso no es nada comparado a esto: Toda la plenitud del único y verdadero Dios viviente reside en Jesús.

Bajo el imperio romano, y en la persona misma del César, diferentes naciones son unificadas puesto que su dominio reconcilia a antiguos enemigos conforme a la *Pax Romana*. Sin embargo, para Pablo, no es en César, sino en Cristo que todas las cosas son verdaderamente reconciliadas. Además, ¿cómo se impone y mantiene la Pax Romana? Por la fuerza y la amenaza de tortura cruenta y muerte vergonzosa en una cruz para cualquiera que cuestione la supremacía romana, una amenaza que se manifestó de forma gráfica y dramática al lado de muchas carreteras a la entrada de las principales ciudades del imperio. En otras palabras, la paz romana podía ser muy valiosa pero su costo en calidad de vida era muy alto ya que requería una gran medida de brutalidad, temor, violencia y sangre para mantener la paz. (San Agustín, consciente de este alto y sangriento costo, dijo que la única diferencia entre un emperador y un pirata es el número de sus navíos y armas.)

Quizás en esto radique el contraste más tremendo de todos: La paz del reino de Dios no viene por la tortura violenta y el exterminio inclemente de los enemigos del rey, sino por el sufrimiento y la muerte del rey mismo. La *Pax Christi* no es la paz de la conquista militar, sino la paz de la reconciliación verdadera. El rey logra la paz sin derramar la sangre de los rebeldes, sino *derramando su propia sangre*. Espero que el escándalo y el prodigio de estas palabras no se pierdan por su familiaridad para nosotros.

En segundo lugar, ¿cuál es la meta de este sacrificio sufrido, esta entrega abnegada del rey mismo hasta el punto de dar su sangre con tal de alcanzar la *Pax Christi*? Es la reconciliación nueva y perdurable entre la humanidad y Dios, así como entre los individuos y entre grupos enfrentados a lo largo y ancho del planeta. En otra de sus epístolas, Pablo lo expresó de este modo: «Ya no hay judío ni griego; no hay esclavo ni libre; no hay varón ni mujer; porque todos vosotros sois uno en Cristo Jesús» (véase Gálatas 3.28). Aplicado a la actualidad, podríamos hablar de reconciliación entre el veterano de guerra y el pacifista que protesta en las calles, la nieta con tatuajes y orificios en todo el cuerpo y su abuela pulida y recatada, los ortodoxos y los católicos, los pentecostales y los bautistas. Igualmente, los cristianos con los judíos, los musulmanes y los hinduistas. Los tutsi con los hutu y ambos con los twa. Los republicanos de extrema derecha y los demócratas de extrema izquierda. Los creyentes y los incrédulos.

¿Qué nombre más apropiado podría dársele a esta serie de relaciones reconciliadas que reino de Dios? Pablo acentúa el mismo tema en Efesios 1.9-10: «[Dios] dándonos a conocer el *misterio* de su voluntad, según su beneplácito, el cual se había propuesto en sí mismo, de reunir todas las cosas en Cristo, en la dispensación del cumplimiento de los tiempos, así las que están en los cielos, como las que están en la tierra». Esa unidad, ese acto de juntar lo disímil bajo una sola cabeza, es otra manera de traducir el reino de Dios.

Quizás haya notado el término que Pablo le aplicó a su mensaje en la cita anterior: Misterio. En los escritos que se le atribuyen, Pablo emplea la palabra misterio para describir su mensaje en quince ocasiones, incluida esta en Colosenses 1.27: «Dios quiso dar a conocer las riquezas de la gloria de este *misterio* entre los gentiles; que es Cristo en vosotros, la esperanza de gloria» (cursivas añadidas). Luego, Pablo al igual que Jesús tenía un mensaje secreto, un mensaje que está al mismo tiempo velado y revelado. Es un mensaje de reconciliación y unificación, tal y como el establecimiento de un reino lo logra cuando junta a muchas personas diferentes bajo un solo rey. Propongo que se trata del mismo mensaje, traducido y extendido en su aplicación a una situación nueva.

Para confirmar que así es, el misterio de Pablo debería prestarse a ser «traducido de vuelta» (usando para este ejemplo los versículos anteriores) de tal modo que se integre con el mensaje de Jesús acerca del reino:

Dios ha optado por dar a conocer este gran mensaje que durante muchos siglos había sido un secreto absoluto. Es un mensaje sin precedentes porque es radicalmente inclusivo. No es únicamente para el pueblo judío, sino para gente de todas las culturas. El secreto tiene una riqueza y una gloria indescriptibles, y helo aquí, el mensaje secreto, el misterio del reino de Dios: Que Cristo el Rey mora dentro de ustedes, lo cual significa que su reino está en y entre ustedes, aquí y ahora. Este mensaje secreto, que Cristo el Rey está en nuestro interior y entre nosotros aquí y ahora, nos invita a un movimiento reconciliado y reconciliador así como a una red expansiva de relaciones interpersonales. Esta es la esperanza gloriosa que hemos esperado por tanto tiempo.

A pesar de la simbiosis evidente entre el misterio de Pablo y el mensaje secreto de Jesús, debe admitirse que Pablo no habla en parábolas como Jesús lo hizo.[3] No obstante, consideremos lo siguiente: Tal vez Pablo no necesite emplear parábolas para ilustrar y «esconder» su mensaje; tal vez Pablo mismo sea una parábola ambulante y hablante que forma parte de otras comunidades de parábolas ambulantes y hablantes; quizás la propia historia de transformación de Pablo, de ser un fanático religioso lleno de odio a un arquitecto y constructor de puentes y un mensajero de amor y reconciliación, encarna y ejemplifica el poder transformador y reconciliador de las buenas nuevas del reino. Tal vez las personas que él ha dedicado su vida a congregar y reconciliar sean una gran red que funciona como el medio que contiene el mensaje secreto de Jesús. ¿Podría ser que el mensaje esté escondido en ellos, en su vida común y corriente, tal como se mantuvo escondido en las parábolas de Jesús? Pablo dice algo que suena muy parecido en su segunda carta a la iglesia en Corinto (3.2-3), cuando les dice que ellos son cartas o mensajes encarnados, no escritos con tinta sino con el Espíritu del Dios vivo, no cincelados en tablas de piedra sino incorporados en corazones humanos.

Volvamos a la carta de Pablo a los colosenses, donde el apóstol esconde al final este detalle aparentemente insignificante: Alguien llamado Onésimo acompaña al hombre que lleva la carta. Onésimo es identificado simple y cálidamente como «amado y fiel hermano» y como «uno de vosotros» (4.9).

He ahí el secreto. Este simple nombre es como un telescopio que nos transporta visualmente a otra historia, una historia que se articula en otra carta de Pablo, su nota breve a Filemón. Allí aprendemos que Onésimo era un esclavo de Filemón que escapó y terminó encarcelado junto a Pablo. En la prisión, Pablo le presentó las buenas nuevas del reino de Dios, y cuando Onésimo recobró la libertad, el apóstol lo mandó de vuelta a su amo con esta petición especial: Que Filemón «por amor» y no por compulsión hiciera «lo que debes hacer», es decir, que le diera la bienvenida «no ya como esclavo, sino como más que esclavo, como hermano amado, ... en el Señor» (Filemón 8-9, 16).

Es cierto, Jesús dejó su mensaje escondido entre parábolas: «El reino de Dios es como un hombre que plantó una semilla... Es como un hombre que tenía dos hijos... Es como una mujer que puso levadura en la masa». Sin embargo, su mensaje se arraigó (como aquella semilla), precipitó reconciliaciones (como entre aquel padre y su hijo menor), y empezó a infiltrarse y transformar a la humanidad (como la levadura). En consecuencia, si le preguntáramos a Pablo «¿A qué se parece el reino de Dios?», él no tendría que repetir las parábolas de Jesús. Tengo una remota idea de lo que nos habría dicho:

«Déjenme contarles una historia sobre mi querido amigo Onésimo...». O mejor todavía, «Vengan conmigo a Colosas y les voy a presentar una comunidad que incluye dos amigos míos, Onésimo y Filemón. Quiero que los conozcan y escuchen su historia. Así sabrán cómo es el reino de Dios».

¿Empieza a tener sentido todo esto? ¿Puede ver cómo el mensaje secreto de Jesús no existe simplemente para ser oído o leído, sino también visto en vidas humanas, en comunidades radicalmente inclusivas donde reina la reconciliación, no escrito en las páginas de un libro, sino en las vidas y los corazones de amigos? ¿Alcanza a ver cómo el reino, originalmente escondido en parábolas, empezó a esconderse en nuevos lugares, en las historias de gente de carne y hueso, en comunidades reales a lo largo y ancho del imperio romano, y más adelante en el mundo entero? ¿Es capaz de imaginarse a sí mismo y a su comunidad de fe como una parábola viva donde se esconde actualmente el mensaje secreto de Jesús?

Necesito decirle que algunas partes de este capítulo se han elaborado en el transcurso de muchos años, y no estoy muy seguro de por qué me ha conmovido tanto el ponerlo por escrito. Creo que es porque me dio una vislumbre de la belleza del mensaje secreto de Jesús.

# CAPÍTULO 13

# ENTIENDO, LUEGO ENTRO

*No temáis, manada pequeña, porque a vuestro Padre le ha placido daros el reino.*
— LUCAS 12.32

Imagine que usted vive en el tiempo de Jesús. Le ha oído hablar y le ha visto realizar sus señales y prodigios. De pronto hasta ha tenido una o dos conversaciones privadas con él. ¿Qué pasa si usted empieza a creer que él tiene la razón y quiere afiliarse? ¿Cómo se pasa al lado de Jesús y su reino secreto?

Ahora imagínese viviendo en la actualidad. (Bueno, eso no requiere mucha imaginación.) Digamos que está leyendo este libro y empieza a ver una vislumbre del mensaje de Jesús y su belleza. Usted cae en cuenta de que sí le gustaría tener una relación interactiva buena y correcta con Dios como Rey y con las demás personas como sus conciudadanos. Jesús y su gran visión del reino de Dios han capturado su corazón y se han ganado su confianza. A usted le gustaría ser parte de la realización del sueño de Dios para nuestro mundo. El mensaje empieza a arraigarse en usted y ahora usted quiere echar raíces en él. ¿Qué le toca hacer?

¿Cómo pasa una persona de donde está a donde quiere estar, del reino circunscrito del egoísmo, el racismo, el consumismo, el hedonismo y los demás —ismos al reino expansivo de Dios donde se superan todas esas barreras e impedimentos? Si uno considera el alcance de todas las enseñanzas de Jesús, es evidente que la inmigración a su reino, tanto en el pasado como ahora, implica varios movimientos interrelacionados.

El primer movimiento es oír lo que dice el corazón y pensar a fondo en lo escuchado. «Los que tengan oídos para oír», dijo Jesús, «que oigan». Oír de esta manera profunda significa más que escuchar, significa pensar y más que pensar. Significa repensarlo todo a la luz del mensaje secreto. Como hemos visto, esta reconsideración profunda es lo que significa la palabra arrepentimiento. Significa que uno empieza a ver todas y cada una de las facetas de su vida bajo esta nueva luz, desde lo que uno piensa de Dios hasta la manera en que trata al cónyuge, desde sus filiaciones políticas hasta sus hábitos de consumo y gasto, desde qué lo enoja a uno hasta qué lo hace feliz. No significa que todo cambie de una vez, pero significa que uno está abierto a la posibilidad de que todo cambie en el transcurso del tiempo. Implica el reconocimiento profundo de que uno puede estar equivocado con respecto a muchas cosas, así como el deseo sincero de alinearse con lo bueno y verdadero.

Quiero ilustrar esta clase de arrepentimiento con la siguiente anécdota humorística que en parte es ficticia.

Sucedió hace años, cuando fui entrenador de balompié infantil. Mi poderoso equipo se llamaba Las Avispas Amarillas y estaba conformado por niñas entre los cinco y ocho años. En nuestras primeras temporadas perdimos con puntajes tan altos que se parecían a los del fútbol americano: 21–3, 17–0, 28–4. Las niñas se caían tan bien y se divertían tanto en cada partido, que no les importaba el puntaje. Hasta después de recibir una paliza se acercaban a mí saltando y riendo para preguntarme: «¿Ganamos? ¿Hoy sí ganamos?» Yo les decía: «Eh, bueno, quedamos en segundo lugar».

Durante cierto partido, Alexi, una niña de buen carácter y un poco de sobrepeso, tenía una posición fija en la línea de defensa. En un momento inusual de intensidad e inspiración, se robó la pelota y la dominó, o más bien la *persiguió* como pudo hasta el mediocampo. De inmediato se vio atacada por tres jugadoras flacas del otro equipo, y entre todas formaron un nudo de ocho pies alocados, ocho codos enganchados y cuatro trenzas al aire. En medio del embrollo, Alexi dio un par de vueltas tratando de mantener el control de la pelota. Cuando al fin pudo salirse del nudo, un poco mareada y sorprendida de que el balón siguiera en su poder, vio algo que nunca había visto: Campo abierto y despejado entre ella y la portería.

Noté que se fijó en la portería y luego se miró los pies, y detecté algo que nunca le había visto, como si por primera vez en su práctica del deporte ella supiera exactamente lo que debía hacer. Reuniendo todas sus fuerzas en ese momento glorioso de claridad, esperanza y compromiso, Alexi que era defensa ¡se dispuso a anotar un gol!

Empezó a avanzar con la pelota, y nunca lo había hecho con tanto dominio y precisión. Avanzó con la mirada clavada en la pelota, los puños cerrados, y con más concentración que todos los presentes. Patada, paso, paso, patada, patada, paso, paso, patada. Solo había un problema en el universo entero en aquel instante, un problema que ella ignoraba felizmente: *Avanzaba hacia la portería de su propio equipo.*

Yo empecé a gritar, «¡Date la vuelta! ¡Date la vuelta, Alexi! ¡Esa es la portería equivocada!» Siguió avanzando. Luego los padres también empezaron a gritar. «¡Alexi, no es por ahí, es al otro lado! ¡Date la vuelta!» Ella no podía oírnos porque estaba en otra dimensión de tiempo y espacio. Sus compañeras en la línea de defensa no quisieron robarle la pelota a su amiga y compañera de equipo así que le abrieron paso, confundidas. Patada, paso, paso, patada, pausa. Se acercó a la portería y levantó la mirada totalmente ajena a nuestros gritos, firme en su determinación y mordiéndose los labios. Ella era defensa y nunca había estado en posición de anotar un gol. El atleta que llevaba por dentro cobró vida y la emoción la tenía enceguecida por completo. Tan pronto impulsó su pie derecho para patear la pelota, en la patada más importante de toda su existencia de ocho años, en algún lugar de su cerebro se disparó una diminuta alarma. *¿Por qué su mejor amiga y compañera de equipo Robin estaba en el pórtico de meta?* ¿Por qué Robin se veía tan asustada?

«¡No, Alexi, no!» gritó Robin. Pero ya era demasiado tarde. Mi brillante defensora estaba en un movimiento irreversible. Los reflejos de su atleta interno se habían activado y no podían ser detenidos.

Cuando su pie derecho enganchó la pelota, alcancé a ver en su rostro la agonía del terrible descubrimiento. Primero su expresión al taparse la cara con las manos y luego su cuerpo cuando cayó al piso, doblegado como una parábola viva de arrepentimiento en el polvo. Su corazón desfalleció y el balón se elevó en un hermoso arco en dirección a la red. Robin se lanzó en picada a la izquierda, y en el último instante los nudillos de su puño izquierdo medio tocaron la pelota lo suficiente para desviarla levemente, de tal modo que alcanzó a rozar el poste y se salió de la cancha. Robin salvó a Alexi y libró a Las Avispas Amarillas de un desastre. Sus compañeras de equipo, incluida Alexi, corrieron a abrazarla y vitorearla con los gritos ensordecedores de alegría que solo pueden emitir las niñas a esa edad. El error de Alexi fue absorbido por la asombrosa tapada de Robin.

Ese día perdimos 9–0, pero por lo menos nos ahorramos la indignidad de anotar más goles en nuestra propia cancha que en la del otro equipo. En nuestro banquete de premios al final de la temporada, Robin recibió el trofeo de jugadora más valiosa. Alexi se lo presentó radiante y orgullosa, porque de algún modo el recuerdo de su error dejó de ser un momento de vergüenza para ella y se convirtió en un momento de orgullo para el equipo.

La historia es ficticia, aunque yo sí me desempeñé como entrenador de fútbol y también tuvimos nuestras dosis de autogoles. Lo cierto es que en la vida real una de las experiencias más transformadoras que le puede suceder a cualquiera de nosotros es tener un momento como el de Alexi, cuando nos damos cuenta que a pesar de toda nuestra sinceridad y empuje, hemos avanzado hacia la meta errada. Mejor todavía, saber que nuestro peor fracaso ha sido absorbido por la tapada espectacular de un compañero de equipo. Eso es el arrepentimiento.

La primera vez que tuve ese momento de arrepentimiento fue durante mi adolescencia, pero he aprendido que realmente, tan pronto uno empieza a arrepentirse, se convierte en un estilo de vida. Después que uno se mete un autogol, siempre es consciente de que puede volverlo a hacer y por eso se mantiene abierto a la posibilidad de que sin importar cuán seguro esté de sí mismo, todavía puede equivocarse. Además, después que uno ve cómo la salvada de ese arquero puede enmendar el error de uno, está listo para hacer el segundo movimiento.

El segundo movimiento es tener fe, creer, confiar. Fluye de manera tan natural a partir del primero que es difícil saber dónde termina uno y dónde empieza el otro. Tan pronto uno es capaz de dudar de sí mismo, adquiere mayor capacidad para confiar en Dios. Tan pronto confiamos en que Dios puede «tapar el autogol», es mucho más fácil admitir nuestra propia dirección errada.

Ahora bien, *creer* en este sentido no se refiere tanto a una creencia específica, sino al objeto de esa creencia, lo cual presupone de todos modos las creencias más importantes que uno tiene. No es simple cuestión de creer esto o aquello *acerca* de Dios. Es creer *en* Dios, o quizás simplemente *creerle a Dios* con la clase de confianza interpersonal que uno tiene al decir por ejemplo: «Yo le creo a mi cónyuge». De igual modo, no es simplemente creer esto o aquello acerca de las buenas nuevas del reino, sino creer o tener confianza en las buenas nuevas del reino.

¿Cuánto debemos creer? ¿Se descalifica nuestra fe si tenemos un número X de dudas? Estos interrogantes nos acosan a todos los que, para bien o para mal, tendemos a ser muy reflexivos por naturaleza. Gente como nosotros a veces es capaz de dudar de su propia existencia, ¡para no mencionar la de Dios![1]

Jesús lidió constantemente con ese interrogante. Solo se necesita un pedacito de fe, dijo él, fe del tamaño de una semilla de mostaza (¡que realmente es diminuta!) Pero, ¿cómo mide uno la fe? Jesús también nos dio la respuesta: Si uno dice que cree en su mensaje pero no procura practicarlo, su fe solo es cuestión de palabras huecas, no es substancial ni real. Por tanto, la fe que cuenta no es la ausencia de duda, sino la presencia de acción. La fe verdadera nos pone en movimiento, nos impulsa a actuar. Como lo dijo aquel discípulo de Jesús llamado Pablo: «Lo que vale es la fe que actúa mediante el amor» (Gálatas 5.6). Desde este punto de vista, la frase *salto de fe* no es un salto *hacia* la fe, sino el salto que uno da porque ya está en la fe y quiere expresar su fe en acciones concretas de amor. Por ejemplo, el niño que salta de la escalera para caer en los brazos de su papá no saltaría si en su imaginación no estuviera ya seguro y confiado en esos brazos fuertes. Tan pronto esa acción ya está realizada con plena seguridad y certeza en su imaginación, el salto como tal se disfruta como un acto de pura alegría.

El tercer movimiento, puesto que se da naturalmente como resultado de las acciones de repensar y creer que son el arrepentimiento y la fe, realmente está fuera de nuestro control. Sin embargo, requiere algo de nuestra parte. Si usted se arrepiente y cree, debe permanecer abierto a recibir. Es difícil definir la receptividad. Aunque no es activa, tampoco es pasiva necesariamente. Supongo que se parece mucho a una mujer que quiere concebir. Ella puede poner de su parte todo lo que pueda, pero en últimas es pura cuestión de receptividad.

A propósito, esta receptividad es la mejor razón que los cristianos tienen para reverenciar a María, la madre de Jesús. Si recordamos la historia de la navidad, María recibió una noticia muy difícil de creer: Que iba a quedar embarazada. Esto requirió una especie de arrepentimiento (repensar lo que era posible e imposible para una virgen como ella). Por supuesto, requirió fe. Además requirió receptividad, la actitud de apertura para recibir. Ella expresó esta receptividad con palabras que se han vuelto famosas con la canción popular «Let It Be», escrita por Paul McCartney de Los Beatles: «Hágase conmigo conforme a tu palabra» (Lucas 1.38).

¿Qué es lo que recibimos? No una cosa simplemente, más bien todo: Perdón, aceptación, amor, esperanza, poder y fortaleza para vivir, ánimo, perseverancia, todo lo que uno necesita para vivir en el reino de Dios. También va más allá de todo esto: Lo que realmente necesitamos recibir, de acuerdo a Jesús, es el Espíritu de Dios. Así como un padre o una madre colma de buenos regalos a su hija o su hijo amado, Dios quiere encontrar la manera de darnos el mejor regalo posible: Él mismo. Todo lo que nos toca hacer es abrir nuestros corazones y recibir todo lo que necesitamos para la vida en el reino de Dios, incluido el propio Espíritu de Dios. Esto corresponde a «todas las cosas, incluido el Espíritu de Dios», y es lo que Jesús quiso decir con estas palabras: «No temáis, manada pequeña, porque a vuestro Padre le ha placido daros el reino» (Lucas 12.32). Sin este tercer movimiento que es el cultivo de la receptividad, siempre corremos el riesgo de pensar que el reino es algo que *alcanzamos* por mérito propio, en lugar de un regalo que recibimos únicamente por gracia.

El cuarto movimiento fluye naturalmente de los primeros tres y consiste en manifestar públicamente nuestro arrepentimiento, fe y receptividad. En el tiempo de Jesús, la manera de hacerlo era por medio del bautismo. El bautismo era un lavamiento ceremonial al que uno se sometía para expresar simbólicamente que estaba sucio y quería ser limpiado. De este modo, simbolizaba los movimientos de arrepentimiento («me estoy librando de mi vida vieja, de hecho la estoy sepultando»), fe («confío tanto en Cristo que voy a seguirle en su reino») y receptividad («recibo el Espíritu de Dios mismo y todo lo que Dios quiera darme»).

Hoy día, la gente religiosa mantiene diferencias en cuanto a la cantidad de agua que debe usarse (aspersión con unas cuantas gotas o con un cántaro, inmersión en un río o estanque, etc.), pero yo creo que la cantidad de agua es menos importante que la intensidad del compromiso y la sinceridad con que uno elija identificarse públicamente con Jesús, con el reino de Dios y con las demás personas que buscan el reino junto a usted.

Estos cuatro movimientos son realmente preparativos para el quinto que es el de mayor alcance, un movimiento que usted va a ejecutar el resto de su vida: Aprender a seguir a Jesús todos los días. En otras palabras, uno no solo cambia de estatus como cuando se convierte en miembro de un club. Es mucho más que eso, es un cambio total de praxis de vida, como un doctor que empieza a practicar la medicina, un abogado que empieza a ejercer el derecho, un aprendiz que empieza a practicar las artes marciales, o un artista que comienza su carrera de escultor. Usted se está embarcando en una nueva manera de vida, una vocación nueva centrada en la puesta en práctica del mensaje de Jesús. Así lo describió él: Como un discípulo nuevo, usted aprende a *practicar todo lo que le han enseñado* (cp. Mateo 28.18-20).

Como sucede con la medicina, el derecho, el arte, la música, las artes marciales o cualquier otra práctica, usted adquiere y desarrolla su habilidad si se aplica a las *prácticas* o disciplinas del caso. Como veremos en otro capítulo, estas prácticas incluyen la generosidad hacia los pobres, la oración y el ayuno. Funcionan como el ejercicio, y a medida que ejercite las prácticas, sus «músculos» se fortalecerán y su capacidad aumentará para que usted se convierta en una persona capaz de hacer cosas nuevas que no podía hacer antes, o vivir un nuevo estilo de vida que antes no habría podido vivir.

Procedamos ahora a crear una parábola, o más bien una alegoría, con el fin de integrar los cinco movimientos en uno solo. Entrar al reino, podríamos decir, es como inmigrar a un nuevo país...

Un amigo suyo regresa de unas vacaciones y le cuenta acerca del país nuevo que ha visto, y todo lo que dice suena absolutamente maravilloso. Usted siempre se ha sentido más o menos satisfecho con su país de origen puesto que es la única realidad que se ha podido imaginar hasta el momento. No obstante, todas las anécdotas de su amigo le hacen notar cosas de las que nunca se había percatado. Comparado al país nuevo que su amigo le describe, su propio país sufre una grave contaminación ambiental, los paisajes son monótonos y la cultura es aburrida, ruda y nada creativa. Además, la economía está estancada. Usted reproduce en su mente una y otra vez las escenas y las características descritas por su amigo, así como sus historias sobre la gente interesante de ese país, su cultura vibrante, sus hermosos paisajes y su economía robusta. Eso le hace sentir todavía más inquietud y desasosiego. Cierta noche, le interrumpen la cena seis llamadas sucesivas de telemercadeo en las que le venden máscaras de oxígeno para poder respirar mejor en los días de mayor polución, y en ese momento algo le estalla por dentro y usted piensa: *¡Hasta aquí doy! ¡Ya no aguanto más! ¡Me voy! Voy a empezar una vida nueva en ese país nuevo del que mi amigo tanto me cuenta.*

Gradualmente, usted empieza a imaginar cómo será la vida en el nuevo reino, y poco a poco empieza a visualizarse viviendo allá, donde la vida será mucho mejor. Sin embargo, usted vacila un poco. ¿Tiene fe suficiente para alistar su maleta y dirigirse a la frontera? ¿Realmente confía lo suficiente en su amigo como para hacer una mudanza tan radical? Usted le cuenta sus sueños y sus dudas, y el amigo le dice: «Si tú vas, yo iré contigo. Desde que fui a visitar, no dejo de pensar en quedarme allá del todo». Al oír eso se voltea la balanza. Usted vende su casa y todas sus pertenencias, y emprende el rumbo con su amigo.

Con cierta aprehensión, usted se aproxima a la frontera, presenta sus
documentos y se declara inmigrante. Le hacen una sola pregunta: «¿Desea
dejar atrás su pasado y empezar una vida nueva en nuestro reino?» Cuando
usted dice que sí, ellos le dan pasaporte sin hacer más preguntas, y luego le
recomiendan bañarse. Le explican que por lo general los inmigrantes consideran prudente limpiarse de todo el hollín y el olor a polución de su viejo
país para empezar su vida nueva con pie derecho en su nueva patria. Usted
cumple con el requisito y se alegra de haberlo hecho. Al salir de la ducha
respira hondo y siente que sus pulmones inhalan una pureza incomparable
de salud, gozo y paz. Es como si el espíritu del nuevo reino entrara en usted.
Usted se siente más vivificado que nunca antes.

Después encuentra un hogar nuevo, conoce a sus nuevos vecinos y se
dispone a vivir una vida totalmente nueva. De inmediato, usted se da cuenta
de que tiene mucho que aprender. La gente habla un nuevo dialecto en este
lugar, sin aquel viejo acento familiar de orgullo, juicio, jactancia, doble
sentido, ofensa y mentira. Más bien, al hablar tienen un acento de gratitud,
ánimo, veracidad, reconocimiento humilde de faltas y celebración de la
alegría. También nota que la gente aquí vive a un ritmo diferente del que
usted solía llevar. No son perezosos pero tampoco son adictos al trabajo.
Viven con una disciplina diferente que les permite entrelazar el reposo con
el trabajo, la adoración, el juego, la comunión, el sacrificio, los banquetes y
los ayunos. Tan pronto se haya instalado en su nueva vida, siente casi como
si hubiera nacido a una nueva autobiografía y a un nuevo mundo.

Repensar, creer, recibir, manifestar públicamente y practicar un nuevo
estilo de vida. Estos parecen ser los elementos básicos de lo que significa
adentrarse en el secreto y dejar que se arraigue en nuestro interior.

# IMAGINACIÓN

EXPLOREMOS CÓMO EL MENSAJE
SECRETO DE JESÚS PODRÍA CAMBIARLO TODO

# CAPÍTULO 14

# EL MANIFIESTO DEL REINO

*No todo el que me dice: Señor, Señor, entrará en el reino de los cielos,
sino el que hace la voluntad de mi Padre que está en los cielos.*

— MATEO 7.21

Supongamos que usted dice: «Quiero participar. Quiero entrar al reino de Dios y aprender sus caminos». ¿Cuál es el siguiente paso? ¿Dónde y a quién se acude para aprender?[1] En el tiempo de Jesús usted se habría ido al campo o a los atrios del templo, o dondequiera que Jesús estuviera enseñando. ¿Dónde puede encontrar hoy la enseñanza de Jesús sobre el reino?

El ejemplo más concentrado de la enseñanza de Jesús se encuentra en Mateo 5–7, un pasaje que se conoce como el Sermón del Monte y que aquí llamaremos el manifiesto del reino de Jesús. En cierto sentido no es típico del estilo de comunicación de Jesús porque es un monólogo extenso y no el diálogo habitual. Además no contiene parábolas, aunque está lleno de otros elementos literarios y retóricos brillantes. Esto lo hace un ejemplo inusual de la enseñanza de Jesús, o quizás único sea la descripción más adecuada. Si queremos entender ciertas facetas esenciales del mensaje secreto de Jesús, no hay mejor lugar para empezar.

Quizás deba reconocer que muchas personas dan por sentado que el sermón responde a la pregunta de cómo va al cielo un individuo después de la muerte. Es lo que yo supuse por muchos años, pero al reflexionar en la vida y el mensaje de Jesús me he convencido de que Jesús explora aquí una serie de preguntas muy diferentes, a saber: ¿Qué clase de vida quiere Dios que viva la gente? ¿Qué aspecto tiene la vida en el reino de Dios? ¿Qué es una vida verdaderamente buena o justa? ¿En qué difiere este mensaje de los mensajes convencionales? En lugar de dirigir nuestra atención a la vida después de la muerte en el cielo, lejos de la vida en este mundo y fuera de la historia, estos interrogantes retornan nuestro enfoque al aquí y ahora, y al hacerlo abren una ventana indispensable para poder ver el mensaje secreto de Jesús.

La historia empieza con Jesús sentado en una ladera. Tal vez usted sepa que en aquel tiempo el maestro se sentaba y los estudiantes permanecían de pie, lo cual sin lugar a dudas reducía el riesgo de que se quedaran dormidos. Claro, en vista del carácter intrigante y revolucionario del mensaje de Jesús, eso no era algo muy probable. Esa postura corporal también indica que el maestro está en reposo y que no necesita entretener a sus oyentes, como sucede con muchos maestros y conferencistas en la actualidad. A los estudiantes es a quienes les toca pararse de puntillas, por así decirlo, pues anhelan apropiarse de los tesoros que brotan de la mente y el corazón del maestro. Por eso Jesús tomó asiento, tal vez sobre una roca típica del paisaje mediterráneo, y congregó a los discípulos alrededor suyo como sus oyentes de primera mano, mientras a la multitud le tocaba aguzar las orejas como oyendo detrás de la puerta.

Jesús empieza con lo que muchos llaman las «bienaventuranzas», ocho afirmaciones sobre el tipo de personas que desde el punto de vista de Jesús viven holgadamente «la buena vida», aquellos que son verdaderamente afortunados y bendecidos. Desde la primera afirmación, este manifiesto pone patas arriba todas las expectativas normales. En lugar de lo que podríamos esperar («Dichosos son los ricos y bienaventurados son los felices, los valientes, los satisfechos, los ganadores, los astutos, los invictos, los seguros y los tenidos en alta estima»), Jesús afirma todo lo contrario:

Bienaventurados los pobres en espíritu, porque de ellos es el reino de
los cielos.

Bienaventurados los que lloran, porque ellos recibirán consolación.

Bienaventurados los mansos, porque ellos recibirán la tierra por heredad.

Bienaventurados los que tienen hambre y sed de justicia, porque ellos
serán saciados.

Bienaventurados los misericordiosos, porque ellos alcanzarán misericordia.

Bienaventurados los de limpio corazón, porque ellos verán a Dios.

Bienaventurados los pacificadores, porque ellos serán llamados hijos
de Dios.

Bienaventurados los que padecen persecución por causa de la justicia,
porque de ellos es el reino de los cielos.

Bienaventurados sois cuando por mi causa os vituperen y os persigan,
y digan toda clase de mal contra vosotros, mintiendo.

Gozaos y alegraos, porque vuestro galardón es grande en los cielos; porque
así persiguieron a los profetas que fueron antes de vosotros.
(Mateo 5.3-12)

Esta introducción cumple varios fines. Primero, cautiva la atención de los
oyentes con cierta medida de misterio, intriga y hasta sobresalto. Podemos
imaginar a los oyentes de Jesús pensando: *¿Bienaventurados los pobres y los que
lloran? ¿Desde cuándo? ¿Cómo así?* En segundo lugar, pasa de generalizar en
términos de «bienaventurados aquellos» a una aplicación personal diciendo
«bienaventurados serán ustedes». Esto motiva a los oyentes a profundizar en
el mensaje e incorporarse al círculo íntimo de Jesús. En tercer lugar,
establece la tensión que parece inherente a todas las enseñanzas de Jesús,
entre paz (dichosos son los mansos, los que trabajan por la paz, los de
corazón limpio) y conflicto (persecuciones, insultos, calumnias). En otras
palabras, Jesús prepara aquí el escenario para hablar acerca de su reino
radical, sorpresivo, inesperado y contrario al sentido común, un reino que
parece trastocar por completo la percepción normal y la intuición común.

Jesús parte de esta premisa contracultural: Sus seguidores no son
personas comunes y corrientes con una simple preferencia religiosa entre
muchas otras. No, ellos son participantes de una empresa que requiere un

alto nivel de compromiso y que se puede comparar con la acción de la sal
que le da sabor a alimentos como la carne y también los preserva, y con la
acción de la luz que al incursionar atraviesa y erradica las tinieblas:

> Vosotros sois la sal de la tierra; pero si la sal se desvaneciere, ¿con qué será
> salada? No sirve más para nada, sino para ser echada fuera y hollada por los
> hombres. Vosotros sois la luz del mundo; una ciudad asentada sobre un
> monte no se puede esconder. Ni se enciende una luz y se pone debajo de un
> almud, sino sobre el candelero, y alumbra a todos los que están en casa. Así
> alumbre vuestra luz delante de los hombres, para que vean vuestras buenas
> obras, y glorifiquen a vuestro Padre que está en los cielos. (vv. 13-16)

Hasta este punto, Jesús no ha usado la palabra reino, pero ahora lo hace
en tres ocasiones casi a manera de duelo. La lógica de este párrafo es intrigante. Nosotros por lo general enunciamos primero el postulado y luego lo
sustentamos, pero Jesús primero establece las condiciones y al final puntua-
liza su enseñanza:

> No penséis que he venido para abrogar la ley o los profetas; no he venido
> para abrogar, sino para cumplir. Porque de cierto os digo que hasta que
> pasen el cielo y la tierra, ni una jota ni una tilde pasará de la ley, hasta que
> todo se haya cumplido. De manera que cualquiera que quebrante uno de
> estos mandamientos muy pequeños, y así enseñe a los hombres, muy
> pequeño será llamado en el reino de los cielos; mas cualquiera que los haga
> y los enseñe, éste será llamado grande en el reino de los cielos. Porque os
> digo que si vuestra justicia no fuere mayor que la de los escribas y fariseos,
> no entraréis en el reino de los cielos. (vv. 17-20)

Esa última afirmación es la tesis central del sermón. Los maestros de la
ley (o eruditos religiosos) y los fariseos eran vistos y se veían así mismos
como los guardianes y parangones de la piedad, la bondad, la moralidad, la
rectitud, la decencia, la legalidad y la equidad (todos los cuales se resumen
en la compleja palabra justicia). Sería escandaloso, quizás hasta ridículo,

sugerir que los escribas y los fariseos no entrarán al reino y que quienes
deseen entrar al reino deben ser mejores que ellos.

Estas palabras sonarían profundamente chocantes y ofensivas en los
oídos de aquellos líderes religiosos y demás personas similarmente acomo-
dadas y apegadas a su fuero interno. Con razón empieza afirmando su
fidelidad a las Escrituras Sagradas judías. Con razón jura que no vino a abolir
esos escritos sagrados ni a romperlos, anularlos o ablandarlos (aunque será
acusado de hacerlo), sino por el contrario, a cumplirlos a cabalidad.

Ahora bien, ¿qué significa *cumplir* en este contexto? Jesús lo deja en claro
con una serie de ejemplos, y cada ejemplo empieza con estas palabras:
«Oísteis que fue dicho». De este modo introduce lo que han enseñado la
ley, los profetas y la tradición judía a través de los siglos. A continuación
Jesús dice «Pero yo os digo», y lo que sigue es una invitación, no a bajar los
estándares sino a elevarlos, profundizarlos y cumplirlos, a llevarlos por
encima del nivel acomodaticio fijado por los eruditos religiosos y los
fariseos, a superar el nivel de conformidad externa para llegar al cambio
interno de la mente y el corazón:

> Oísteis que fue dicho a los antiguos: No matarás; y cualquiera que matare
> será culpable de juicio. Pero yo os digo que cualquiera que se enoje contra
> su hermano, será culpable de juicio; y cualquiera que diga: Necio, a su
> hermano, será culpable ante el concilio; y cualquiera que le diga: Fatuo,
> quedará expuesto al infierno de fuego. (vv. 21-22)

La sabiduría antigua prohibía el homicidio, pero el mensaje de Jesús, el
mensaje del reino de Dios, hace un llamado más alto y profundo: Trascender
la emoción oculta de ira que motiva el homicidio y dejar de insultar a la
gente. Después de todo, el insulto es una especie de asesinato del carácter,
un tipo de violencia que goza de aceptación social porque se limita a las
palabras. El reino de Dios nos llama a ir más lejos de simplemente «abstenernos de hacer daño físico» (aunque esta es una gran superación con
respecto al infligir daños físicos), nos llama a no hacer daño con nuestras
palabras. Incluso es más radical, nos llama a procurar activamente la recon-

ciliación y le da prioridad a la reconciliación interpersonal por encima de la devoción religiosa, como lo dejan en claro sus declaraciones subsecuentes:

> Por tanto, si traes tu ofrenda al altar, y allí te acuerdas de que tu hermano tiene algo contra ti, deja allí tu ofrenda delante del altar, y anda, reconcíliate primero con tu hermano, y entonces ven y presenta tu ofrenda. Ponte de acuerdo con tu adversario pronto, entre tanto que estás con él en el camino, no sea que el adversario te entregue al juez, y el juez al alguacil, y seas echado en la cárcel. De cierto te digo que no saldrás de allí, hasta que pagues el último cuadrante. (vv. 23-26)

Aunque Jesús emplea un lenguaje audaz y provocador al decir «Oísteis que fue dicho... Pero yo os digo», esto no constituye de modo alguno una abolición de los antiguos escritos sagrados. No, Jesús llama a las personas a un estilo de vida superior que al mismo tiempo que cumple el propósito de la ley, excede el rigor de los eruditos religiosos y los fariseos que se enfocan meramente en la conformidad exterior y la perfección técnica ritualista. A medida que el manifiesto continúa, Jesús aplica el mismo patrón de la frase «Oísteis que fue dicho... Pero yo os digo» a asuntos de profunda importancia para el individuo y la sociedad: Sexualidad, matrimonio, juramentos y venganza.

En cada caso, la moralidad religiosa convencional («la *justicia* de los fariseos y los maestros de la ley») queda expuesta como un simple limitarse a *no hacer daño por fuera*: No matar, no cometer adulterio, no divorciarse, no romper juramentos sagrados, no vengarse por el mal cometido. En cambio, el manifiesto del reino nos llama a trascender esta clase de moralidad: Debemos lidiar a fondo con la codicia y la lujuria, la arrogancia y el prejuicio, en nuestro propio corazón. Además, más allá de limitarnos a no hacer el mal, con un corazón cambiado estaremos motivados a hacer lo recto. Las palabras de Jesús sobre el adulterio se ajustan a este patrón. Sí, él dice que uno puede evitar una caída en el adulterio técnicamente hablando, pero eso no significa que el corazón no esté lleno de lujuria. Así como no habría homicidio sin ira, tampoco habría adulterio sin lujuria. Por eso Jesús dice que si queremos vivir en el reino de Dios, no vamos a despertar y alimentar nuestra lujuria para después abstenernos de adulterar, sino que procuraremos tratar la raíz o la fuente del problema. El reino de Dios nos llama a anhelar y procurar tener un corazón genuinamente puro.

O en el caso de un hombre (los hombres eran los únicos que podían entablar demanda de divorcio en aquel tiempo), se puede conseguir un divorcio «perfectamente» legal y todo se vería bien por fuera, como en el caso de la persona que nunca comete homicidio o adulterio. Esto es algo completamente satisfactorio para «la justicia de los fariseos y los maestros de la ley». En cambio, el reino de Dios va más allá y dice: «Puede que seas legal, pero tu divorcio legal atribula a tu ex-esposa, y eso no es aceptable en el reino de Dios. Esa "justicia" no es suficientemente justa».

Ahora bien, la siguiente movida de Jesús nos toma por sorpresa. Es claro que todavía está pensando en la fidelidad sexual porque regresa de inmediato a ese tema, pero primero inserta esta rara exhortación:

> Por tanto, si tu ojo derecho te es ocasión de caer, sácalo, y échalo de ti; pues mejor te es que se pierda uno de tus miembros, y no que todo tu cuerpo sea echado al infierno. Y si tu mano derecha te es ocasión de caer, córtala, y échala de ti; pues mejor te es que se pierda uno de tus miembros, y no que todo tu cuerpo sea echado al infierno. (vv. 29-30)

Es posible que Jesús simplemente esté usando la imagen grotesca de la auto-mutilación física para comunicar el horror de la mutilación espiritual auto-infligida por la lujuria. Pero quizás esté haciendo algo todavía más subversivo. Acaba de establecer que el método del reino va mucho más hondo que la mera conformidad externa. Tiene que ver con motivaciones internas y no solamente con conductas externas. No obstante, ahora parece ir en reversa al mencionar la imagen más superficial y exterior posible, ¡la de evitar hacer el mal amputando partes del cuerpo! Pienso que el filósofo Dallas Willard capta correctamente la estrategia real de Jesús:

> Si la meta consiste en no hacer nada malo, esto podría lograrse desmembrándose uno mismo para hacer imposible cualquier acción. Lo que uno no puede hacer ciertamente no lo hará. Si uno se quita el ojo, la mano, etc.,

entrará rodando derechito al cielo. El costo del desmembramiento sería mínimo comparado con la recompensa del cielo. Esa es la conclusión lógica para quien se atuviera a las creencias de los escribas y los fariseos... Jesús reduce ese principio de ellos, que la justicia consiste en abstenerse de hacer lo malo, a un absurdo total, con la esperanza de que abandonen ese principio falso y puedan ver y acceder a la justicia que va «más allá de la justicia de los fariseos y maestros de la ley», allá donde la compasión y el amor son lo fundamental, no el sacrificio.[2]

Jesús continúa el patrón de ir más allá de la moralidad convencional en su análisis de los juramentos. La gente que vive al nivel de los escribas y fariseos puede argumentar entre sí sobre cuáles tipos de votos son legítimos. Es fácil imaginar una vertiente «liberal» y otra «conservadora», enfrascadas en un acalorado debate sobre el tema. Pero el reino de Dios eleva el nivel del discurso a un plano absolutamente superior: ¿Cuáles son las consecuencias negativas no intencionales de los votos? ¿Por qué tienen que considerarse necesarios? Jesús demuestra que cuando hacemos votos podemos caer en la trampa de creer que tenemos más poder del que tenemos en realidad. Por eso el reino de Dios eleva el estándar y requiere una manera de hablar más modesta y sencilla. El mismo patrón se aplica al tema de la venganza que era bastante crítico para las personas a quienes tanto les ofendía la ocupación romana:

Oísteis que fue dicho: Ojo por ojo, y diente por diente. Pero yo os digo: No resistáis al que es malo; antes, a cualquiera que te hiera en la mejilla derecha, vuélvele también la otra; y al que quiera ponerte a pleito y quitarte la túnica, déjale también la capa; y a cualquiera que te obligue a llevar carga por una milla, ve con él dos. Al que te pida, dale; y al que quiera tomar de ti prestado, no se lo rehúses. (vv. 38-42)

La moralidad convencional arguye a favor de la venganza mesurada (ojo por ojo), pero Jesús llama a algo que trasciende por completo la venganza: La reconciliación. Estas son las palabras que tanto inspiraron a Gandhi, Martin Luther King Jr., Desmond Tutu, Nelson Mandela, el pueblo de

Rwanda después del genocidio, y muchos otros. Estas palabras introdujeron maneras nuevas y radicales de responder a la injusticia: Resistencia no violenta, transformación del conflicto y acción pacifista. Considérelo en los siguientes términos:

Si alguien le abofetea en la mejilla derecha como se lo haría alguien que detenta el poder (un soldado romano), por considerarle una persona inferior (un judío), usted podría devolverle la bofetada, pero eso le rebajaría al mismo nivel violento del opresor. También podría agacharse humillado e irse del lugar mientras pueda, pero eso significaría dejar que gane el opresor. El manifiesto del reino le invita a optar por una tercera alternativa: Ofrecer valientemente la otra mejilla. Píenselo; para golpearlo de inmediato en la mejilla izquierda, su opresor deberá tratarle no como una persona inferior sino, como un igual porque tendrá que usar su puño y no el dorso de su mano. Así usted demuestra que no es ni violento ni débil, sino valiente, noble y fuerte. Usted ha dejado expuesto a su opresor como la persona violenta que es, y de este modo ha trascendido la opresión sin recurrir a la violencia ni a la venganza.

De forma similar, si alguien entabla demanda contra nosotros, como lo hacían los latifundistas acaudalados contra los campesinos pobres que se habían endeudado con ellos, y el demandante quisiera quedarse con nuestro abrigo, Jesús dice que nos desnudemos y le demos ¡el resto de nuestra ropa! Así nuestra «generosidad» nos dejará indefensos y expuestos, además que nuestra propia indefensión y desnudez deja al descubierto la avaricia y crueldad de nuestros opresores. Así también se logra trascender la opresión sin violencia. (No dudo que los oyentes se rieron al imaginarse esta escena.)

O si alguien le obliga a llevar su carga un kilómetro, algo que un soldado romano podía hacerle a cualquier judío, si usted por voluntad propia la transporta un kilómetro más, demuestra que es un ser humano generoso, fuerte, templado y digno, no dominado. El primer kilómetro puede haber sido impuesto a la fuerza, pero usted recorre el segundo totalmente libre, y así ha trascendido su opresión. La manera de trascender un sistema corrupto es a través de la generosidad. Dando, no reteniendo.

Yo no creo que estas sean reglas simples. Después de todo, si se volviera predecible que la gente demandada se desnude en la corte, los magistrados establecerían leyes para castigar tal acto y la reacción original perdería su efecto y significado. Estos más bien son ejemplos de los métodos activos, creativos y transformadores del reino de Dios, que no vencen la violencia con violencia sino con creatividad y generosidad.[3]

Nuevamente, el patrón familiar del manifiesto del reino de Jesús asciende a su punto culminante en las siguientes frases:

> Oísteis que fue dicho: Amarás a tu prójimo, y aborrecerás a tu enemigo. Pero yo os digo: Amad a vuestros enemigos, bendecid a los que os maldicen, haced bien a los que os aborrecen, y orad por los que os ultrajan y os persiguen, para que seáis hijos de vuestro Padre que está en los cielos, que hace salir su sol sobre malos y buenos, y que hace llover sobre justos e injustos. Porque si amáis a los que os aman, ¿qué recompensa tendréis? ¿No hacen también lo mismo los publicanos? Y si saludáis a vuestros hermanos solamente, ¿qué hacéis de más? ¿No hacen también así los gentiles? Sed, pues, vosotros perfectos, como vuestro Padre que está en los cielos es perfecto. (vv. 43-48)

Este es uno de los pasajes más poderosos y menos entendidos en la literatura bíblica. En gran parte ha sido mal entendido porque se ignora la estrategia de mayor escala que Jesús presenta en todo el sermón. Suponen (como quizás lo hayan hecho los eruditos religiosos y los fariseos) que la frase «sean perfectos» se refiere a «alcanzar la perfección técnica exterior». Pero el contexto ofrece evidencias claras de que Jesús se refiere al polo opuesto de la perfección técnica exterior. Considere la siguiente paráfrasis del mismo pasaje:

> El reino de Dios los llama a una forma superior de vida. No se trata simplemente de amar a los amigos y odiar a los enemigos. Es cuestión de amar a los enemigos. Esto es lo que hace el Rey y así es como debe ser en el reino. Dios es bueno con todos, incluidos los malos. La perfección de Dios es una perfección compasiva. Ese es el tipo de amor que ustedes necesitan tener en el reino de Dios, una perfección compasiva que trasciende las antiguas divisiones de nosotros/ellos y prójimo/enemigo, que nos permite amar a

quienes todavía no nos aman. Nunca lograremos la reconciliación universal en el reino de Dios hasta que superemos la moralidad religiosa convencional y creamos y practiquemos este plan radical y superior.

El pasaje paralelo en Lucas utiliza la palabra «benigno» (o misericordioso) en lugar de «perfectos» (6.35), lo cual confirma enérgicamente la validez de esta lectura.

Teniendo en cuenta el contexto político de ocupación romana y las diversas propuestas del momento para la liberación judía, el entendimiento del reino que Jesús presenta aquí está garantizado para dejarlos a todos insatisfechos. Quienes creen en la «violencia redentora» y que el reino vendrá derramando la sangre de los enemigos, se sentirán asqueados. Los que creen que el mejor camino es ceder y adaptarse al estatus quo se sentirán intranquilos con las palabras de Jesús, y seguramente los escribas y fariseos todavía respiran por la herida como resultado de la «tesis central» presentada al comienzo. Su presión sanguínea quizás no vuelva a ser la misma tras haber sido marginados por el rechazo directo de su «justicia» por parte de Jesús, quien ha dejado implícito que ellos de hecho no operan dentro del reino de Dios y necesitan acceder a él siguiendo el camino diferente y mejor que él indica.

Si hay un punto en este libro donde los lectores podrían sentirse tentados a cerrarlo de un golpe y decir «esto es ridículo, es irrealista, es un sueño alocado, nada de esto podría suceder jamás», sería en este punto. Quizás tengan toda la razón, pero ¿qué podemos esperar si tienen la razón? Más de lo mismo en la historia humana a nivel de individuos, familias y naciones, más del ciclo de ofensa y venganza con armas cada vez más poderosas, y más de por medio en cada confrontación.

¿Qué significaría si, en este momento, muchos lectores empezaran a creer realmente que sí es posible un mundo diferente, que Jesús de hecho pudo haber tenido la razón, que el mensaje secreto del reino de Dios, aunque es radical y su visión no tiene precedentes, aunque requiere de fe inmensa para creer que es posible, en realidad puede ser el único mensaje auténticamente salvador que tenemos?

# CAPÍTULO 15

# LA ÉTICA DEL REINO

*De manera que cualquiera que quebrante uno de estos mandamientos muy pequeños, y así enseñe a los hombres, muy pequeño será llamado en el reino de los cielos; mas cualquiera que los haga y los enseñe, éste será llamado grande en el reino de los cielos.*
— MATEO 5.19

El manifiesto del reino de Jesús no solo transforma relaciones sociales, sino también lo que podríamos llamar prácticas espirituales. Como en las secciones anteriores del manifiesto, Jesús expresa un punto central y luego sigue un patrón reiterativo para articularlo. Esta vez no es «Oísteis que fue dicho... pero yo os digo». El patrón en esta ocasión es «cuando... no... más bien». El «cuando» introduce una práctica espiritual y el «no» introduce una advertencia sobre cómo la práctica puede ser tergiversada y perder su eficacia, como sucede típicamente. El «más bien» describe una forma saludable y transformadora de adoptar la práctica espiritual.

Una exploración completa de prácticas espirituales se sale de nuestro alcance aquí, pero la siguiente analogía podría ser útil. Yo puedo correr uno o dos kilómetros. No estoy en mi mejor estado físico, pero puedo hacerlo. No puedo correr en una maratón. Sin importar con cuánta seriedad lo haga, cuántas ganas tenga de hacerlo o cuánto me esfuerce, voy a sufrir calambres, tendré un arresto cardíaco, colapsaré por la fatiga o demostraré de alguna otra manera que soy incapaz de correr 42 kilómetros y 195 metros. Sin embargo, como miles de personas han aprendido, lo que actualmente es imposible para mí podría volverse posible si yo empezara a seguir las prácticas de los maratonistas como correr distancias cortas a diario e incrementarlas gradualmente durante un período de semanas o meses. Por medio de la investigación (más que todo por prueba y error), las personas que siguen la tradición de la maratón han aprendido varios patrones de práctica que les permiten lograr lo que antes era imposible.[1]

Las prácticas espirituales funcionan de modo similar. Así como los que practican el atletismo han desarrollado regímenes o protocolos que han pasado la prueba del tiempo y guían a los principiantes en los métodos de los corredores de maratón, los practicantes espirituales también crearon lo que podríamos llamar *tradiciones espirituales* para la transformación espiritual. Uno empieza como un remolón y puede terminar convertido en maratonista. Al principio es un egoísta impertinente y deprimido que luego se convierte en un ciudadano maduro del reino de Dios, lleno de amor y bondad. No obstante, sin el beneficio de la tradición uno fácilmente podría entrenar de forma incorrecta o hasta contraproducente, sin obtener las esperadas recompensas de la práctica.

El dicho «la práctica te hace perfecto» no es muy preciso. La práctica crea hábitos, así que una práctica imprudente o desviada puede habituar al practicante a seguir rutinas improductivas. En cambio, la práctica sabia recompensa al practicante haciendo posible lo que antes era imposible.

En su manifiesto del reino, Jesús identifica maneras en que «la justicia de los fariseos y maestros de la ley» es contraproducente porque habitúa a la gente en prácticas corruptas. Él se enfoca en tres prácticas y la primera es *dar a los pobres:*

> Guardaos de hacer vuestra justicia delante de los hombres, para ser vistos de ellos; de otra manera no tendréis recompensa de vuestro Padre que está en los cielos. Cuando, pues, des limosna, no hagas tocar trompeta delante de ti, como hacen los hipócritas en las sinagogas y en las calles, para ser alabados por los hombres; de cierto os digo que ya tienen su recompensa. Mas cuando tú des limosna, no sepa tu izquierda lo que hace tu derecha,

para que sea tu limosna en secreto; y tu Padre que ve en lo secreto te recompensará en público. (Mateo 6.1-4)

Sigue el mismo patrón en lo referente a la oración:

Y cuando ores, no seas como los hipócritas; porque ellos aman el orar en
pie en las sinagogas y en las esquinas de las calles, para ser vistos de los
hombres; de cierto os digo que ya tienen su recompensa. Mas tú, cuando
ores, entra en tu aposento, y cerrada la puerta, ora a tu Padre que está en
secreto; y tu Padre que ve en lo secreto te recompensará en público. Y
orando, no uséis vanas repeticiones, como los gentiles, que piensan que por
su palabrería serán oídos. No os hagáis, pues, semejantes a ellos; porque
vuestro Padre sabe de qué cosas tenéis necesidad, antes que vosotros le
pidáis. (vv. 5-8)

En este punto Jesús incluye instrucciones adicionales para la oración y
luego vuelve a su patrón de «cuando... no... más bien», esta vez para hablar
del ayuno:

Cuando ayunéis, no seáis austeros, como los hipócritas; porque ellos
demudan sus rostros para mostrar a los hombres que ayunan; de cierto os
digo que ya tienen su recompensa. Pero tú, cuando ayunes, unge tu cabeza
y lava tu rostro, para no mostrar a los hombres que ayunas, sino a tu Padre
que está en secreto; y tu Padre que ve en lo secreto te recompensará en
público. (vv. 16-18)

Este lenguaje secreto es típico de todo el mensaje de Jesús. Su reino no
es un espectáculo y no necesita altos decibeles, campañas publicitarias,
efectos especiales ni apariciones deslumbrantes. Todo lo contrario, es
elemental, secreto y funciona entre bastidores. Sus recompensas no son
resultado de la oratoria pública, sino de la práctica privada constante.
Además dice que nuestra riqueza debería acumularse «tras bambalinas», que
deberíamos acumular tesoros en el cielo:

No os hagáis tesoros en la tierra, donde la polilla y el orín corrompen, y donde ladrones minan y hurtan; sino haceos tesoros en el cielo, donde ni la polilla ni el orín corrompen, y donde ladrones no minan ni hurtan. Porque donde esté vuestro tesoro, allí estará también vuestro corazón.

La lámpara del cuerpo es el ojo; así que, si tu ojo es bueno, todo tu cuerpo estará lleno de luz; pero si tu ojo es maligno, todo tu cuerpo estará en tinieblas. Así que, si la luz que en ti hay es tinieblas, ¿cuántas no serán las mismas tinieblas?

Ninguno puede servir a dos señores; porque o aborrecerá al uno y amará al otro, o estimará al uno y menospreciará al otro. No podéis servir a Dios y a las riquezas. (vv. 19-24)

Aquí de nuevo el reino de Dios confronta claramente los reinos de nuestro mundo actual. ¿Con cuánta frecuencia nuestras vidas giran en torno a la acumulación motivada por el estatus y el consumo indiscriminado? En ese contexto, las palabras de Jesús hacen eco en nuestro mundo, pues indiscutiblemente su *visión está nublada*. Somos masajeados a diario por una visión consumista e hiperactiva que nos impulsa a ver y medir todo en la vida en términos de dinero, a tal punto que, como todos lo saben, hasta *el tiempo es dinero*. Con esa perspectiva insalubre y sombría, toda la vida se convierte en una ansiedad constante llena de oscuridad, exactamente como lo describió Jesús.

Quizás ahora sea claro por qué dar a los pobres ocupa el primer lugar en la lista de prácticas espirituales de Jesús: Si vamos a experimentar transformación espiritual para poder convertirnos en el tipo de personas cuya «justicia» trasciende la mediocridad de simplemente evitar hacer el mal, así como la mera perfección técnica y la conformidad exterior, entonces debemos ser liberados de la esclavitud al dinero. Tal vez usted alcance a ver la ironía, que a la gente en el tiempo de Jesús les obsesiona el asunto de la ocupación romana, pero quizás sea otro imperio, el imperio del dinero y la avaricia, el que ejerce todavía más poder sobre ellos (y nosotros también) del que César jamás podría tener.

Jesús emplea un lenguaje de poder y dominio en esta sección del manifiesto para decirnos que no se puede servir a dos señores. Uno no puede ser ciudadano del reino de Dios y al mismo tiempo doblar rodilla al César monetario. Sabemos que el dinero termina siendo un verdugo cruel, y cuando uno sirve al dinero es más propenso a resentirse con Dios por interferir con su reinito económico en plena expansión. En cambio, cuando uno sirve a Dios reconoce el peligro de la riqueza por su constante guerra de guerrillas, su invasión sutil de cada área de la vida y su conquista implacable de los valores no materiales de la vida. A usted le corresponde elegir.

Es fascinante detenernos en este punto del sermón y respirar hondo. ¿Cuáles han sido los asuntos centrales que Jesús ha tratado en su manifiesto del reino? ¿Cuáles temas ha vuelto a tratar? Por supuesto, el primero tiene que ver con el *dinero*, que en sí mismo es una cuestión de valores. Desde la aparentemente absurda proposición de que hay dicha y bendición en la pobreza de espíritu (o simplemente pobreza en la versión de Lucas) hasta esta opción binaria entre servir a Dios o a la riqueza, Jesús deja en claro que el reino de Dios nos presenta un sistema de valores radicalmente diferente al que vemos en el mundo que nos rodea. En segundo lugar, como sería de esperar, está el tema de la *sexualidad*. Desde su afirmación «dichosos los de corazón limpio», pasando por su enseñanza acerca del poder de la lujuria en el corazón, hasta sus palabras sobre las consecuencias negativas inesperadas incluso en los divorcios legales, Jesús propone un reino que es cuestión del corazón, no de la cadera. En tercer lugar, desde su bendición de los mansos y perseguidos hasta sus advertencias sobre los insultos y la ira, así como su exposición de los despliegues hipócritas de piedad externa, incluyendo sus palabras sobre los juramentos, Jesús tiene un interés especial en el tema del *poder*: Cómo usamos la violencia, el lenguaje y hasta la religión para dominar a otros y asegurar nuestro propio estatus superior.

Así pues, el reino de Dios es un movimiento revolucionario y contracultural que proclama una rebelión incesante contra la trinidad tiránica del dinero, el sexo y el poder. Sus ciudadanos oponen resistencia a la ocupación de este César invisible por medio de tres categorías de práctica espiritual. En primer lugar, practican una liberadora *generosidad hacia los pobres* para destronar la codicia y tumbar el régimen del dinero. En segundo lugar, practican un tipo de *oración* que constituye un acto desafiante de resistencia contra la búsqueda orgullosa del poder, y promueve el perdón y la reconciliación, no la retaliación y la venganza. Por último, practican el *ayuno* como sublevación contra los arranques dominadores de la gratificación física, a fin de que el impulso sexual y los demás apetitos físicos no se conviertan en explotadores y capataces nuestros. Además, todo esto se practica *en secreto* para que no se corrompa como el espectáculo de piedad exterior de los hipócritas.

Si vivimos en función del dinero, el sexo y el poder, siempre experimentaremos ansiedad, y ese es el tema que Jesús trata a continuación. Nos invita a considerar las flores silvestres y las aves del campo, y casi podemos imaginarle señalando con el dedo estos ejemplos visuales en la proximidad, recordándonos que Dios cuida de ellos y que nosotros somos todavía más valiosos para Dios. Entonces, ¿para qué preocuparnos? Aquí me siento inclinado a dar una prolongada explicación de cómo esta sección del manifiesto nos invita a concebir el reino de Dios como una bella red de hermandad, como San Francisco lo vio en maneras más claras que nosotros, considerando a las flores y las aves como hermanas nuestras. Podríamos explorar la espiritualidad de la ecología en este contexto y concebir el reino como el ecosistema por excelencia que integra todas las manifestaciones de la vida, tanto las partes que aceptamos como científicas y físicas, como las partes que llamamos espirituales e invisibles. No obstante, esa excursión nos alejaría un poco de la línea central de pensamiento que Jesús presenta aquí, a saber, la ansiedad que sentimos cuando el dinero, el sexo y el poder capturan nuestra atención y nuestros afectos por encima de Dios y el reino de Dios.

La ansiedad por todas estas cosas es una pérdida de tiempo, dice Jesús. Peor todavía, nos distrae de lo que más importa. «¿No es la vida más que el alimento, y el cuerpo más que el vestido?» (v. 25). Si tenemos confianza que «vuestro Padre celestial sabe que tenéis necesidad de todas estas cosas» comida, bebida y ropa (v. 32), entonces podemos enfocarnos en lo más importante de todo. ¿Y qué es eso? No debería sorprendernos la respuesta culminante de Jesús: Es el reino de Dios: «Mas buscad primeramente el reino de Dios y su justicia, y todas estas cosas os serán añadidas» (v. 33). Jesús ha prometido que existe una forma de vida que supera la de los maestros de la ley y los fariseos. Es la vida que consiste en buscar primero el reino de Dios y hacer del reino de Dios nuestra primera prioridad.

En el resto del manifiesto Jesús explora más aspectos de la vida y se enfoca en cómo tratamos a los demás, cómo confiamos en Dios y cómo pasamos de las palabras superficiales a la acción substancial. En este punto tiene sentido que resumamos las implicaciones prácticas y éticas del sermón como un todo:[2]

Sean pobres en espíritu, laméntense, sean mansos, tengan hambre y sed por la justicia verdadera, sean misericordiosos, limpios de corazón, promotores de la paz, estén dispuestos a sufrir con gozo la persecución y los insultos por hacer lo recto.

Sean sal y luz en el mundo haciendo buenas obras.

No odien ni cedan a la ira, más bien procuren la reconciliación.

No cedan a la lujuria ni cometan infidelidad sexual en su corazón.

No presuman haciendo votos, tan solo hablen con claridad, cuando quieran decir sí digan sí y que su no también sea no.

No tomen venganza, más bien encuentren maneras creativas y no violentas de sobreponerse al mal que les hayan cometido.

Amen a sus enemigos como Dios lo hace, y sean generosos con todos como Dios lo es.

Den a los pobres, oren y ayunen en secreto.

No dejen que la codicia les nuble la vista, más bien acumulen tesoros en el cielo por medio de su generosidad.

No se preocupen por sus propias necesidades diarias, más bien encomiéndense al cuidado de Dios y busquen el reino de Dios en todo y ante todo.

No juzguen a otros, más bien esfuércense en corregir su propia ceguera.

Acudan a Dios con todas sus necesidades, sabiendo que Él es su Padre y se interesa en ustedes.

Hagan a los demás lo que quieran que hagan con ustedes.

No se dejen engañar por la palabrería religiosa, lo que cuenta en realidad es vivir conforme a la enseñanza de Jesús.

En las últimas palabras del manifiesto Jesús refuerza este último punto, que su objetivo es la acción decisiva y no el simple acuerdo pasivo:

Cualquiera, pues, que me oye estas palabras, y las hace, le compararé a un hombre prudente, que edificó su casa sobre la roca. Descendió lluvia, y vinieron ríos, y soplaron vientos, y golpearon contra aquella casa; y no cayó, porque estaba fundada sobre la roca. Pero cualquiera que me oye estas palabras y no las hace, le compararé a un hombre insensato, que edificó su casa sobre la arena; y descendió lluvia, y vinieron ríos, y soplaron vientos, y dieron con ímpetu contra aquella casa; y cayó, y fue grande su ruina. (Mateo 7.24-27)

Una vez más, la historia puede tener una dimensión política y es posible que los judíos rechacen el mensaje que acaban de oír. Si lo hacen y optan por seguir el sendero de la revolución violenta, su casa será arrasada por la retaliación romana. En cambio, si eligen el sendero de Jesús, no importará qué hagan los romanos porque ellos sobrevivirán y se mantendrán fuertes. Más allá de la aplicación política del momento, el significado general todavía se aplica a todos nosotros: Lo que cuenta es el fruto, la acción, poner su mensaje en práctica, edificar un estilo de vida sobre la base de este mensaje.

La imagen final del manifiesto del reino de Jesús tiene cierto presagio, pues nos hace pensar en el colapso de una casa en una tormenta. La imagen presenta un fuerte contraste a las palabras que dijo minutos antes, sobre la vida despreocupada y campante como aves y flores silvestres, seguros en el cuidado de Dios. Es una manera perturbadora de terminar el mensaje porque no nos deja sintiéndonos bien, sino sabiendo que nos corresponde tomar una decisión.

Por eso no creo que podamos avanzar en esta exploración sin antes hacernos un par de preguntas difíciles sobre nuestra vida, nuestro mundo y nuestra cosmovisión. ¿Qué pasaría en nuestro mundo si fuéramos más y más las personas que nos disponemos a practicar el estilo de vida propuesto por Jesús? ¿Qué sucedería en nuestras vidas individuales si no solo oyéramos las palabras de Jesús y no dijéramos simplemente «¡Señor, Señor!», sino que al oír sus palabras actuáramos de conformidad con ellas? Por otro lado, ¿qué futuro podríamos anticipar para nosotros, nuestra nación y nuestro planeta si rechazamos el manifiesto ético de Jesús en la práctica (así lo aceptemos en teoría, de labios para afuera)?

CAPÍTULO 16

# EL LENGUAJE DEL REINO

*¿A qué haremos semejante el reino de Dios, o con qué parábola lo compararemos?*
— MARCOS 4.30

Hemos ido al pasado para tratar de adentrarnos con la imaginación en el tiempo de Jesús a fin de entender su mensaje secreto en su hábitat natural. Pero no podemos quedarnos en el Israel antiguo. El mensaje de Jesús, como hemos visto, se presta a ser traducido como ningún otro. ¿Cómo se traduciría en nuestro mundo actual?

Tan pronto formulamos esa pregunta, caemos en cuenta de un gran problema. Como hemos visto, cuando Jesús habló del reino de Dios, su lenguaje iba cargado de una urgencia electrizante a nivel político, religioso y cultural. En cambio, si hablamos hoy del reino de Dios la electricidad original se ha disipado en gran parte y en su lugar encontramos muchas veces una familiaridad cansada que no inspira esperanza ni emoción sino incomodidad o aburrimiento.

¿Por qué el lenguaje del reino no es tan dinámico hoy día? En primer lugar, porque en nuestro mundo los reinos son cosa del pasado y han sido reemplazados por repúblicas, democracias y repúblicas democráticas. Ahora la autoridad reside en constituciones, parlamentos y congresos. Donde todavía existen reyes y monarquías, son tratados como entidades anacrónicas que juegan un papel ceremonial en su relación con los parlamentos y los primeros ministros, incapaces de evocar el mismo poder y autoridad que tuvieron en la época de Jesús. Cuando la gente oiga la expresión «reino de Dios», no queremos que piensen «el gobierno de Dios, anacrónico, limitado, ceremonial y simbólico pero ineficaz en la práctica». Si le queda alguna carga eléctrica al lenguaje del reino en la actualidad, es la corriente endeble de la nostalgia y las alusiones a caballeros en armadura, mesas redondas y actos de gallardía, damas en peligro, dragones que escupen fuego y conversaciones anquilosadas al estilo de Shakespeare o Cervantes. En el tiempo de Jesús, el lenguaje de reino era contemporáneo y relevante pero hoy día es distante y caduco.

Además, para muchas personas hoy día el lenguaje de reino evoca nociones de patriarcado, chauvinismo, imperialismo, dominación y un régimen sin libertad. No es una imagen muy positiva, de hecho es todo lo contrario al movimiento liberador, rompedor de barreras, eliminador de la dominación y reconciliador que en realidad es la razón de ser del reino de Dios. Por esta y otras razones, si Jesús estuviera aquí hoy, tengo plena certeza de que no emplearía un lenguaje de reino *para nada*. Tenemos que preguntarnos cómo articularía su mensaje si tuviera que introducirlo a nuestro mundo actual.

Este no es un simple ejercicio hipotético, es una pregunta muy práctica para personas como yo que creemos que el mensaje secreto de Jesús tiene potencial para la transformación radical de nuestro mundo, y que nos sentimos llamados a tratar de comunicarlo. Por supuesto, siempre necesitaremos volver a las palabras de Jesús y a su historia original, procurando entender cómo funcionó el lenguaje de reino en su propio tiempo. Siempre necesitaremos dejar que su mundo nos «absorba» para que podamos entender su lenguaje del reino de adentro hacia afuera. No obstante, debemos descubrir maneras frescas de traducir su mensaje en términos de las formas de pensamiento y las culturas de nuestro mundo contemporáneo, si en realidad vamos a «enseñar lo que Jesús enseñó de la manera en que él lo enseñó».[1]

La búsqueda de la mejor traducción es una empresa tanto artística como teológica. No solo requiere un entendimiento profundo del mensaje de Jesús, sino también una comprensión substancial de nuestra cultura contemporánea y sus múltiples corrientes y cruces de corrientes. Es probable que las metáforas que seleccionemos tengan una vida útil limitada, y cada una será susceptible a malentendidos, tal como ocurrió con las propias metáforas de Jesús. Por ejemplo, él tuvo que decir cosas como «Mi reino no es de este mundo», porque algunos habrían interpretado erróneamente que Jesús se proponía organizar otro régimen político violento.

Durante los últimos años he trabajado y jugado con una serie de metáforas nuevas y usadas que me parecen plausibles. He tenido que descartar algunas por varias razones. Por ejemplo, aunque William Booth el fundador del Ejército de Salvación empleó metáforas militares para comunicar el reino de Dios, yo creo que las armas nucleares, biológicas y químicas, para no mencionar el terrorismo y el imperialismo, han vuelto prácticamente inservible ese lenguaje. De forma similar, *la economía global de Dios* tiene algo de potencial, pero no si es vista como una variedad más de consumismo o materialismo. Hay seis metáforas del mensaje secreto que me parecen bastante prometedoras.

1. *El sueño de Dios.* Con frecuencia trato de poner la oración del reino (que muchos conocen como «el Padre nuestro») en mis propias palabras para no recitarla como un autómata, diciendo las palabras sin considerar realmente su significado. Tengo cierta dificultad para parafrasear la cláusula «hágase tu voluntad en la tierra como en el cielo». Esta parte de la oración tiene una importancia gramática especial porque es otra manera de decir «venga tu reino». En consecuencia, la cláusula traduce automáticamente «reino» como «voluntad».

El problema es que «la voluntad de Dios» es una frase que puede evocar la idea de un déspota, un tirano, un titiritero, el operador de una máquina determinista que impone su voluntad, y esto convertiría ese ruego de liberación en una petición para poner fin al libre albedrío. Por supuesto, si Dios fuera así de controlador, es difícil imaginar que una oración como esta fuera necesaria en absoluto. Como el lenguaje de «voluntad» puede desviarnos con ideas de control, dominio y coerción, y puesto que yo no creo que esas ideas hayan estado en la mente de Jesús, he optado por buscar otras palabras.

La palabra griega que se traduce *voluntad* a nuestro idioma también puede traducirse deseo. Claro, decir en una oración «que tu deseo se cumpla» suena como a cuento de hadas y genera otros problemas. Por eso creo que la noción del «sueño de Dios para la creación» funciona muy bien. «Venga tu reino, hágase tu voluntad en la tierra como en el cielo» podría entonces traducirse: «Que todos los sueños que tienes acerca de tu creación se hagan realidad». Este lenguaje corresponde a una relación más personal y menos mecánica entre Dios y nuestro mundo. Por ejemplo, se compararía con una madre que tiene sueños grandiosos para su hijo o hija, o con un artista que tiene grandes sueños para la novela, la pintura o la sinfonía que está creando, o con un maestro que tiene sueños de gran altitud para sus estudiantes.

Lo interesante es que también nos suministra el lenguaje adecuado para hablar sobre la maldad y el pecado en este mundo, en términos de pesadillas para Dios. Al crear nuestro mundo, Dios no soñó en prisiones y secuestro, maltrato infantil y racismo, avaricia e indigencia, contaminación y explotación, conformidad y caos. El sueño de Dios fue libertad y creatividad, bondad y justicia, generosidad y paz, diversidad y armonía.

La metáfora también nos asigna un papel responsable y creativo. Si soñamos que vamos a controlar a los demás, violentar el medio ambiente, ignorar a los pobres, practicar el racismo y otras formas de injusticia, o simplemente que vamos a ser perezosos o egoístas, estamos arruinando el sueño de Dios: Nuestros sueños se oponen a los sueños de Dios.

Recordemos los cinco «movimientos» descritos en el capítulo 13. El llamado al arrepentimiento es el llamado a repensar nuestros sueños y reconocer que no solamente son incompletos, sino que también pueden ser destructivos. El llamado a la fe es el llamado a confiar lo suficiente en Dios y en los sueños de Dios como para realinear nuestros sueños con los de Dios, para soñar nuestros sueños pequeños dentro del gran sueño de Dios. El llamado a la receptividad es el llamado a recibir continuamente los sueños de Dios, un proceso que por lo menos en mi experiencia, parece estarme tomando toda la vida. El llamado al bautismo es el llamado a identificarnos públicamente con el sueño de Dios y disociarnos de todas las ideologías o –ismos con sus promesas utópicas, como nacionalismo, consumismo, hedonismo, conservatismo, liberalismo, etc. Por último, el llamado a la práctica es el llamado a aprender a vivir como Dios sueña que vivamos.

Por todas estas razones, «el sueño de Dios» me parece una bella manera de traducir el mensaje del reino de Dios a los oyentes en la actualidad. Por supuesto, es el lenguaje evocado por el Dr. Martin Luther King Jr. cuando se puso en pie en las gradas del Monumento a Lincoln el 28 de agosto de 1963. Su sueño era el sueño de Dios, y esa fue la razón de su asombroso poder convocatorio.

2. *La revolución de Dios.* Para personas como el Dr. King, comprometidas en la lucha contra la injusticia, la corrupción, la opresión, el racismo y demás forma de maldad social, la *revolución* o el *movimiento revolucionario* de Dios es una ramificación natural de la metáfora del sueño de Dios para la creación.

Esta metáfora afirma implícitamente que nosotros los humanos hemos creado un régimen totalitario: Un régimen de lujuria (en el que demasiadas personas son reducidas a objetos sexuales o se convierten en acosadores sexuales), un régimen de orgullo y poder (donde algunos prosperan a costa de los demás o excluyéndolos), un régimen de racismo, clasismo, exclusión de los ancianos y nacionalismo (donde la gente se clasifica en términos de enemigos, malos o inferiores debido al color de su piel, su ubicación física o social, o su origen natal), un régimen de consumismo y avaricia (donde la vida se mercantiliza, donde las personas son esclavas de sus trabajos, donde la creación de Dios se reduce a recursos naturales para el consumo humano, donde el tiempo es dinero, lo cual a su vez convierte la vida en dinero). Este régimen es inaceptable (espero que esté de acuerdo con esta conclusión obvia), y Dios está reclutando gente que se una a un movimiento revolucionario de cambio.

Por supuesto, la revolución no puede emplear las tácticas corruptas del régimen actual. De otro modo, consistiría únicamente en el reemplazo de un régimen corrupto con otro. Por esta razón, no la violencia para doblegar la violencia, el engaño para coartar el engaño, la coerción para eliminar la coerción ni el temor para vencer el temor. Si así fuera la revolución no sería realmente revolucionaria, sino una simple cuestión de conversión lateral o cambio de régimen. El éxito mismo de tal revolución reforzaría la confianza en sus tácticas.

Por eso quizás necesitemos un adjetivo que modifique el término revolución para mostrar cómo las metas y tácticas de este régimen son radicalmente diferentes: La revolución pacífica de Dios, la revelación espiritual de

Dios, la revolución amorosa de Dios, la revolución reconciliadora de Dios, la revolución justa de Dios. De este modo nos aproximamos mucho más a la dinámica subyacente que se esconde en el lenguaje original de Jesús sobre el reino de Dios.

Mis amigos Dallas Willard y Tom Sine han usado una metáfora afín al hablar de la *conspiración* de Dios (o «conspiración divina», o «conspiración de la semilla de mostaza»). Ciertamente, conspiración suena parecido al título de este libro, pues implica clandestinidad y reserva. También está cargado de connotaciones, pues la palabra alude a un grupo de personas que hablan en voz baja y trabajan tan de cerca que respiran el mismo aire («conspiran»). La conspiración de Dios busca poner al mundo patas arriba para que pueda surgir un nuevo mundo.

3. *La misión de Dios.* El término *missio Dei* en latín se ha usado por mucho tiempo para describir la obra de Dios en el mundo. Su raíz etimológica significa «enviar» y nos recuerda que Dios nos envía al mundo para ser agentes de cambio: Tenemos una tarea que realizar para Dios. Es cierto que el reino consiste en mucho más que misiones, vivir en interrelación es esencial para la vida en el reino que no es solamente trabajo, pero esta metáfora sigue teniendo gran validez siempre y cuando la complementemos con el lenguaje de las relaciones personales. De hecho, para algunos de nosotros la colaboración en el trabajo de misiones es lo que crea las mejores conexiones interpersonales.

Podríamos adaptar la metáfora y hablar de la misión médica de Dios añadiendo connotaciones de cuidado y sanidad que implican la interrelación personal. Imagine que todas las personas en el planeta se infectaran con un virus terrible que les afecta tanto física como mentalmente. Los síntomas varían en cada población y lugar del mundo. En un lugar ocasiona violencia, en otro precipita la agresión sexual, en otro la mentira compulsiva, en otro parálisis y así sucesivamente. Imagine que un doctor desarrollara una cura, se la lleva a usted y dice: «Tan pronto se tome esta medicina, empezará a sentirse mejor, pero no le estoy dando la cura para su beneficio únicamente. Apenas empiece a aliviarse, quiero que se dedique a elaborar más cantidades de la cura y que la haga llegar a los demás enfermos. A ellos deberá decirles lo mismo, que no van a ser sanados únicamente para tener una vida sana, sino también para que sanen a otros». Así como la enfermedad se propagó como un virus, la cura también podrá alcanzarlos a todos. Una misión de sanidad en la que usted es sanado para que pueda sumarse al esfuerzo de sanar a los demás, también sería una metáfora adecuada para el reino de Dios.

4. *La fiesta de Dios.* Jesús comparó frecuentemente el reino con festejos, agasajos y banquetes. Hoy día podríamos decir que Dios invita a toda la gente a dejar sus peleas entre pandillas y venir a la fiesta, a dejar atrás la adicción al trabajo y la carrera alocada del mundo para venir a su fiesta, a dejar su soledad y aislamiento y venir a su fiesta, a dejar sus fiestas exclusivas (como las que realizan los partidos políticos, por ejemplo, que ganan elecciones dividiendo al electorado) y que participen en su fiesta inclusiva y abierta para todos, que dejan de pelear, de quejarse, de odiarse o de competir, y que más bien empiecen a celebrar y festejar con todos la bondad y el amor de Dios.

Precisamente hoy conocí a unos amigos de una iglesia en Minneapolis que demuestran esta metáfora de una forma dramática y divertida. Un grupo de ellos se congrega en la esquina de una calle en la zona pobre de la ciudad. Juntan un montón de canecas, ollas y sartenes viejos, los combinan con una variedad de tambores y otros instrumentos de percusión, y empiezan a crear ritmos alegres y estridentes. Al poco tiempo se ven rodeados por una multitud, y resulta imposible no sonreír al escuchar la música tan alegre que han producido básicamente con chatarra. Los indigentes y la gente del vecindario empiezan a bailar al son del contagioso ritmo, y después los miembros de la iglesia empiezan a distribuir comida, no en el estilo sombrío de una cocina comunitaria, sino en la atmósfera pachanguera y gozosa de una fiesta callejera. En realidad, no tienen que decir una sola palabra pues están demostrando su mensaje, que el reino de Dios es como una fiesta en la calle a la que todos están invitados.

Mi amigo Tony Campolo cuenta una historia verídica que también sirve como una gran parábola en este sentido. Estaba en otra zona horaria y no se pudo dormir, así que bien pasada la medianoche se fue a una tienda de donas. Resulta que las prostitutas del lugar solían reunirse en esa tienda después de hacer lo suyo, y él alcanzó a oír una conversación entre dos de ellas. Una se llamaba Inés y dijo: «¿Sabes qué? Mañana cumplo treinta y nueve años». Su amiga replicó: «¡Gran cosa! ¿Y qué quieres que haga? ¿Se te

antoja una fiesta? ¿Quieres que compre un pastel y te cante el feliz cumpleaños?» La primera mujer contestó: «¿Qué te pasa? ¿Por qué te pones tan a la
defensiva? ¿Por qué me tienes que hacer sentir mal? Solo estoy diciendo que
es mi cumpleaños, no es que quiera recibir algo de tu parte. Al fin y al cabo,
¿por qué debería tener una fiesta de cumpleaños? Nunca he tenido una fiesta
de cumpleaños en toda mi vida, ¿por qué tendría una ahora?»

Cuando se fueron, Tony tuvo una idea. Le preguntó al dueño de la tienda
si Inés venía todas las noches, y cuando le dijo que sí, Tony lo invitó a
conspirar con él para hacer una fiesta sorpresa. Hasta la esposa del dueño
participó en el plan. Entre todos se pusieron de acuerdo para traer pastel,
velas y decoraciones para celebrar el cumpleaños de Inés, quien era una
completa extraña para Tony. La noche siguiente cuando ella entró, los
planeadores de la fiesta gritaron «¡Sorpresa!» e Inés no podía creer lo que
veían sus ojos. Los dueños de la tienda le cantaron «Cumpleaños feliz» y ella
empezó a llorar tan duro que casi no pudo apagar las velas. Cuando llegó el
momento de partir el pastel ella preguntó si podía llevárselo entero a su casa,
solo para conservarlo un rato y disfrutar el recuerdo. Luego se fue con su
pastel como si fuera un tesoro.

Tony dirigió a los invitados en una oración por Inés, después de lo cual
el dueño de la tienda le dijo a Tony que no se había dado cuenta de que
Tony era un predicador. Le preguntó de qué iglesia venía y Tony contestó:
«Pertenezco a una iglesia que celebra fiestas de cumpleaños para prostitutas
a las 3:30 de la madrugada». El dueño de la tienda no lo podía creer. «No,
no puede ser, no existe ninguna iglesia que haga eso. Si hubiera una, a esa
iría yo. Sí, me volvería miembro de una iglesia como esa». Tristemente, son
*muy pocas* las iglesias como esa, pero si más y más de nosotros entendemos
el mensaje secreto de Jesús, habrá muchas más.

5. *La red de Dios.* Una metáfora nueva y prometedora opera bajo la noción
de una red o sistema de trabajo. Dios está invitando gente a unirse a una red
generadora de vida. En primer lugar, Dios quiere que la gente esté conectada
o enchufada a él y en comunicación abierta con él para que él pueda trans-
ferirles todo lo que necesitan, no solamente información, sino también para
instalar programas que contrarrestan virus informáticos y actualizaciones de
amor, esperanza, capacitación, propósito y sabiduría. Además, cada persona
que esté conectada con Dios de esta manera debe conectarse integralmente

con los demás miembros de la red. De este modo, la red de Dios rompe las barreras de las redes exclusivas más pequeñas (como las redes internas de racismo, nacionalismo y demás), y les invita a conectarse a la única red mundial verdadera de amor. La red intercambia información y aumenta el entendimiento entre todos los participantes. La red también se convierte en un recurso disponible a personas que estén fuera de ella y por supuesto, todos serán siempre invitados a conectarse directamente.

La metáfora de un ecosistema podría funcionar de modo similar: Actualmente vivimos en un ecosistema desequilibrado y auto-destructivo, pero Dios nos invita a vivir en una nueva red de relaciones que producirá equilibrio, armonía y salud para todos. La metáfora de una comunidad funciona con la misma premisa, y me hace pensar en el teólogo Stanley Grenz quien habla en términos de *la comunidad de Dios*, o en frases predilectas del Dr. King como *la comunidad amada o la red ineludible de la mutualidad*.[2]

6. *La danza de Dios*. En la iglesia primitiva, una de las imágenes más poderosas de la Trinidad era la representación gráfica de su coexistencia mutua. El Padre, el Hijo y el Espíritu viven en una danza eterna y gozosa de amor y honor, ritmo y armonía, gracia y belleza, en un dar y recibir eternos. El universo fue creado para ser una expresión y una extensión de la danza de Dios, de tal modo que todas las criaturas participen en su gozo dinámico de movimiento, amor, vitalidad, armonía y celebración. Desde un principio, cada faceta de la creación tuvo su papel en la danza: Electrones, protones y neutrones, luz, gravedad y movimiento, galaxias, soles y planetas, agua, nieve, hielo y vapor, invierno, primavera, verano y otoño, plantas y animales, hombres y mujeres, naciones, tribus, clanes, familias e individuos, arte, deporte, empresa, gobierno, ciencia y agricultura. Pero nosotros los humanos perdimos el ritmo de la danza. Pisamos los pies de los demás bailarines, ignoramos el compás, rechazamos la gracia y en últimas lo estropeamos todo. Sin embargo, Dios envió a Jesús al mundo para ser nuestro ejemplo a seguir, nuestro guía que nos ayudó a recuperar el ritmo de la música de amor de Dios. Desde entonces, la gente ha sido atraída por la belleza de sus pasos y han vuelto a unirse a la danza divina.[3]

Existen muchas otras metáforas viables que podríamos explorar. Por ejemplo, podríamos hablar sobre la tribu inclusiva de Dios: En un mundo cada vez más tribal que se ve amenazado por las guerras entre tribus y el genocidio,

Dios está creando una tribu que rompe todas las barreras y acoge, aprecia y vincula a todas las tribus existentes. Esta tribu inclusiva no es un grupo interno que convierte a las demás tribus en grupos externos. Más bien, es un grupo que acepta abiertamente a todos los grupos y procura que todas las tribus mantengan su identidad y tradición únicas al mismo tiempo que las invita a integrarse a una tribu de tribus donde todos viven juntos en una atmósfera de respeto mutuo, armonía y amor, porque Dios es el jefe universal de la tribu y él es quien creó y ama a todas las tribus por igual.

También se podría hablar sobre la película de Dios que invita a la gente a convertirse en los personajes buenos, o la escuela de Dios que invita a la gente a inscribirse como estudiantes que luego son ascendidos a profesores estudiantes y después maestros, o el gremio de Dios que invita a la gente a aprender el arte milenario de vivir del Maestro. Podríamos imaginar la sinfonía o el coro de Dios, en el que todos podemos tocar o cantar nuestras partes únicas con nuestras voces únicas. Podríamos considerar el equipo de Dios que nos invita a entrenar para la copa universo, o la amistad de Dios, la mesa de Dios, la invasión de Dios, la contrainsurgencia de Dios, o las demás posibilidades que no se me han ocurrido pero tal vez a usted sí, esas imágenes de darle cabida a más y más personas para acceder a una relación interactiva con Dios y toda la creación.

En cierto sentido, el uso creativo que Jesús hizo de las parábolas es nuestro ejemplo a seguir. Nos inspira a una comunicación creativa continua que se esfuerza en promover el reino a través del simbolismo de las palabras, tal como él lo hizo con el formato de ficción de la parábola, y como también es posible con la poesía, la historia corta, la novela o el ensayo. Pero no se detiene con el simbolismo de las palabras. Hay personas que han sido inspiradas a expresar el reino mediante los símbolos de espacio y forma, color y textura, plasmados en la arquitectura y el diseño interior. Han empleado el simbolismo del movimiento y el gesto en la danza y el drama. Han usado los lenguajes visuales de la pintura, la escultura, el collage, los arreglos florales y la jardinería. Hasta el lenguaje simbólico del gusto puede expresar el reino a través de la culinaria. Pensándolo bien, podríamos decir que el reino de Dios es como una colonia artística donde...

CAPÍTULO 17

# EL REINO PACÍFICO

*... el reino de los cielos sufre violencia, y los violentos lo arrebatan.*
— MATEO 11.12

Al pensar en el lenguaje del mensaje secreto de Jesús, debemos reconocer que en estos días a muchas personas les aterroriza combinar un término político como reino con un término religioso como Dios. Nos vienen a la mente los peligrosos cócteles religioso-políticos de cruzada y yihad, colonialismo y terrorismo, inquisición y fatwa, manifestados en términos descabellados como *guerra santa y violencia redentora*. Estos cócteles aturdidores sacan a flote las inhibiciones más tenebrosas de la humanidad, de tal modo que quienes los ingieren buscan la victoria en sus propios términos y requieren de los demás sometimiento, acatamiento, silencio o la muerte. Además, respaldan su arrogancia ebria en la búsqueda del poder con la confianza absoluta e incuestionable de que tienen a Dios de su lado.

En cambio, el reino que Jesús representa no ejerce su poder con violencia redentora, sino con amor valiente que se entrega, y su meta no es la victoria en sus propios términos, sino la paz en los términos de Dios. Esa paz, ese *shalom*, significa mucho más que poner fin al conflicto. Corresponde a una

vida equilibrada e integrada que se vive a plenitud y al máximo, es decir, «la
vida abundante». Jesús habla en muchas ocasiones sobre esta manera radicalmente diferente de ejercer el poder que trasciende los patrones de
dominio en las áreas de religión, familia, educación y gobierno (Mateo 23.1-
12; Lucas 22.24-27; Juan 13.1-15), y ve grandeza en el servicio, no en el
dominio. A la luz de este uso radicalmente novedoso del poder, tenemos que
preguntarnos qué dice el mensaje secreto de Jesús sobre la violencia y la
guerra. El tema es tan complejo y terriblemente importante que por lo
menos hay que tratarlo en un capítulo de este libro.[1]

Es interesante que al precursor de Jesús, Juan el Bautista, quien por así
decirlo fue su telonero, le hicieron una pregunta muy relevante sobre esta
cuestión de la guerra. Juan llamó a la gente a repensar radicalmente su vida
(arrepentimiento) y les dijo que debían producir fruto que se alineara con
ese arrepentimiento (Lucas 3.8). La gente quería saber qué tipo de fruto
tenía en mente y él contestó: «El que tiene dos túnicas, dé al que no tiene;
y el que tiene qué comer, haga lo mismo» (v. 11). Después vinieron unos
soldados y preguntaron qué debían hacer específicamente.

Si suponemos que se trataba de judíos que trabajaban para el ejército
ocupador romano, su pregunta es bastante inquietante. Juan podría haberles
dicho que desertaran y que no trabajaran para esos romanos violentos, que
más bien se volvieran pacifistas. Su respuesta es enérgica pero no es lo que
podríamos esperar: «No hagáis extorsión a nadie, ni calumniéis; y conten-
taos con vuestro salario» (v. 14). En otras palabras, les dice: «Ser soldados
les confiere un poder extraordinario. No abusen de ese poder para extor-
sionar a la gente ni lanzar falsas acusaciones». A lo largo de la historia del
cristianismo, la mayoría de los cristianos han optado por aplicar un principio
similar en lo referente a la guerra. No es que los cristianos deban ser pacifistas, afirman ellos, sino que no deberíamos abusar del poder, incluido el
poder de las armas. Es posible que nos toque ir a la guerra, pero deberíamos
ser justos y controlados en nuestra conducta bélica.

Sin embargo, otros no se sienten satisfechos con este principio porque
han considerado el manifiesto del reino de Jesús, y para ellos es imposible
que una persona ponga en práctica las enseñanzas de Jesús y participe simul-
táneamente en la guerra. Los líderes en la iglesia primitiva siguieron este

mismo principio. Lee Camp resume su postura aludiendo a Tertuliano (nacido alrededor de 160 A.D.), un antiguo líder cristiano:

> Confesar «Jesús es Señor» significa tomar muy en serio a Jesús como Señor, como la autoridad para el creyente: César nos manda matar a nuestros enemigos y Jesús nos manda amarlos. César usa torturas y cadenas mientras Jesús nos llama al perdón y la santidad. Tertuliano preguntó entonces:
>
>> ¿Se considerará legítimo hacer una ocupación por la espada, cuando el Señor proclama que quien la use también perecerá por ella? ¿Participará el hijo de paz en la batalla cuando ni siquiera le conviene entablar demandas legales? ¿Acaso aplicará la cadena, la prisión, la tortura y el castigo aquel que ni siquiera es vengador de sus propias ofensas?[2]

Esta postura es muy encomiable. Los apóstoles de Jesús no hicieron un solo llamado a la reacción violenta. Más bien, urgen a sus seguidores a sufrir, perdonar y confiar en Dios sin importar el resultado, en lugar de tomar los asuntos en sus propias manos. Es cierto que hablan de guerra y combate, pero sin el uso de armas convencionales. Considere estas palabras de Pablo, quien antes había sido un hombre violento que no vacilaba en emplear la violencia en el servicio de Dios, conforme a su previo entendimiento de Dios. Pablo afirma su autoridad, no basado en la fuerza de la retórica, el poder de la posición o la coerción de las armas:

> Yo Pablo os ruego por la mansedumbre y ternura de Cristo, yo que estando presente ciertamente soy humilde entre vosotros, mas ausente soy osado para con vosotros; ruego, pues, que cuando esté presente, no tenga que usar de aquella osadía con que estoy dispuesto a proceder resueltamente contra algunos que nos tienen como si anduviésemos según la carne. Pues aunque andamos en la carne, no militamos según la carne; porque las armas de nuestra milicia no son carnales, sino poderosas en Dios para la destrucción de fortalezas, derribando argumentos y toda altivez que se levanta contra el conocimiento de Dios, y llevando cautivo todo pensamiento a la obediencia a Cristo. (2 Corintios 10.1-5)

En otro lugar, Pablo habla de un arsenal similar de armas que no son del mundo y no se utilizan para combatir «contra seres humanos» sino «contra principados, contra potestades, contra los gobernadores de las tinieblas de este siglo, contra huestes espirituales de maldad en las regiones celestes» (Efesios 6.12). Estas armas incluyen el cinturón de la verdad, la coraza de la justicia, el calzado del evangelio de la paz, el escudo de la fe, el yelmo de la salvación y la espada del Espíritu, los cuales identifica con la lógica o el mensaje (*logos*) de Dios. Bajo esta luz, la crucifixión de Cristo puede verse como un repudio radical del uso de la fuerza violenta. Como hemos visto, la cruz fue el instrumento romano de ejecución reservado especialmente para los cabecillas de rebeliones. Cualquiera que proclamara un reino rival al reino del César era candidato ideal para ser crucificado. Esto es exactamente lo que Jesús proclamó, y es exactamente lo que sufrió en medio de otros dos que seguramente habían hecho algo similar. (Es más probable que los dos hombres que por lo general se describen como ladrones hayan sido líderes o agentes de rebeliones políticas fallidas.) Como hemos visto, la *Pax Romana* era una paz que la cruz hacía posible: La gente tenía tanto miedo de la crucifixión que tendrían que pensarla muy bien antes de sublevarse contra el emperador.

Teniendo esto en cuenta, resulta chocante que la iglesia haya elegido la cruz como uno de sus símbolos principales. ¿Qué podría significar la elección de tal instrumento de tortura, dominio, temor, intimidación y muerte? Para la iglesia primitiva, aparentemente significó que el reino de Dios no triunfaría infligiendo violencia sino soportándola, no haciendo sufrir a otros sino sufriendo voluntariamente y de buena gana por causa de la justicia, sin coartar ni humillar a los demás sino soportando su humillación con dignidad benigna. (Este tema de soportar el sufrimiento es mucho más común en la enseñanza de Jesús y los apóstoles de lo que captamos la mayoría de nosotros.) Ellos consideraron que Jesús tomó el instrumento de tortura del imperio y lo transformó en el símbolo de Dios del repudio a la violencia, codificando así un credo en el que el amor y no la violencia es la fuerza más poderosa en el universo. En este sentido, no sorprende que los héroes de la iglesia primitiva no hayan sido guerreros ni soldados como los hombres de la espada que participaron en las Cruzadas, sino los mártires, hombres y mujeres con la fe y el valor para enfrentarse a leones, hachas, cruces, cadenas, látigos y fuego como testimonio de su lealtad, no a los estándares de este mundo sino a los estándares del reino de Dios. Como Jesús, prefirieron sufrir violencia en lugar de infligirla. Como Jesús, mostraron que las amenazas de violencia no podían comprar su silencio y que los instrumentos del temor no podían acobardarlos.

Esta orientación cambió rápidamente cuando el emperador romano Constantino afirmó haberse convertido al cristianismo a comienzos del siglo IV. La fe cristiana había pasado de ser una religión desconocida a una religión tolerada, y luego pasó de ser una religión favorecida a convertirse en la religión oficial del imperio romano. Gradualmente, los cristianos se sintieron protegidos por las espadas romanas, no amenazados por ellas. Se volvió cada vez más difícil criticar o desconfiar de algo que contribuía a su propio sentido de bienestar y seguridad. Esto es difícil de entender, pero es la verdad y debemos aceptarlo: La iglesia misma llegó a utilizar la espada para forzar conversiones masivas y ejecutar herejes. De hecho, algunas de las torturas más crueles en la historia de la inhumanidad fueron empleadas en aquellos que fueron rotulados como herejes. En este sentido, todos deberíamos preguntarnos si acaso los torturadores fueron mayores herejes por su creencia en la tortura.

Es una pesadilla tener que considerar lo siguiente: Que el lenguaje mismo de «reino de Dios» sería apropiado más tarde por líderes del decadente régimen romano y sus sucesores a fin de legitimar su uso de la violencia en el nombre de Jesucristo. Provoca náusea literal pensar en el hecho de que el símbolo mismo de la cruz pudo ser usado por cristianos tal como fue usado por los romanos, pintado en sus escudos como para decir: «¡Ténganos miedo y vivirán! ¡Opónganos resistencia y los mataremos!» Pero esta pesadilla repugnante sí sucedió y ha continuado durante siglos, desde las cruzadas hasta las cacerías de brujas, desde las hogueras para herejes hasta las cruces de fuego del Ku Klux Klan. También continúa hasta el día de hoy en múltiples maneras sutiles que muchos de nosotros pasamos por alto.

En diez mil maneras que nos parten el corazón, el mensaje secreto de Cristo ha sido escarnecido por la conducta de quienes portamos su nombre. Es por eso que debemos hacernos las preguntas difíciles: ¿Acaso el mensaje

del reino de Dios precipitó más guerras religiosas, o en realidad debió entenderse como una alternativa no violenta a la guerra misma? ¿Fue otro movimiento violento o un movimiento en contra de la violencia misma? Martin
Luther King Jr. pareció entender cuánto estaba en la balanza, como lo deja
en claro la siguiente cita:

> Con violencia puedes matar al homicida, pero no puedes
>     matar el homicidio.
> Con violencia puedes matar al mentiroso, pero no puedes
>     establecer la verdad.
> Con violencia puedes matar al que aborrece, pero no puedes
>     matar el odio.
> La oscuridad no puede disipar las tinieblas. Sólo la luz puede hacerlo.[3]

Los cristianos desarrollaron la «teoría de la guerra justa» en un esfuerzo
por entender el mensaje secreto de Jesús en la era posterior a Constantino.
Por ejemplo, San Agustín pensó que los cristianos no podían irse a las armas
para defenderse a sí mismos, pero ¿no deberían hacerlo para proteger a su
prójimo? ¿No sería irresponsable abstenerse de ello?

Esta teoría contemplaba siete criterios para definir una «guerra justa»:
Causa justa para la guerra, una autoridad legítima que declara la guerra, una
declaración formal de guerra, la meta única de restablecer la paz, recurrir a
la guerra como última alternativa, una esperanza razonable de éxito y
medios proporcionales a los fines. La teoría también incluía tres condiciones
para la prosecución de cualquier guerra que reuniera los siete requisitos: No
se deben tratar las personas no combatientes como un blanco, los prisio-
neros no deben ser tratados con crueldad, y deben respetarse los tratados y
las convenciones internacionales. De este modo, la teoría de la guerra justa
buscó establecer un balance entre exigencias contrapuestas: Compromiso a
la no violencia siguiendo el ejemplo de Jesús y responsabilidad de proteger
a los semejantes de la violencia siguiendo las enseñanzas de Jesús.

Sin importar cómo optemos por resolver estas exigencias contrapuestas,
quedan tres cosas muy claras. En primer lugar, aquellos que se comprometen
a la no violencia basados en las enseñanzas de Jesús, si ahora están equivo-

cados, algún día tendrán la razón. Si el sueño de Dios va a hacerse realidad para el planeta Tierra, llegará un día en que los humanos «ni se adiestrarán más para la guerra» (Isaías 2.4). Si estamos en desacuerdo con las personas que mantienen actualmente un compromiso con la no violencia, al menos deberíamos apreciar su perspectiva, del mismo modo que apreciamos históricamente a los primeros abolicionistas, quienes creyeron que la esclavitud tenía los días contados mientras sus contemporáneos daban por sentado que siempre tendríamos esclavos entre nosotros. En lugar de decir que están equivocados, deberíamos decir que se han adelantado a nuestro tiempo, y la culpa no la tienen ellos sino más bien nuestro tiempo.

En segundo lugar, en tiempos de conflicto, cada vez que nos sintamos tentados a rotular a alguien como «enemigo» o «malo», debemos recordar las palabras culminantes de Jesús en su manifiesto del reino, que debemos amar a nuestros enemigos. No deben ser amados porque tenga sentido ni porque sea una buena estrategia para mantener la seguridad, sino porque Dios bendice con la lluvia a buenos y malos por igual, y porque debemos imitar a nuestro Rey y no a los reyes de este mundo como ciudadanos en el reino de Dios. Nuestro amor debe elevarse por encima de los niveles convencionales (amar a los amigos, odiar a los enemigos) a fin de imitar el amor de Dios que cruza todas las fronteras y es expansivo, misericordioso y compasivo. De otro modo, nos limitaremos a seguir «la justicia de los maestros de la ley y los fariseos», y en ese caso lo más sensato sería al menos *admitirlo de una vez por todas*.

En tercer lugar, como dijo uno de los apóstoles de Jesús, necesitamos entender que tanto nuestros enemigos como nosotros tenemos un enemigo común: La misma oscuridad interna a que alude el mensaje secreto de Jesús, aquellos impulsos tenebrosos de lujuria, avaricia, enojo y odio que nos arrastran hacia el conflicto y la guerra (los cuales son identificados en el manifiesto del reino y se reiteran en Santiago 4.1-3). En este sentido, no podemos contentarnos con mostrar la astilla en el ojo de nuestro hermano. En obediencia al manifiesto del reino de Jesús, debemos admitir que eso mismo también distorsiona nuestra propia visión. Cada nación en estado de guerra se enfoca en la maldad de su enemigo, y son muy pocos los que resisten la tentación de minimizar su propia culpabilidad y maldad. Todavía menos están dispuestos a reconocer que los mismos males operan tanto en «ellos» como en «nosotros», que por ende constituyen un enemigo común y universal y que este es precisamente el enemigo universal que combate el reino de Dios con sus armas que «no son de este mundo».

Puesto que el mensaje secreto de Jesús lidia así con las causas de raíz de la guerra, no promete el método más fácil, rápido, seguro y conveniente para poner fin al conflicto violento, pero yo creo que ofrece el único método infalible. Quizás hoy sean tan pocas las personas dispuestas a creer y practicar este mensaje como cuando fue proclamado por primera vez. Existen bastantes válvulas de escape populares para quienes no quieran llegar tan lejos, pero tal vez después de haber intentado esas alternativas durante dos milenios estemos listos para considerar que Jesús pudo haber tenido más razón y haber sido más práctico y sabio de lo que jamás hemos reconocido, y que su mensaje secreto realmente implica lo que dice acerca de amar (no matar) a los enemigos.

Todos podemos estar de acuerdo en que la llamada teoría de la guerra justa es mejor que la teoría de la guerra injusta, pero debemos preguntarnos si acaso existe algo todavía mejor. Después de todo, es cierto que nunca ha habido una sola «guerra justa» que no haya creado consecuencias injustas para miles o hasta millones de personas. También es cierto que nunca se ha dado el caso de una guerra planeada que fuera cancelada porque no reunió todos los requisitos de la teoría. En ese caso, quizás debería dejar de llamarse «teoría de la guerra justa» sino más bien, como lo ha recomendado Walter Wink, «teoría de reducción preliminar de la violencia».

Quizás estemos de acuerdo en que la «teoría de reducción preliminar de la violencia» no es la meta máxima del reino. Así sea una mejor alternativa a la violencia desenfrenada, tarde o temprano debe ceder paso a la mejor alternativa de todos, que es el enfoque del mensaje secreto de Jesús. Cuando Jesús dijo «Bienaventurados los que trabajan por la paz», cuando habló de dar la otra mejilla, recorrer el segundo kilómetro y dar con generosidad, nos estaba diciendo que *trabajar activamente por la paz* es el mejor camino a seguir, es el camino del reino.

Escuche nuevamente al Dr. King:

La paz no es meramente una meta distante que buscamos, sino un medio por el cual llegamos a la meta... No vamos a construir un mundo pacífico siguiendo un sendero negativo. No es suficiente decir «no debemos librar guerras». Es necesario amar la paz y sacrificarse por ella. Debemos concentrarnos no sólo en la expulsión negativa de la guerra sino en la afirmación positiva de la paz... Debemos ver que la paz representa una música más sublime, una melodía cósmica superior en infinita medida a los rumores discordantes de la guerra.

De algún modo, debemos transformar la dinámica de la lucha mundial por el poder, de la negativa carrera nuclear armamentista que nadie puede ganar, a un concurso positivo de utilización del genio creativo de la humanidad para el fin de hacer una realidad la paz y la prosperidad para todas las naciones del mundo. En breve, debemos cambiar la carrera armamentista por una «carrera pacifista». Si tenemos voluntad y determinación para montar tal ofensiva de la paz, podremos abrir las puertas de la esperanza que se han mantenido firmemente selladas hasta ahora, y una nueva luz brillará en los oscuros aposentos del pesimismo.[4]

Me niego a aceptar la postura de que la humanidad está ligada tan trágicamente a la medianoche sin estrellas del racismo y la guerra, que la brillante aurora de la paz y la hermandad nunca podrá ser una realidad. Yo creo que la verdad desarmada y el amor incondicional tendrán la última palabra.[5]

Para mí, estas palabras del Dr. King hacen eco de la «verdad desarmada» del mensaje secreto de Jesús, muchísimo más que las palabras de aquellos que dicen que el mensaje de Jesús no es relevante, o al menos no por ahora.

Escribo durante un tiempo de guerra, y es imposible tratar este tema como lo he hecho sin que la gente se pregunte si este punto de vista deshonra a los soldados y sus familias que han hecho sacrificios tan grandes de los cuales derivamos beneficios concretos. No cabe duda que es fácil irse a uno de dos extremos, tratando todo el aspecto militar como el villano del paseo o encumbrándolo como la panacea. Me permito sugerir que el mensaje secreto de Jesús nos llama a una tercera alternativa mucho más difícil. En primer lugar, debemos afirmar que el reino de Dios nunca avanza *por* ni *mediante* la guerra o la violencia. Sí, los reinos de este mundo casi siempre avanzan de tal modo, al menos temporalmente (aunque debemos recordar las palabras de Jesús, que quienes viven por la espada también mueren por ella). Sin embargo, nunca podemos aseverar que la ira de la humanidad obra la equidad o la justicia de Dios, como dijo Santiago (1.20), ni que la violencia de la humanidad establece el reino de Dios.

En segundo lugar, debemos añadir lo siguiente: Aunque el reino no avanza por medios violentos, sí puede avanzar *durante tiempos* o *episodios* de violencia. Allí donde ocurre la violencia, deberíamos esperar que el amor de Dios se concentre como los anticuerpos que se agolpan para rodear un agente patógeno, a fin de traer sanidad. Tal vez podamos extender más allá la metáfora: Es posible que cada vez que la enfermedad de la violencia nos infecta, el reino de Dios entra en acción para crear inmunidad contra la próxima infección.

Por esa razón creo que nos va mejor mientras haya personas que tengan una visión del reino de Dios prestando el servicio militar, que si no las hubiera. Trátese de capellanes, técnicos, estrategas, comandantes o soldados, *ellos saben* que existe un estándar superior a los intereses nacionales inmediatos, y procuran vivir conforme a ese criterio superior así ello les requiera mayor coraje y sacrificio. Algunos pueden olvidar que el enemigo es amado por Dios y de hecho es su semejante y su prójimo, pero los que tienen una visión del reino de Dios no pueden olvidarlo.

Por supuesto, este conocimiento no les hará más fácil la vida. Habrá ocasiones y situaciones en que los agentes del reino no podrán servir o acatar órdenes como otros podrían, ya que su conciencia informada por el mensaje secreto de Dios se los prohibirá.[6] Hasta en sus mejores momentos, los agentes del reino enfrentarán dificultades y retos únicos como nos sucede a todos, bien sea que nos desenvolvamos en el mundo de los negocios, el gobierno, las artes, la ciencia, los oficios e incluso en el ministerio. Habrá negocios que no podrán cerrarse o productos que no deberán fabricarse, venderse o publicitarse, o libretos de películas en los que no valdrá la pena desempeñarse como actor, productor o director, o campañas de las que tendrán que salirse las personas con conciencia de reino. Por otro lado, habrá iniciativas por la paz y la justicia en que la gente del reino deberá participar activamente sin importar el costo.

Yo creo que esta perspectiva cobra mayor importancia y es más necesaria si reconocemos que la creación de armas nucleares, biológicas y químicas en el siglo veinte pone totalmente en entredicho la teoría de la guerra justa. ¿Acaso pueden cumplirse los criterios de la guerra justa cuando casi cualquier conflicto puede salirse de control y llevar a una hecatombe nuclear o la propagación de una enfermedad incontrolable, o la dispersión de nubes de gases mortíferos que acaban todas las formas de vida con las que entran en contacto? Nunca antes de la era moderna actual han estado los seres humanos en capacidad de aniquilar la vida en todo el planeta. Ese poder nuevo, con su susceptibilidad inimaginable a ser abusado, es razón suficiente para que reconsideremos si ya llegó la hora, a la luz del mensaje secreto de Jesús, de ir más allá de la teoría de reducción preliminar de la violencia como nuestro estándar más alto, y más bien le apuntamos a un método mucho mejor: El método de trabajar activa, vigorosa, entusiasta, esperanzada y apasionadamente por la paz, haciendo «esfuerzos sostenidos y concertados para institucionalizar los medios de prevención de la guerra».[7]

Creo que ha llegado el tiempo de que la gente que deposita su confianza en Jesús y su mensaje tomen la delantera en imaginar lo que podría suceder, digamos dentro de diez, veinte o cien años, si se destinaran porcentajes cada vez mayores de nuestros presupuestos a mantener la paz no por medio de las armas, sino tratando activamente las causas subyacentes del conflicto, causas como injusticia, falta de compasión, racismo, corrupción, falta de una prensa libre y ética, y pobreza, así como el temor, el odio, la avaricia, la ignorancia y la lujuria que son su combustible. Sea como sea, el costo será alto, solo es cuestión de decidir cuál preferiríamos pagar.

Si la gente cree que las guerras son necesarias y se justifican, entonces seguirán las guerras. Si la gente cree en la violencia redentora, proliferará la violencia arbitraria. En cambio, si creen el mensaje secreto de Jesús, creerán que existen alternativas creativas a la guerra y la violencia, y por la gracia de Dios el resultado posible será que ocurran cada vez menos guerras y que se reduzca la violencia. Algún día, por la gracia de Dios, quizás a la guerra le pasará lo mismo que a la esclavitud y el colonialismo, de tal modo que podamos decir que el reino de Dios ha venido de manera más completa.[8]

Entretanto, las palabras de Juan el Bautista deberían ser acatadas por todos los que ocupan posiciones de poder: «Haced, pues, frutos dignos de arrepentimiento» (Lucas 3.8). Los soldados, policías, estrategas militares, fabricantes de armas y los contribuyentes que con sus impuestos pagan sus salarios, tal vez se pregunten: «¿Y qué de nosotros? ¿Qué deberíamos hacer?» Los periodistas, los directores de noticieros, y los demás corresponsales, presentadores y entrevistadores de televisión y radio, se unirían a ellos: «¿Y nosotros qué? ¿Deberíamos hacer algo?»

Juan el Bautista respondería, creo yo, tal como lo hizo en los meses que antecedieron la aparición pública de Jesús: «No abusen de su poder y escuchen atentamente a aquel cuyo camino fui enviado a preparar. Él va a quitar el pecado del mundo».

Bien sea que en la actualidad seamos pacifistas o que apoyemos la teoría de reducción preliminar de la violencia, cada vez que decimos «venga tu reino, hágase tu voluntad en la tierra como en el cielo», estamos pidiendo que terminen la guerra y la violencia, y que venga la paz o shalom de Dios. Esto en sí mismo es un acto de trabajar activamente por la paz, ya que procuramos alinear nuestras voluntades con la voluntad de Dios y nuestros sueños con el sueño de Dios.

CAPÍTULO 18

# LAS FRONTERAS DEL REINO

*Mas ¡ay de vosotros, escribas y fariseos, hipócritas! porque cerráis el reino
de los cielos delante de los hombres; pues ni entráis vosotros, ni dejáis
entrar a los que están entrando.*
— MATEO 23.13

Tras empezar mi exploración del mensaje secreto de Jesús, fue claro para mí que la actitud exclusivista de los fariseos y los eruditos religiosos enfadó a Jesús. Por su parte, a él le encantaba comparar el reino de Dios a una fiesta de maneras que también los enfurecían. Él demostraba la frontera abierta del reino de Dios siendo anfitrión o participante activo en fiestas donde hasta los pecadores y excluidos más notorios eran bienvenidos.

Jesús fue criticado con frecuencia por su «compañerismo de mesa» con pecadores públicamente reconocidos como tales. Sus críticos daban por sentado que la aceptación de estas personas por parte de Jesús implicaba su aprobación y respaldo de sus conductas vergonzosas, pero ellos lo malinterpretaron: Jesús quería ayudarles a experimentar transformación. El rechazo endurece a las personas, mientras que la aceptación hace posible la transformación. Al aceptar y recibir a esas personas en su presencia, tal como eran y con todos sus problemas e imperfecciones, Jesús les pudo exponer a su ejemplo y a su mensaje secreto. De este modo, estuvo en capacidad de retarles a pensar (y repensar), así como a considerar la posibilidad de convertirse en parte del reino de Dios para que pudieran experimentar y participar en la transformación que fluye como resultado de estar en una relación interactiva con Dios y los demás.[1]

Por otro lado, su aceptación amplia de la gente parece entrar en tensión con algunas de sus declaraciones que tienen cierto tono exclusivo. «A vosotros os es dado saber el misterio del reino de Dios; mas a los que están fuera, por parábolas todas las cosas» (Marcos 4.11). Esto nos hace preguntar, ¿será que el reino de Dios incluye a todas las personas o deja a algunos por fuera?

Por supuesto, el tono predominante del mensaje de Jesús es de inclusión, una inclusión chocante y escandalosa: *El reino de Dios está disponible para todos, empezando por los más pequeños.*[2] Sin embargo, Jesús hace advertencias frecuentes sobre la posibilidad de perderse el reino. Él dijo: «De cierto os digo, que si no os volvéis y os hacéis como niños, no entraréis en el reino de los cielos» (véase Mateo 18.3). Así que la posibilidad es real: El reino de Dios que está disponible para todos, podrían perdérselo algunos.

Esta inquietud tiene una relevancia especial en estos días cuando la religión cristiana es percibida como un movimiento divisivo, enjuiciador, rencoroso y exclusivista, casi todo lo opuesto a un reino de paz disponible a todos, empezando por los menos valorados. ¿Cómo pueden algunos interpretar el mensaje de Jesús como exclusivo mientras otros lo ven como el mensaje más radicalmente inclusivo en la historia humana? ¿Cuál es la verdad del mensaje de Jesús? ¿Acaso es, como la mayoría de mensajes religiosos, una línea divisoria entre los de adentro y los de afuera, una declaración de identidad que pone a unos en contra de otros, un mensaje de condenación y exclusión? ¿O es realmente un mensaje acogedor y con noticias buenas para toda la gente? ¿Acaso puede existir un reino sin fronteras, sin distinciones de dentro y fuera? Antes de dar una respuesta afirmativa, hágase la siguiente pregunta: ¿Nos dice el reino de Dios «ustedes tienen obligación de entrar, quiéranlo o no; no tienen escapatoria, van a ser asimilados»? Eso no suena mucho a libertad, suena a conquista.

A continuación, voy a imitar el método de Jesús y contar una parábola.

Había una vez un criador de ovejas. Tenía una cerca alta alrededor de su propiedad para proteger sus ovejas de los lobos. Cierto día un borrego joven dijo: «¿Por qué tenemos que ser tan exclusivos? Todos saben que las ovejas somos criaturas mansas, pero poner esta cerca a nuestro alrededor nos hace ver como elitistas melindrosos». Así fue como empezaron a embestir contra unos postes de la cerca hasta que cedieron y se abrió un boquete en la cerca.

Al rato pasó por ahí una manada de lobos y el líder de ellos dijo: «Seríamos tontos si atacamos ahora y empezamos a comernos las ovejas a plena luz del día, porque las ovejas entrarían en pánico y la cerca sería reconstruida. Más bien convivamos con ellas y aparentemos ser sus amigos, y así podremos comer durante muchos años». Luego se acercó al líder de las ovejas y le dijo: «Hemos visto su gesto de buena voluntad, y nos gustaría vivir entre ustedes en paz». A las ovejas les gustó la idea, ¡su estrategia de paz y convivencia les había funcionado! Día tras día, lobos y ovejas yacían juntos bajo el sol y disfrutaban los verdes pastos. Hasta los lobos comían pasto para asegurarles a las ovejas que no constituían ninguna amenaza para ellas.

Pero cada noche, los lobos encontraban una oveja que se había distanciado del rebaño y tenían un banquete. A la mañana siguiente, cuando las ovejas se daban cuenta de que faltaba una de ellas, los lobos fingían desconcierto y las acompañaban en una búsqueda fútil de los forajidos. Cuando las ovejas por fin se percataron de que habían sido engañadas, le pidieron al criador que reconstruyera la cerca y se volvieron más desconfiadas que nunca hacia todos los que estuvieran al otro lado de la cerca.

Es evidente: El enjuiciamiento y el exclusivismo que se asocian frecuentemente con la religión son un problema terrible en nuestro mundo, pero también es cierto que el adagio idealista «todos están adentro, todos están bien, todos son familia» tampoco soluciona todos los problemas, sino que también crea unos nuevos.

Así es como llegamos a la conclusión de que no solo hay un tipo de problemas sino dos: Peligros de exclusión hostil y peligros de inclusión ingenua. No se puede resolver un problema optando simplemente por lo opuesto, tiene que existir una tercera alternativa que sea diferente a la inclusión permisiva e ingenua y la exclusión hostil y desconfiada. ¿Cómo maneja el mensaje secreto de Jesús este problema doble?

Hemos visto en el mensaje secreto de Jesús que el reino de Dios extiende una invitación escandalosamente abierta. Como hemos visto, no empieza por los más grandes, los «justos», los sanos, los ricos, los agresivos ni los sabios. Empieza con los más pequeños, los últimos, los pecadores, los enfermos, los pobres, los mansos y los niños. La entrada no se basa en el mérito, el logro ni la superioridad, sino que requiere humildad para pensar de nuevo, para ser enseñados como niños y para recibir el perdón y la gracia reconciliadora de Dios como un niño que huye del hogar y vuelve a casa para ser bienvenido nuevamente con alegría.

Volviendo a nuestra parábola, necesitamos una tercera opción. No sirve poner otra cerca alta que excluya a todo el mundo ni tampoco quitar la cerca. Lo que necesitamos es un requisito, que todos los que deseen entrar hayan tenido un verdadero cambio de corazón, que no se comporten como intrusos que de antemano quieran salirse con las suyas, sino que honestamente quieran aprender una nueva manera de pensar, sentir, vivir y pacer en «las praderas de Dios». Quizás sea por eso que el bautismo como ritual de lavado que indica el arrepentimiento y el deseo de empezar de nuevo, fuera tan importante para el predecesor de Jesús, Juan el Bautista, así como para Jesús y sus discípulos y para los apóstoles que les siguieron. Era importante llamar a las personas a un cambio de corazón y darles una manera dramática de manifestarlo en público diciendo: «Sí, este cambio de corazón ha ocurrido dentro de mí, y estoy dispuesto a identificarme públicamente como una persona que ha cambiado de dirección y está en un nuevo sendero». Por otro lado, es posible que el ritual cristiano de la eucaristía cumpliera una función similar, como una reiteración del compromiso en que la gente decía, por medio de congregarse alrededor de una mesa y participar del pan y el vino, que continuaban la tradición de Jesús de reunirse en una comunidad inclusiva. «Todavía pertenezco, aún sigo adentro», es lo que decían; «mi corazón sigue empeñado en esta misión y sueño, mi compromiso sigue siendo firme».

Sometamos a prueba esta idea comparándola con otras áreas de la vida. Si el reino de Dios fuera una sinfonía, daría la bienvenida a cualquiera que tuviera el deseo de aprender a tocar la música producida con todos los instrumentos, desde la tuba hasta la flauta, desde los violines hasta la percusión. Aceptaría tanto principiantes como maestros de música y los ubicaría estratégica y sabiamente para que los novatos pudieran aprender de sus mentores. Por otro lado, no daría la bienvenida a gente que detestara la música o que solamente quisiera gritar y hacer ruido e interrumpir los ensayos y los conciertos. Eso arruinaría la experiencia musical para todos y destruiría la sinfonía. Por supuesto, los músicos tratarían de influenciar a los aborrecedores de la música para que se volvieran amantes de la buena música, pero no podría aceptarlos como parte de la sinfonía hasta que quisieran estar allí movidos por su amor genuino a la música.

Si el reino de Dios fuera un club de fútbol, daría la bienvenida por igual a niños y adultos, hombres y mujeres, aprendices y astros, pero no podría acoger a personas que detestaran el fútbol y quisieran reemplazarlo con el boxeo de manos y patadas.

Si el reino de Dios fuera un hospital, podría aceptar a gente enferma que necesitara sanarse, a doctores y enfermeras que buscaran servir y curar a la gente, y a invitados que quisieran visitar a los enfermos, pero no podría dar la bienvenida a personas que vinieran a secuestrar bebés del pabellón de maternidad, ni a doctores de pacotilla que fingieran interesarse en los pacientes pero solamente para poder causar dolor, ni tampoco recibiría a personas que se propusieran desconectar máquinas en la unidad de cuidados intensivos.

Así pues, el reino de Dios propone una tercera alternativa que no implica exclusividad y rechazo por un lado ni inclusión insensata y auto-destructiva por otro. Más bien, consiste en la *inclusión con propósito*. En otras palabras, el reino de Dios procura incluir a todos los que quieran participar y contribuir a su propósito, pero no puede incluir a quienes se opongan a su propósito.

Una serie enigmática de declaraciones en los episodios registrados por Lucas (capítulos 9 a 11) ilustra esta idea de la inclusión con propósito. En el primer episodio (9.46-48), los discípulos de Jesús discuten torpemente entre sí cuál de ellos será considerado el más grande. Este es un caso clásico de crear fronteras para dividir un grupo exclusivo compuesto por «los más grandes» con respecto al resto de grupos que están en la periferia. Con gran dramatismo, Jesús toma a un niño, lo coloca a su lado y dice que todos los que en el nombre de Jesús reciban (o incluyan alegremente) a un niño pequeño, es decir, una persona a quien no se le perciba estatus social ni alguna grandeza en particular, también recibe a Jesús mismo y de hecho recibe a Dios. Luego añade: «El que es más pequeño entre todos vosotros, ése es el más grande» (v. 48). De este modo confunde eficazmente cualquier intento por erigir una escalera de estatus y dominio con el fin de juzgar y excluir. En últimas, ¡la escalera termina patas arriba!

Al parecer, Juan entiende de inmediato las implicaciones de lo que Jesús acaba de decir y procede a informarle que él y sus hermanos discípulos vieron hace poco a alguien que echaba demonios en el nombre de Jesús, y esta fue su reacción: «Se lo prohibimos, porque no sigue con nosotros» (v. 49). De nuevo, esta es una conducta clásica de los que quieren establecer fronteras y divisiones, propia de un grupo exclusivista. Jesús contesta: «No se lo prohibáis; porque el que no es contra nosotros, por nosotros es» (v. 50). En un lapso de contados minutos, Jesús rechaza dos veces la actitud de grupo exclusivo entre sus seguidores y los corrige, primero por haber buscado el estatus exclusivo de la grandeza y luego por oponerse a alguien que «no sigue con nosotros».

Ahora bien, ¿cómo conectamos esta actitud inclusiva de «el que no está contra ustedes está a favor de ustedes» con lo que Jesús dice dos capítulos más adelante: «El que no es conmigo, contra mí es; y el que conmigo no recoge, desparrama» (11.23)? Podríamos concluir que Jesús se contradice a no ser que veamos el contexto, y entendamos que aquí Jesús está en una situación muy diferente. Ahora está siendo acusado por sus críticos de hacer milagros mediante un poder satánico. Él responde que tal acusación es ilógica: ¿Por qué se opondría Satanás a Satanás? Luego añade: «Todo reino dividido contra sí mismo, es asolado» (11.17).

Visto en este contexto, es evidente lo que Jesús quiere dar a entender. Así como un reino satánico se arruinaría si sus súbditos se dividieran entre sí, el reino de Dios se vería afectado si sus ciudadanos trabajaran con propósitos cruzados. Si la gente rehúsa juntarse *con* Jesús en su propósito inclusivo de reunir, acoger, reconciliar y unir en el reino de Dios, lo único que lograrán será perpetuar la división, la exclusión o la *dispersión* que el reino ha venido a subsanar, y en este sentido estarán trabajando *contra* él.

Ahora podemos entender ambas declaraciones: «El que no está contra ustedes está a favor de ustedes» era un argumento en contra de la inclusión ingenua. El propósito del reino es reunir, incluir y darle la bienvenida a todos los que estén dispuestos (niños, prostitutas, recolectores de impuestos) a acceder a la reconciliación con Dios y con sus semejantes, pero si el reino incluyera a personas que rechazaran tal propósito estaría «dividido contra sí mismo» y se arruinaría. La inclusión con propósito es el mejor método, así no sea el más fácil de entender o implementar.

En muchas de sus parábolas y enseñanzas, y ciertamente en su vida diaria, es evidente que Jesús no quiere que juzguemos a la gente ni que nos consideremos superiores a ellos, tratando de separar el trigo de la cizaña y manteniéndoles a cierta distancia. No obstante, en sus invitaciones y retos reiterados a arrepentirse, a seguirlo y a aprender de su mansedumbre y humildad, él deja muy en claro que los ciudadanos del reino realmente deben tener el deseo sincero de aprender una nueva manera de vivir, y que si no calculan el costo y lo pagan en su totalidad, se quedarán por fuera. Le oímos describir claramente el costo en declaraciones como estas: «Así, pues, cualquiera de vosotros que no renuncia a todo lo que posee, no puede ser mi discípulo» (Lucas 14.33), o «Ninguno que poniendo su mano en el arado mira hacia atrás, es apto para el reino de Dios» (Lucas 9.62).

Con razón esta tercera alternativa parece paradójica: Para ser verdaderamente inclusivo, el reino tiene que excluir a la gente excluyente; para ser verdaderamente reconciliador, el reino no debe reconciliarse con los que rehúsan la reconciliación; para lograr su propósito de juntar a la gente, no debe juntar a los que desperdigan. El reino de Dios tiene un propósito, y ese propósito no es la predilección de todos por igual.

Martin Luther King Jr. aprendió lo que sucede cuando se predica un mensaje inclusivo de reconciliación. El obispo Romero aprendió lo que sucede cuando se hace un llamado a recoger en lugar de desparramar. Desmond Tutu y Nelson Mandela aprendieron qué pasa cuando uno trata de expandir las fronteras para cambiar la percepción de lo que se considera «in» y digno de respeto. Por un lado, cada vez que uno intenta expandir las fronteras y trabajar en pos de una red inclusiva de relaciones que esté centrada en Dios y la reconciliación, siempre encontrará a bastantes personas dispuestas a insultarlo, encarcelarlo, torturarlo y matarlo a uno. Ellos prefieren las fronteras rígidas y las paredes sólidas de sus dominios pequeños y restrictivos, no la inclusión con propósito del reino de Dios que llama «grandes» a los menospreciados y da la bienvenida a los excluidos.

Por otro lado, si uno trata de incluir a las personas que se oponen a su propósito inclusivo, el reino se divide contra sí mismo y quedará en las ruinas. ¿Qué hacer entonces? Si hacemos lo que Jesús hizo, aprovecharemos cualquier espacio disponible y haremos que el reino de Dios sea visible y real allí. Podría ser una barca junto a un lago o una piedra en una ladera, como también una casa en una aldea, o junto a un pozo, al lado del camino y hasta en un templo o sinagoga. Haremos todo lo posible por crear allí un espacio inclusivo para todos los que quieran experimentar el reino. Por así decirlo, convertiremos ese espacio en un cruce abierto de la frontera, y si los críticos nos ven como transgresores y nos critican por abrir las puertas y expandir las fronteras, perseveraremos en la consecución de nuestro objetivo y el propósito de nuestra vida, dejando muy en claro que el reino de Dios está abierto para todos, a excepción de aquellos que quieran arruinarlo creando divisiones en su interior. Sin embargo, hasta ellos serán bienvenidos si cambian de parecer.

# CAPÍTULO 19

# EL FUTURO DEL REINO

*Le preguntaron, diciendo: Señor, ¿restaurarás el reino a Israel en este tiempo?*
— HECHOS 1.6

«Venga tu reino. Hágase tu voluntad en la tierra como en el cielo». Esta es la oración que hacemos, pero ¿cuándo será contestada? Esto mismo preguntaron los discípulos justo después de la resurrección y Jesús no los corrigió como se podría anticipar, diciéndoles: «¡Despiértense, discípulos! ¿No ven que ya está aquí?» Tampoco les dijo: «No va a venir en más de 2.500 años, así que ¡dejen ya de preguntar!» En lugar de eso, les dice que a ellos no les corresponde especular sobre cómo se desenvuelven los planes de Dios en la historia, y luego les da una misión para cumplir. (Resulta que esa misión puede ser justamente la respuesta a su pregunta, ya que el reino de Dios no es una condición estática, sino una misión y una historia dinámica en la que tanto ellos como nosotros podemos participar activamente.)

¿Cuándo vendrá *plenamente* el reino? ¿Qué deberíamos esperar mientras llega ese momento, que las cosas mejoren o empeoren, o una mezcla de ambas posibilidades? Si el asunto nos confunde, en parte la causa de nuestra confusión es sin lugar a dudas la serie de declaraciones que Jesús hizo sobre la venida del reino. En algunos casos, suena como si la plenitud del reino siguiera reservada para el futuro: «De cierto os digo que hay algunos de los que están aquí, que no gustarán la muerte hasta que hayan visto el reino de Dios venido con poder» (Marcos 9.1; cp. Mateo 16.28; Lucas 9.27). «Se levantará nación contra nación, y reino contra reino... Así también vosotros, cuando veáis que suceden estas cosas, sabed que está cerca el reino de Dios» (Lucas 21.10, 31).

Sin embargo, en otros lugares Jesús emplea la misma frase: «El reino de Dios ya está cerca de ustedes». Esta es una referencia clara al tiempo presente (Lucas 10.9-11). Como hemos visto en otros lugares, él deja muy en claro que no quiere que la gente haga especulaciones cronológicas ni geográficas sobre la venida del reino.

Una vez, cuando los fariseos le preguntaron cuándo vendría el reino de Dios, Jesús contestó: «La venida del reino de Dios no se puede someter a cálculos. No van a decir: "¡Mírenlo acá! ¡Mírenlo allá!" Dense cuenta que el reino de Dios está entre ustedes (Lucas 17.20-21 [«Entre ustedes también puede traducirse «dentro de ustedes»]). Jesús responde de forma similar en Lucas 19.11-17: «Por cuanto estaba cerca de Jerusalén, y ellos pensaban que el reino de Dios se manifestaría inmediatamente», Jesús cuenta una parábola que disuade a sus oyentes de la especulación sobre el futuro y los enfoca más bien en su conducta en el aquí y ahora.

A pesar de estas advertencias sobre la especulación, algunos creen que la Biblia suministra un cronograma específico y claro del futuro, y especulan gustosamente sus detalles. Ellos creen que la historia es en cierto sentido como una película que ya fue escrita, dirigida o determinada en la mente de Dios. Como si la historia ya hubiera sido filmada, editada y producida, y nosotros simplemente la estamos viendo pasar ante nuestros ojos como en una sala de cine. La Biblia les da pistas o un código para saber qué sucederá en el resto de la película. La gente que asume esta postura no necesariamente está de acuerdo en cómo se debe interpretar la Biblia en general o las enseñanzas de Jesús en particular, pero al menos están de acuerdo en que el futuro en mayor o menor medida ya ha sido determinado.

Otros, entre los cuales me incluyo aunque nací y fui totalmente adoctri-
nado en la postura anterior, creen que ni la Biblia ni las enseñanzas de Jesús
tienen el propósito de darnos un cronograma detallado del futuro. En
nuestra opinión, Dios se propuso crear nuestro universo del mismo modo
que un padre y una madre cuando tienen hijos: Les ponen límites y los
guían, pero el hijo o la hija tiene libertad para vivir su propia vida. Eso
significa que el futuro del universo no está determinado como si fuera una
película que ya ha sido filmada y de la cual somos simples espectadores
pasivos. Tampoco ha sido dejado totalmente al azar como cuando se lanza
un par de dados. Más bien, la creación de Dios está madurando con libertad
y también con límites bajo la mirada vigilante de un padre cuidadoso y
vinculado al proceso. Así pues, lo que encontramos en la Biblia y las enseñanzas de Jesús no son pronósticos determinantes ni diagramas esquemá-
ticos del futuro sino algo mucho más valioso: Advertencias y promesas.

Las advertencias nos dicen que si tomamos decisiones necias o injustas,
acarrearán malas consecuencias. Los profetas desde Moisés hasta Jesús nos
dan advertencias frecuentes de este tipo. Su propósito no es describir el
futuro sino cambiarlo. Al advertir a las personas sobre las futuras consecuencias negativas de su mala conducta, la mayor esperanza del profeta es que
sus predicciones de calamidad no se hagan realidad. El profeta espera que se
evite el desastre dejando a la gente advertida del desastre, de manera muy
similar a una madre cuando le advierte a sus hijos que se han puesto a lanzar
piedras: «¡Tal vez se estén divirtiendo ahora, pero alguien va a salir
lastimado!» Si los hijos entienden la advertencia maternal, dejarán de lanzar
piedras y nadie perderá un ojo, lo cual significa que su advertencia ha tenido
éxito a pesar de no haberse cumplido lo que «predijo». A propósito, esto es
exactamente lo que sucede en el libro de Jonás en el Antiguo Testamento:
El profeta predice la destrucción de Nínive, la gente de Nínive se arrepiente
y no son destruidos. Por supuesto, lo más irónico de todo es que Jonás queda
decepcionado porque habría preferido que los habitantes de Nínive
murieran calcinados.

Las promesas también difieren de las predicciones. Si yo les digo a mis
hijos «siempre estaré aquí si me necesitan», no estoy haciendo una predicción porque un día moriré y esa afirmación dejará de ser cierta. No obstante,

si se entiende en contexto como una promesa, la declaración es confiable y cierta. También podría hacer una promesa condicional: «Hagan sus tareas todos los días, y los llevaré a un buen restaurante el fin de semana». No estoy prediciendo lo que sucederá exactamente. Más bien, estoy prometiendo que haré algo dentro de los límites de mi poder si mis hijos también hacen algo dentro de los límites de su poder. Mi promesa opera dentro de esos límites y también faculta a mis hijos a ejercer su propio poder.

Las predicciones y los pronósticos pueden tener el efecto opuesto. Si yo predigo «usted va a fracasar sin importar con cuánta tenacidad lo intente», será menos probable que lo intente y se sentirá incapacitado y desesperanzado. Si predigo «usted tendrá éxito sin siquiera intentarlo», también será menos probable que usted haga su mejor esfuerzo o esté dispuesto a hacer un sacrificio heroico. Por el contrario, será tentado a caer en la pereza o la complacencia. Lo que quiero decir es que las predicciones son complicadas, y hasta podríamos decir que son impredecibles.

Las personas que leen las advertencias y promesas de la Biblia como predicciones del futuro tienen que arreglárselas para ordenar esas advertencias y promesas en orden cronológico.[1] Por eso sus esquemas del futuro pueden darse en series de advertencia-advertencia-promesa-promesa, o promesa-promesa-advertencia-advertencia-advertencia-promesa. También pueden decir que habrá un tiempo de promesa de duración desconocida, seguido por siete años de advertencia, luego mil años de promesa, después otra advertencia breve y finalmente una eternidad de promesa. Las series de arreglos posibles son prácticamente innumerables.

En cambio, si vemos el material bíblico no tanto como predicciones del futuro, sino más bien como promesas y advertencias para sus oyentes originales, tendremos un escenario mucho más simple: Los seres humanos vivimos con las mismas advertencias y promesas de siempre, donde la máxima advertencia es que la maldad y la injusticia perderán y la máxima promesa es que Dios y el bien triunfarán. La meta no es encontrar nuestro lugar en un universo fatalista y determinado, de tal modo que sucumbamos al fatalismo, la desesperanza y la resignación ante la imposibilidad de ganar, o al triunfalismo, la complacencia y la arrogancia ante la imposibilidad de perder. En lugar de esto, las advertencias y las promesas sirven para elevar nuestro sentido de responsabilidad y diligencia. Como en el ejemplo de los niños lanza-piedras, su función es despertarnos para que nos demos cuenta de las consecuencias serias que podrían venir como resultado de nuestro descuido en la actualidad. Si creemos las advertencias y las promesas, no persistiremos en hacer el mal ni seremos complacientes con el estado actual de cosas, sino que persistiremos en hacer el bien y dar buen fruto, aun cuando sea difícil.[2]

En este punto de la discusión, algunos lectores se preguntarán por el libro de Apocalipsis, el último de la Biblia, que muchas personas han leído como un esquema codificado para la predicción del futuro. Me permito hacer la siguiente analogía para proponer un método alternativo. Si usted ha ido a un zoológico, es posible que haya visto a un león o un elefante colocado sobre un piso de cemento tras unos barrotes de hierro. Si usted observara al león o elefante enjaulado durante un par de años, aprendería ciertas cosas sobre el animal, pero lo que aprendería sería minúsculo en comparación a lo que podría aprender si fuera a África y viera leones y elefantes en su hábitat natural. Así usted tendría la oportunidad de ver sus vidas sociales, su conducta sexual, sus hábitos de caza y sus patrones migratorios.

De modo similar, si usted pone el libro de Apocalipsis en una jaula de hierro con piso de cemento, aprenderá algo pero no entenderá su naturaleza verdadera si no lo suelta para que se desenvuelva en su hábitat natural. ¿Cuál es su hábitat natural? El libro de Apocalipsis es un ejemplo de un género literario popular en el judaísmo antiguo, conocido actualmente como *literatura apocalíptica judía*. Si uno trata de leerlo sin entender su género sería lo mismo que ver *Viaje a las Estrellas* o cualquier otro programa de ciencia ficción pensando que es un documental histórico, o ver una telenovela como si fuera una parábola religiosa, o leer una sátira como si fuera una biografía. Sería como pensar que uno ya sabe todo acerca de los leones por el simple hecho de haber ido una tarde al zoológico a ver uno de ellos pasearse de un lado al otro dentro de su jaula.

Ahora bien, la literatura apocalíptica judía misma es parte de un ecosistema más grande conocido como *literatura de los oprimidos*. Cuando uno lee primero el Apocalipsis en su ambiente natural de la literatura judía, y luego en su ecosistema nativo de literatura de los oprimidos, adquiere una vitalidad refrescante y diferente. En lugar de ser un libro que trata sobre el futuro distante, se convierte en una herramienta de diálogo acerca de las dificultades y los retos del tiempo presente. Se convierte en un libro de advertencias y promesas.[3]

Los lectores originales de Apocalipsis vivían bajo amenaza constante de opresión por parte de las autoridades religiosas y el imperio romano. En ese ambiente nadie podía decir ni mucho menos escribir una sola crítica contra el gobierno y demás autoridades, y cualquiera que fuera descubierto en posesión de literatura subversiva, era encarcelado o sometido a muerte. Por otro lado, si nadie habla o escribe acerca de su opresión, los opresores habrán triunfado en su misión de controlar, silenciar e intimidar a la población. ¿Existe una alternativa? Sí, y esto es lo genial de la literatura de los oprimidos en general y de la literatura apocalíptica en particular.

Esta es la alternativa al silencio: Uno dice la verdad acerca de quienes ejercen el poder, que son corruptos, sanguinarios y están condenados a perdición, pero lo hace de manera encubierta. En lugar de hablar del «imperio romano», habla de «la bestia». No habla de autoridades religiosas corruptas, sino que las personifica como un falso profeta. No alude al emperador, más bien cuenta una historia sobre un dragón. De este modo, uno rehúsa ser silenciado y amedrentado al mismo tiempo que no deja evidencias incriminatorias que podrían conducir a la tortura y la muerte del autor y los lectores de tales escritos.

Si Apocalipsis fuera una descripción del futuro distante, habría sido incomprensible para sus lectores originales así como los lectores de todas las generaciones posteriores, y solamente sería relevante y verdadero para una generación, aquella que le tocara vivir en la supuesta época en cuestión. En cambio, si Apocalipsis es un tomo ejemplar de la literatura de los oprimidos, lleno de advertencias y promesas relevantes para todos los tiempos, le ofrece a cada generación lo que tanto necesita en términos de inspiración, sabiduría y ánimo. Desde este punto de vista, Apocalipsis se convierte en un libro impactante sobre el reino de Dios aquí y ahora, disponible a todos.

En su contexto original, el libro de Apocalipsis parece decir algo parecido a esto:

Sí, las autoridades religiosas y el imperio romano nos están persiguiendo. El emperador, cual si fuera rey de reyes, se cree la autoridad máxima, pero nosotros formamos parte del imperio de Dios, el reino de Dios. Nuestro Rey de reyes triunfará en última instancia y el reino de Dios durará para siempre. El emperador romano y los sistemas religiosos que se coligan con él sucumbirán a las fuerzas de la historia, y el imperio romano se desintegrará por completo. Por eso, permanezcamos fieles, incluso hasta la muerte. No nos dejemos intimidar, más bien vivamos llenos de confianza y esperanza. Enfoquémonos en la realidad gloriosa del reino de Dios y veamos los poderes del momento como un fenómeno pasajero. En lugar de permitir que nuestra imaginación sea cautivada por escenas temibles de tortura y muerte, llenemos nuestra imaginación con otra visión de la realidad que nos permita soportar el sufrimiento con gozo.

Si estas ideas se hubieran comunicado abiertamente, sonarían a conspiración y traición, pero decirlas y leerlas en aquellos medios encubiertos era liberador y promovía el denuedo.

Otros lectores pensarán en pasajes largos en los evangelios que parecen estar llenos de predicciones hechas por Jesús mismo que parecen relacionarse con el fin del mundo. ¿Cómo explicamos pasajes de ese tipo como Mateo 24–25? Este tema es tan profundo, complejo y polémico como la interpretación de Apocalipsis, y en vista de los miles de libros que se han escrito sobre el tema, parecería imposible ofrecer una alternativa en unos cuantos párrafos. Aún así, me permito hacer una presentación breve con la esperanza de que usted la explore a mayor profundidad por su propia cuenta.

Puesto que la literatura apocalíptica judía fue un género popular en el tiempo de Jesús, podríamos esperar que él tuviera esa influencia en su lenguaje y sus metáforas. Si ese es el caso, tendríamos que tratar el lenguaje de Jesús acerca del futuro como lo haríamos con el lenguaje de Apocalipsis. Así pues, teniendo en cuenta el trasfondo de la literatura judía apocalíptica, descubriremos que frases alusivas a la destrucción del mundo, como por ejemplo «la luna se volvió toda como sangre» o que «las estrellas caerán del cielo», son en realidad muy comunes en ese género literario y no deberían tomarse más literalmente que las frases que podríamos leer en cualquier periódico de nuestro tiempo: «Los resultados de la elección pusieron a temblar la nación», o «el anuncio del presidente causó un maremoto en el congreso», o «el 11 de septiembre todo cambió».

Podemos imaginar fácilmente a alguien dentro de mil años, armado con un buen diccionario pero sin mucha experiencia en la lectura de periódicos antiguos, que escribiera esta interpretación: «La gente en el siglo veintiuno creía que ciertos fenómenos naturales eran causados por acontecimientos políticos. Por ejemplo, creían que una elección o un anuncio presidencial podía ocasionar movimientos de las placas tectónicas de la tierra, o creían que un ataque terrorista podía crear un cambio ontológico que alteraría la naturaleza fundamental de la materia y la energía, del espacio y el tiempo». Tal vez seamos tontos, pero no tanto como para creer eso, y tampoco deberíamos suponer que Jesús y sus contemporáneos creyeran que la luna se convertiría liberalmente en una mezcla de plasma con glóbulos blancos y rojos, ni que estrellas enormes en el espacio violaran la ley de la gravedad y se abalanzaran sobre nuestro diminuto planeta.

Si adoptamos esta sensibilidad al texto, las intenciones escatológicas de Jesús adquirirán un carácter muy diferente. Como recordará, parte del trasfondo político que exploramos en los primeros capítulos de este libro tenía que ver con la pregunta que la comunidad judía se hacía en cuanto a cómo responder a la ocupación romana, y cómo surgieron dos tipos de respuestas, como Jay Gary lo explica brillante y sencillamente en un artículo titulado «El futuro según Jesús».[4] Por un lado, existe un *futuro convencional* que supone la continuación sin interrupciones del estatus quo o estado actual de cosas. Este futuro de colaboración, capitulación y cesión es preferido por quienes lo disfrutan y se benefician de él: Saduceos y herodianos. En segundo lugar, hay varios *futuros contrarios* que son imaginados por diversos grupos para quienes el estatus quo no es tan ventajoso ni satisfactorio: Vimos la *respuesta combativa* de los zelotes (luchar, rebelarse, aterrorizar), la *respuesta evasiva* de los esenios (aislarse, evacuar, escapar), y la *respuesta inculpadora* de los fariseos (condenar, avergonzar, evitar). Jesús entra en escena con un *futuro creativo* y dice: «No le crean a ninguno de estos grupos ni los sigan en sus iniciativas de capitulación, combate, escape ni culpa. Ya ha llegado la hora de vivir de una manera radicalmente nueva, y es la manera del reino de Dios. Aprendan de mí para seguir este sendero, es la única alternativa para evitar la destrucción».

¿Cuál es la destrucción que necesitamos evitar si no es el fin del mundo? Al parecer, Jesús anticipa un escenario similar a este: «Las tensiones seguirán en aumento y llegará el momento en que los zelotes encabecen una rebelión violenta de toda la población. Cuando se rebelen, Dios no intervendrá como ellos esperan, porque Dios no va a bendecir su violencia. En consecuencia, serán aplastados brutalmente por los romanos. El templo será destruido y Jerusalén caerá. La vida a que los judíos se han acostumbrado llegará a su fin».

Si usted lee los evangelios de esta manera, creo que estará de acuerdo en que las advertencias de Jesús tienen sentido y son mucho más coherentes y satisfactorias que las interpretaciones convencionales. Sí, Jesús emplea un lenguaje apocalíptico que suena como si hablara del fin literal del mundo, pero cuando entendemos cómo funciona esa forma de comunicación, es decir, cuando interpretamos una telenovela como una telenovela, una obra de ciencia ficción como ciencia ficción y una ópera como ópera, nos damos cuenta de que Jesús habla directa y puntualmente sobre realidades políticas concretas que sus contemporáneos entendieron al instante.

Como lo sabe cualquiera que estudia historia, el escenario que Jesús describió se hizo realidad. Sus compatriotas no confiaron en él ni lo siguieron. Rechazaron tanto sus promesas como sus advertencias. No aceptaron su alternativa radical a la violencia, el acomodamiento y el aislamiento. Jesús mismo cae en cuenta de esto al descender a Jerusalén aquel día que hoy llamamos domingo de ramos, cuando lloró por la ciudad diciendo: «¡Cómo quisiera que hoy supieras lo que te puede traer paz!» Como ellos optaron por rechazar su camino, las tensiones fueron en aumento. Los zelotes protagonizaron una revuelta en el año 67 A.D. y los romanos arremetieron contra Jerusalén, destruyeron el templo y acabaron el sistema histórico de sacrificios en el templo. Para los judíos de aquel tiempo, la luna sí se volvió como sangre y las estrellas cayeron del cielo porque aquellos acontecimientos realmente (no literalmente) «pusieron a temblar la nación».

¿Qué nos queda entonces por decir sobre el futuro, si los pasajes apocalípticos de los evangelios y de Apocalipsis no son simples cronogramas codificados del futuro?[5] Nos queda algo mucho más poderoso e importante; nos queda una dosis balanceada de promesas y advertencias, un sentido profundo de capacidad y responsabilidad, así como la sobriedad para tomar una decisión definitiva.

Si Jesús tenía la razón, si el reino de Dios ha venido y viene en las maneras que hemos descrito, si realmente tenemos hoy y todos los días la oportunidad de elegirlo, buscarlo, entrar a él, recibirlo, vivir como ciudadanos suyos, invertir en él y hasta sacrificar y sufrir por él... entonces hoy nuestro futuro está en la balanza tanto como lo estuvo para los oyentes originales de Jesús alrededor del año 30 de nuestra era. Podemos invertir en los futuros convencionales que se divulgan hoy día, o podemos ir en pos del futuro creativo que nos ofrece Jesús.

Si confiamos en Jesús, si seguimos su camino, si creemos que lo imposible es posible en nuestra realidad personal y familiar tanto como en nuestras relaciones internacionales y nuestras políticas, tomaremos decisiones y elegiremos direcciones de cierto calibre. Si creemos que ese camino es irrealista, demasiado difícil o simplemente loco e ingenuo, tomaremos otras decisiones y elegiremos ir en otras direcciones. No es inválido afirmar de nosotros y nuestra generación lo mismo que habríamos dicho de los contemporáneos de Jesús: Según respondamos a su mensaje secreto del reino de Dios, crearemos dos mundos muy diferentes y dos futuros totalmente opuestos, uno infernal y otro celestial.

Un mundo ya es demasiado conocido para nosotros; es un futuro que se parece demasiado a nuestro pasado. Está lleno de remordimiento y dolor, que es exactamente lo que frases como «llanto y rechinar de dientes» tienen el propósito de evocar. Es un mundo de violencia y enfermedad crecientes, degradación ambiental y desastre económico, división a todo nivel de la sociedad y a nivel de individuos. Lleno de temor, culpa, ansiedad, lujuria, codicia y dolor. Es el viejo mundo del que nos han advertido los profetas, el mundo que nos amenaza a diario como lo leemos en los periódicos día tras día.

El otro mundo, el nuevo mundo, no es carente de lágrimas pero Dios promete su consuelo y enjuga las lágrimas. Este nuevo mundo no está libre de conflicto, pero allí el conflicto conduce a la reconciliación y no a la venganza. Este nuevo mundo no está libre de necesidad, pero la generosidad fluye dondequiera que haya necesidad. En pocas palabras, este es el nuevo mundo prometido por los profetas. El mensaje secreto de Jesús nos dice entonces que este nuevo mundo es tan posible y está tan *a la mano* que podemos alcanzarlo si nos lo proponemos. Como resultado, ahora es el tiempo para repensarlo todo y empezar a aprender a vivir en los caminos del reino de Dios.

Esta manera de entender el mensaje secreto de Jesús y su efecto en el futuro no responde todas las preguntas ni satisface todos los deseos. Tal vez sea decepcionante como esquema del futuro, pero a diferencia de los esquemas escatológicos convencionales, nos da dos cosas que necesitamos, de hecho tres cosas. Primero, nos da advertencia y promesa para que vivamos la vida en este mundo con urgencia, conciencia, intensidad, misión, dirección, coraje, esperanza y vigor. Segundo, nos da un sentido de facultad y responsabilidad, no fatalismo y resignación. En otras palabras, nos invita a partir de ahora a despertarnos y vivir la vida a plenitud. Tercero, nos ayuda a ver el reino como una realidad que ya vino para que podamos entrar a él, y también como una realidad venidera para que con diligencia y pasión oremos por él, le demos la bienvenida, lo recibamos y lo busquemos.

Además, si buscamos primero y ante todo el reino de Dios, Jesús promete que no tendremos que preocuparnos por nada.

# CAPÍTULO 20

# LA COSECHA DEL REINO

*Los justos resplandecerán como el sol en el reino de su Padre.*
— Mateo 13.43

L o hemos dicho una y otra vez en estas páginas: El mensaje secreto de Jesús no trata principalmente acerca de «ir al cielo después de morir». No nos da una ruta de escape ni una salida de emergencia de este mundo. Más bien, nos lanza de vuelta al aquí y ahora para que podamos participar en la realización de los sueños de Dios para el planeta Tierra. No obstante, como la muerte sigue siendo una realidad patente, es natural preguntar qué tiene que decir el mensaje del reino de Dios sobre «cómo irnos al cielo después de morir».

Para contestar esa pregunta, necesitamos entender que la palabra cielo tiene diversos usos en el discurso religioso de la actualidad.[1] En primer lugar, cielo puede aludir al lugar donde se experimenta de manera especial a Dios como un ser «presente».[2] Por supuesto, casi todo el mundo está de acuerdo en que Dios está presente en todas partes, pero con frecuencia se emplea un lenguaje de lugar o ubicación para describir un conocimiento directo o una experiencia vívida de contacto con Dios. Hablan de estar «en la presencia de Dios» como si un Dios omnipresente tuviera un domicilio o un centro de operaciones concreto. Aunque saben que Dios está en todas partes, hablan de la presencia de Dios como si estuviera ubicada en una casa, un templo, un trono, un atrio o incluso un reino, todo lo cual es más o menos sinónimo de cielo porque ellos sugieren que consiste en un estado consciente de cercanía o comunión con Dios. («Hágase tu voluntad, como en el cielo, así también en la tierra» [Mateo 6.10] hace eco de esta noción, que el cielo es el lugar gozoso y apacible donde la presencia de Dios ya se experimenta tan plenamente que todos los que están allá hacen de buena gana la voluntad de Dios.)

En segundo lugar, cielo puede referirse a tiempo tanto como a espacio, a un cuándo tanto como un dónde, específicamente un tiempo después de esta vida cuando los espíritus de los seres humanos que han muerto físicamente viven para siempre en la presencia de Dios. En este sentido, la frase «en el cielo» puede funcionar como «en el verano» (en referencia a una temporada específica) ya que también funciona en la frase «en Vermont» (para aludir a un lugar). En tercer lugar, cielo para muchas personas se refiere a un estado o condición, es decir, una cuestión de cómo al igual que dónde y cuándo. Corresponde a la condición de estar sin un cuerpo, de estar en la condición de un espíritu o alma fuera del cuerpo. Cuando la gente hoy día hace preguntas sobre el cielo, se refieren probablemente a una fusión de todas estas dimensiones de la palabra: Estar con Dios (que se concibe como un lugar) después que acabe esta vida biológica en el planeta Tierra (que se concibe como un tiempo) en una condición incorpórea (a la que se alude con palabras como alma y espíritu).[3]

Sin embargo, para Jesús y la mayoría de sus contemporáneos, la esperanza suprema después de la muerte no era vivir para siempre en un estado incorpóreo eterno lejos de la tierra. Más bien, ellos anticipaban la resurrección, un estado corpóreo dentro de los confines de esta creación en una nueva era o siglo cuando todos los errores y males del presente serían corregidos. Si los judíos antiguos hubieran pensado en un estado distante e incorpóreo fuera del espacio y tiempo actuales, quizás habrían imaginado un estado intermedio entre la muerte y la resurrección, una especie de sala de espera donde uno se queda temporalmente sin un cuerpo hasta que ocurra la resurrección y uno vuelva a ser integrado a un cuerpo.[4]

La diferencia entre cielo y resurrección puede parecernos trivial (aunque tiene ramificaciones bastante significativas para quienes piensen profundamente en ello). Lo que a muchos de nosotros nos interesa es lo que experimentaremos personalmente después que nuestros corazones dejen de latir y cesen nuestras ondas cerebrales. ¿Tiene algo que decir el mensaje de Jesús para responder a esa inquietud? La respuesta depende de lo que estemos buscando. Creo que muchos de nosotros estamos buscando algo más relacionado con los recuentos detallados de las personas que han tenido «experiencias cercanas a la muerte», para que nos digan exactamente qué esperar, como la descripción de alguien que acaba de ser sometido a una cirugía que necesitamos hacernos. Queremos oír algo como esto: «Tan pronto das tu último aliento, sentirás que no pesas nada. Tu alma va a salir flotando de tu cuerpo y entrará a un túnel largo y oscuro del cual saldrá para ver una luz incandescente. Toda la vida te va a pasar por la mente en un instante. Al principio sentirás miedo, pero luego vas a oír un sonido suave y relajante...».

El deseo de conocer detalles específicos es muy natural y de hecho tienen una gran demanda en el mercado. Lo desconocido nos asusta. Queremos y necesitamos ser confortados con seguridad y esperanza, especialmente al enfrentarnos a la muerte. De hecho, esto es exactamente lo que Jesús ofrece, y mucho más. Sí, su mensaje no tiene muchos detalles específicos sobre lo que se experimenta después de la muerte, pero estoy convencido de que suministra algo todavía mejor que lo que estábamos buscando, y como es característico de su metodología, nos llega escondido en lenguaje metafórico.

Una de las metáforas más comunes y evocativas que Jesús usó con base en la experiencia agraria de sus contemporáneos es la cosecha anual. Yo he llegado a convencerme, junto a un número cada vez mayor de eruditos bíblicos, de que Jesús no usó la metáfora de la cosecha para describir primordialmente la vida después de la muerte ni el fin del mundo. Más bien, Jesús empleó el lenguaje de cosecha para enfocarse en un cataclismo político, histórico y social cercano e inminente, no en una hecatombe apocalíptica y cósmica. Como vimos en el capítulo 19, el cataclismo que Jesús les advirtió ocurrió entre los años 67 y 70 A.D., cuando los zelotes encabezaron una revolución violenta y los romanos la aplastaron con fuerza brutal. La vida tal como la conocían hasta entonces llegó a su fin para los judíos, una vida centrada en Jerusalén, el templo, el sacerdocio y su tierra patria. El «fin del mundo» o «fin de la era» había llegado. No obstante, cuando una planta es cortada o segada y bota sus semillas al suelo, esas semillas se convierten en la esperanza de un nuevo comienzo. Ese fin y nuevo comienzo simultáneos corresponden, creo yo, al significado principal del lenguaje de cosecha empleado por Jesús.

Aún así, yo creo que la metáfora tiene una aplicación secundaria válida al interrogante de la vida después de la muerte y la pregunta sobre el fin ulterior de nuestro universo. En este sentido, la vida en nuestro mundo es como una temporada de crecimiento y tarde o temprano llegará el tiempo de la cosecha. A nivel personal, el buen fruto y el grano maduro que crecen a lo largo de las temporadas de nuestra vida serán cosechados y celebrados, mientras el fruto mediocre y la cizaña que hayamos producido serán apartados y desechados. Muchos que ahora son vistos como los últimos y los menos valiosos, los pobres, los no importantes y los no exitosos, demostrarán al final ser los primeros en fructificación. Muchos que ahora parecen ser prósperos, justos y exitosos serán expuestos entonces como fraudes o impostores que solo tienen hojas y flores pero muy poco fruto de verdad.

De este modo, el lenguaje de la cosecha evoca el lenguaje del juicio final, y el juicio final es un tema supremamente complejo y controversial.[5] La imagen de una cosecha final refuerza una y otra vez la noción de que llegará un tiempo de rendir cuentas (un día de juicio) para cada uno de nosotros los seres humanos, pero no solo para nosotros como individuos. Por chocante que nos parezca, la imagen de cosecha da a entender que Dios nos evaluará como grupos al igual que como individuos.

Por ejemplo, cuando Jesús habla en Mateo 25 de juzgar a todas «las naciones» (una referencia inequívoca a los pueblos gentiles), nuestra mentalidad occidental moderna lucha. Tendemos a ver toda la justicia como justicia individual. Cuando se requiere que todos los individuos tengan la misma responsabilidad por los males cometidos por los grupos a que pertenecen, males que ellos mismos no iniciaron ni perpetraron personalmente, nos inclinamos a llamar esto injusto.[6] Nuestra obsesión occidental con el individualismo es inusual en la historia humana, una peculiaridad en la política, la psicología y la economía de nuestros tiempos. Sin embargo, en las enseñanzas de Jesús debemos tomar en serio a los individuos y a los grupos por igual, porque tanto los individuos como los grupos son reales y deben ser evaluados en la cosecha final para determinar qué es digno de ser preservado y qué debe ser rechazado como inútil.

Para entender el concepto único que Jesús tiene de la muerte, la vida en ultratumba y la cosecha final, me ha servido contrastar su perspectiva con la de sus contemporáneos. Podríamos ubicar a Jesús en el centro de un diamante (o si pensamos en tres dimensiones, en el vértice de una pirámide), para ilustrar cómo su visión de la vida después de la muerte es al mismo tiempo similar y radicalmente diferente a las cuatro posturas alternativas de su tiempo.

En primer lugar, los saduceos creían que no había vida después de la muerte. Para ellos, nada nos espera después de la muerte. A ellos les encantaba hacer preguntas retóricas para negar la plausibilidad de cualquier tipo de existencia después de la muerte. Esta visión engendraba una actitud conservadora que decía: *No te arriesgues demasiado porque esta vida es todo lo que tienes*. La postura existencial de los saduceos les motivó a atesorar su endeble prosperidad, lo cual les llevó a proteger el estatus quo y su posición privilegiada dentro del sistema.

En segundo lugar, los fariseos creían que llegaría un día de resurrección en que los justos saldrían de sus tumbas para disfrutar del mundo renovado por completo bajo el mando del Mesías de Dios. El problema era que ese mundo nuevo era impedido por la pecaminosidad de la gente de aquel tiempo, en especial los borrachos, las prostitutas, los glotones, etc., y esto llevó a los fariseos a atesorar su estatus espiritual de élite y a tratar a los «pecadores» con vergüenza, exclusión y desprecio.

En tercer lugar, los helenistas habían integrado a su judaísmo conceptos de los grandes filósofos griegos (Sócrates, Platón, Aristóteles y otros). Como resultado, creían que después de la muerte las almas o espíritus inmortales de los justos se unirían con Dios en una especie de existencia trascendental, espiritual e incorpórea. Esto les llevó a no temer la muerte, sino verla como un escape del sufrimiento de este mundo. La resurrección (que implica el retorno a una vida corpórea) sería un retroceso del plano trascendental y por eso no tenía lugar en su pensamiento. Según parece, muchos cristianos y algunos judíos mantienen hasta el día de hoy una postura similar.

En cuarto lugar, los zelotes creían que el mundo renovado sólo podría venir si sus compatriotas se sublevaban y accedían al poder por la fuerza. Los que tenían el valor de matar y morir por la causa serían resucitados para vivir de nuevo en la tierra y disfrutar la victoria sobre sus enemigos.[7] (Su visión de la vida de ultratumba se parece mucho a la que tienen los terroristas islámicos en la actualidad, que se arman de valor para realizar actos violentos porque creen que si los realizan por su causa religiosa serán recompensados después de la muerte.)

¿Cómo se relaciona la visión que Jesús tuvo de la vida después de la muerte con estas opciones disponibles en su tiempo? Como los zelotes, él está dispuesto a sacrificarse y morir por su causa porque está seguro de la resurrección, pero a diferencia de ellos no recurre a la violencia, sino que llama a la gente a amar a sus enemigos, no a matarlos. Como los fariseos, Jesús está seguro de la resurrección pero anticipa una resurrección en la que los excluidos y los «pecadores» son bienvenidos. Esta visión del futuro le motiva a trabar amistad y amar a los rechazados y los «pecadores» en el presente, no aislarse de ellos ni avergonzarlos. Como los saduceos, Jesús cree que deberíamos ocuparnos de las realidades políticas y económicas de nuestro tiempo, pero su mensaje nunca considera el acomodamiento ni la complacencia porque él cree que la muerte no es el fin. Como los helenistas, él tampoco le teme a la muerte, pero no porque anticipe una eternidad como un alma incorpórea, sino más bien porque aguarda la resurrección como la gran cosecha de Dios. Su visión no le hace denigrar la creación ni escapar de ella, más bien le motiva a dar su vida para salvar y sanar a la creación, puesto que la ve como la obra de arte que Dios más atesora.

Así pues, un elemento central del mensaje de Jesús y también de su vida es esta confianza radical en que la muerte no es el fin, que esta vida no es todo lo que hay y que habrá una resurrección real. Pablo, basado en el mensaje de resurrección de Jesús, tuvo la misma confianza y en una de sus cartas la describió en detalle. Aquí hace eco de la metáfora de cosecha y el lenguaje del reino de Dios que Jesús empleó:

> Mas ahora Cristo ha resucitado de los muertos; primicias de los que durmieron es hecho. Porque por cuanto la muerte entró por un hombre, también por un hombre la resurrección de los muertos. Porque así como en Adán todos mueren, también en Cristo todos serán vivificados. Pero cada uno en su debido orden: Cristo, las primicias; luego los que son de Cristo, en su venida. Luego el fin, cuando entregue el reino al Dios y Padre, cuando haya suprimido todo dominio, toda autoridad y potencia. Porque preciso es que él reine hasta que haya puesto a todos sus enemigos debajo de sus pies. Y el postrer enemigo que será destruido es la muerte... Pero luego que todas las cosas le estén sujetas, entonces también el Hijo mismo se sujetará al que le sujetó a él todas las cosas, para que Dios sea todo en todos. (1 Corintios 15.20-26, 28)

Para Pablo, la resurrección de Cristo fue como las primicias, la primera etapa en la cosecha de todas las vidas humanas. La resurrección de Jesús garantiza que quienes pertenecen a él serán resucitados «cuando él venga». En ese punto, dice el apóstol, vendrá el fin, y no es «fin» en el sentido de que nada más sucede después de ese punto, sino más bien «el fin» entendido como la meta hacia la cual avanza toda la historia. Cristo entonces entregará el reino de Dios al Padre, «luego de destruir todo dominio, autoridad y poder», una frase fascinante que evoca el mismo lenguaje de «principados y potestades» que exploramos en el capítulo 8.

Aunque una exploración completa de este pasaje misterioso se sale de nuestro alcance aquí, vale la pena advertir cuán chocante es que «todo dominio, autoridad y poder» sea destruido, y que sean considerados enemigos de Cristo lo mismo que la muerte.[8] Walter Wink toma muy en serio esta visión de la destrucción de «todo dominio, autoridad y poder»:

> En sus Bienaventuranzas, en su interés extraordinario en los desechados y marginados, en su trato nada convencional de las mujeres, en su amor a los niños, en su rechazo de la creencia de que los hombres de alto rango sean

los favoritos de Dios, en su proclamación subversiva de un nuevo orden donde el dominio cederá paso a la compasión y la comunión, Jesús consuma el anhelo profético del «reino de Dios», una expresión que podríamos parafrasear como «el orden de Dios libre de dominación».[9]

Aquí vemos una vislumbre del sueño más grande de Dios, que no es la destrucción y el reemplazo de esta creación, sino la destrucción de los poderes dominantes que arruinan la creación. Libre de estos poderes, la creación se levanta de nuevo en un «orden libre de dominación». En las palabras resonantes de C. S. Lewis (quien pensó largo y tendido sobre este asunto), tenemos una imagen «no de destrucción sino de construcción. El antiguo campo de espacio, tiempo, materia y los sentidos va a ser limpiado de malezas, excavado, arado y sembrado para producir una cosecha nueva. Tal vez ya estemos cansados de ese antiguo campo, pero no así Dios».[10]

En este punto de la discusión debo confesar que tengo un problema: Oigo lo que Jesús dice sobre la vida después de la muerte en términos de resurrección, una vida transformada, continua y corpórea en la creación renovada de Dios, pero no puedo empezar a imaginar cómo podría suceder. Tan pronto pienso en la resurrección, me asaltan la mente mil preguntas prácticas, similares en muchos sentidos a las formuladas por los saduceos, incluida la inquietud embarazosamente ingenua de dónde pondríamos a tanta gente resucitada de todos los lugares y épocas de la historia humana.

Pablo parece anticipar estas preguntas prácticas en 1 Corintios 15: «¿Cómo resucitarán los muertos?» (v. 35). En su respuesta, abandona de inmediato la prosa y recurre de nuevo a la metáfora de cosecha. Este cuerpo terrenal de «carne y hueso», dice Pablo, es plantado en la muerte como una semilla en el suelo. El «cuerpo celestial» que crece a partir de esa semilla es tan diferente a (aunque tan relacionado con) nuestro cuerpo actual como una planta de trigo lo es (aunque está estrechamente vinculada) en relación a la semilla de la cual germinó. Existe una continuidad pero también hay discontinuidad. Lo que es mortal, deshonroso y débil es resucitado como algo imperecedero, glorioso y poderoso. Pablo trata de ampliar su explicación, pero finalmente parece darse por vencido en el análisis racional y recurre a una expresión arrobada de alabanza (un hábito que también noté en el resto de sus escritos): «Sorbida es la muerte en victoria. ¿Dónde está, oh muerte, tu aguijón? ¿Dónde, oh sepulcro, tu victoria?... Mas gracias sean dadas a Dios, que nos da la victoria por medio de nuestro Señor Jesucristo» (vv. 54-55, 57).

Los comentarios de Jesús y Pablo acerca de cómo será la resurrección no satisfacen mi curiosidad, y no dudo que este capítulo de mi libro será insatisfactorio si usted tiene el mismo interés en los detalles específicos. Pero eso no es un problema. Quizás no necesitemos imaginarlo a plenitud. Es posible que los detalles nos distraigan de donde debería estar nuestro enfoque actual. Tal vez todo lo que necesitamos es el reto, la invitación, la fascinación que nos incite a arriesgarlo todo por fe para alcanzar esta visión del proyecto creativo eterno de Dios... para que veamos que la única recompensa que vale la pena es formar parte del reino de Dios, tanto en esta vida y también después de la muerte.

Asimismo, debo confesar que no me gusta usar la palabra recompensa. Como dijo C. S. Lewis (quien al hablar de cielo también incluye la resurrección): «Nos asusta pensar que el cielo sea un soborno». Es decir, tememos hablar de recompensas celestiales porque podría volvernos egoístas, mercenarios y mezquinos, pero Lewis dice:

> No es así. El cielo no ofrece nada que un alma mercenaria pueda desear. Es seguro decirles a los puros de corazón que ellos verán a Dios, porque solamente los puros de corazón anhelan tal cosa. Existen recompensas que no contaminan las motivaciones. El amor de un hombre por una mujer no es mercenario porque él quiera casarse con ella, tampoco es mercenario su amor por la poesía porque quiera leerla, ni su amor por el ejercicio es menos desinteresado porque quiera correr, saltar y caminar. El amor, por definición, busca disfrutar de su objeto.[11]

Jesús promete con frecuencia que sus seguidores disfrutarán grandes recompensas por ser perseguidos, por amar a los enemigos, por dar a los pobres y orar y ayunar en secreto, por recibir bien a un profeta, por darle un vaso de agua fría a un discípulo, por hacer sacrificios de familia, propiedad y seguridad por él y su causa. En una instancia extravagante dice: «Y Jesús les dijo: De cierto os digo que en la regeneración, cuando el Hijo del Hombre se siente en el trono de su gloria, …y cualquiera que haya dejado casas, o hermanos, o hermanas, o padre, o madre, o mujer, o hijos, o tierras, por mi nombre, recibirá cien veces más, y heredará la vida eterna» (Mateo 19.28-29). Lewis reflexiona más sobre este tema de las recompensas:

Ciertamente, si consideramos cuán grandes son las promesas de recompensa que se encuentran en los evangelios, podríamos decir que a nuestro Señor no le parece que nuestro deseo sea demasiado fuerte, sino demasiado débil. Somos criaturas mediocres que pierden tiempo y energía en la bebida, el sexo y la ambición cuando nos ha sido ofrecido un gozo infinito, como un niño ignorante que quiere seguir haciendo bolas de barro en un lodazal porque no puede imaginarse lo que puede significar la oferta que le acaban de hacer de irse de vacaciones a la playa. Nos complacemos con demasiada facilidad… Existen distintos tipos de recompensas… Las recompensas verdaderas no son simplemente algo que se da a cambio por la actividad que las motiva, sino que son la consumación misma de esa actividad.[12]

Así pues, la esperanza máxima tras la muerte es la esperanza de resurrección, que es la esperanza de consumación, la esperanza de participar en «la renovación de todas las cosas». Todo lo que hemos deseado durante toda nuestra vida, todo lo que hemos tratado alcanzar, por lo que tanto hemos trabajado, sacrificado y sufrido en nuestra búsqueda del reino de Dios, por fin nos llegará en toda su plenitud. Nuestros sueños, nuestra esperanzas y labores, y nuestro amor serán consumados, cumplidos y recompensados en el reino de Dios en este sentido más amplio del concepto, que abarca esta vida y la vida después de la muerte en una misma realidad maravillosa.

Con este entendimiento, por fin me siento capaz de renunciar a la especulación acerca de los detalles. En lugar de ello, me siento cada vez más motivado, o magnetizado podría ser la descripción más precisa, para procurar ajustarme y vivir conforme a los planes y la misión de Dios en esta vida. Lo más interesante es que esta es exactamente la conclusión práctica a que Pablo llega en el pasaje que hemos venido explorando: «Así que, hermanos míos amados, estad firmes y constantes, creciendo en la obra del Señor siempre, sabiendo que vuestro trabajo en el Señor no es en vano» (1 Corintios 15.58).

No debería sorprendernos que nuestra curiosidad acerca del «fin» (la meta última) de todas las cosas y de nuestras vidas individuales, siempre lleve nuestra atención de la especulación esotérica a la vida diaria práctica. Nuestra visión de la cosecha final nos motiva en nuestros corazones a buscar primero y ante todo el reino de Dios aquí y ahora, y a dedicarnos por completo a «la obra del Señor» y a nuestro «trabajo en el Señor», ya que ningún esfuerzo ni sacrificio por pequeño que sea habrá sido «en vano». Ese patrón de anticipar aquella cosecha final pero volver de inmediato a la vida y la fructificación en el aquí y el ahora, parece también ser parte integral del mensaje secreto de Jesús, como lo hemos visto capítulo tras capítulo.[13]

Algunos científicos nos dicen que a nuestro universo le espera uno de dos fines fatídicos, que terminará congelado o incinerado. Sea como sea, muchos científicos predicen que mucho antes de eso nuestro planeta y toda la vida que hay en él serán quemados cuando nuestro sol se convierta en una supernova. Por supuesto, mucho antes de eso todos nosotros moriremos. Ante estos escenarios funestos, me vienen a la mente las palabras del gran filósofo Woody Allen: «Hoy hemos llegado a una encrucijada: Un camino conduce a la desesperanza y la zozobra; el otro nos lleva a la extinción total. Oremos para elegir sabiamente». La buena noticia es que el mensaje secreto de Jesús nos ofrece una tercera opción gloriosa: Estamos invitados a participar con Dios y los demás en la creación de una cosecha gloriosa de gozo, paz, justicia y amor, en una historia gloriosa que no terminará nunca jamás.[14]

El adjetivo empleado tres veces en la última frase (*glorioso*) representa el mejor punto final para esta exploración de lo que nos dice el mensaje de Jesús acerca de la vida después de la muerte. La palabra evoca dos realidades físicas: Peso y luminosidad. Las propiedades de peso y luminosidad ayudan a explicar por qué los pasajes bíblicos que hablan de la última siega del reino incluyen tantas imágenes extravagantes como oro y piedras preciosas, sustancias que combinan cualidades de peso con brillo y fulgor. C. S. Lewis lo dice así:

Todas las imágenes bíblicas de harpas, coronas, oro, etc., constituyen por supuesto un mero intento simbólico para expresar lo inexpresable. Se mencionan instrumentos musicales porque para muchas personas (no para todas) la música es aquella expresión en esta vida presente que demuestra con mayor fuerza las nociones de éxtasis e infinitud. Las coronas se mencionan para aludir al hecho de que quienes se unen con Dios en la eternidad participan de Su esplendor, Su poder y Su alegría. El oro se menciona para aludir a la perdurabilidad y eternidad del cielo (puesto que el oro no se oxida), así como su gran valor. La gente que toma literalmente estos símbolos debería pensar que cuando Cristo nos dijo que fuésemos como palomas, quiso decir que nuestro propósito es revolotear y poner huevos.[15]

Entonces, ¿cuál es la esencia de esta gloria? De nuevo, Lewis lo dice muy bien: La esencia de la gloria es que Dios sea deleitado, que se sienta orgulloso de la cosecha que recogerá, y que nosotros participemos en hacer realidad el sueño de Dios. Esto es algo que no puedo captar con mi cerebro diminuto. De hecho, apenas puedo empezar a imaginarlo, pero siento que una de las cosas más importantes que puedo hacer es tratar de alcanzarlo y soñar. Como dice Lewis:

El otro día leí en un periódico que lo más fundamental es que sepamos bien qué es lo que pensamos de Dios. ¡Por Dios mismo, no es así! Lo que Dios piensa de nosotros no sólo es más importante, sino infinitamente más importante. Ciertamente, lo que pensemos de Él no tiene importancia excepto en relación con lo que Él piense de nosotros. Escrito está que compareceremos ante Él, que rendiremos cuentas en Su presencia y seremos inspeccionados. La promesa de gloria es la promesa, casi increíble y únicamente posible por la obra de Cristo, de que algunos de nosotros, o más bien que cualquiera de nosotros que realmente lo decida, va a pasar ese examen y será aprobado, y agradará a Dios. Agradar a Dios... ser un ingrediente real en la felicidad divina... ser amado por Dios, no solo apiadado sino disfrutado, como un artista disfruta la labor de sus manos o un padre en un hijo. Esto parece imposible, es un peso o una carga de gloria que nuestros pensamientos a duras penas pueden sostener. Pero así es.[16]

CAPÍTULO 21

# CÓMO VER EL REINO

*A vosotros os es dado saber el misterio del reino de Dios.*
— MARCOS 4.11

El verano ha comenzado mientras escribo las palabras que formarán parte del último capítulo de este libro (por supuesto, me falta hacer mucho trabajo de edición antes que el libro quede terminado). En las últimas semanas hemos tenido un clima espléndido aquí en Maryland. Cada mañana de junio, como a las 4:30 de la madrugada y justo antes del alba, he sido despertado varias veces por el canto de las aves. No me molesta que me despierten, lo considero un obsequio especial. Me encanta oírlas mientras sigo acostado y tratar de distinguir sus voces familiares: Mirlos (un montón), sinsontes (también bastantes), y muchos gorriones ingleses. Luego, si sigo prestando atención, alcanzo a oír más... una ratona carolinense, un chercán o ratona común (una de mis favoritas), un pinzón mexicano, un gorrión cantor, después también unos cuantos cuervos, si acaso un moriche montañés, unas palomas lúgubres, y si soy muy afortunado, puedo oír el llamado distante de un zorzal maculado. Justo antes del comienzo de la estación, escuché el sonido inconfundible de una bandada de ampelis ameri-

canos que iban de paso hacia su destino en el hemisferio norte. No los
alcancé a ver, pero ahí acostado en mi cama supe que habían pasado porque
oí su sonoro canturreo de alta frecuencia.

Antes de haber aprendido a distinguir los llamados de estas aves
comunes, yo oía los sonidos pero no sabía qué eran. Todas las notas se
revolvían y era imposible desenmarañar los cantos, tanto como lo es ahora
para mí *no* distinguir sus cantos únicos. Después que uno aprende cuál es el
llamado de un azulejo o un soldadito arrocero, o un turpial sargento, o un
azulillo norteño o un rascador zarcero, le queda imposible *no* identificarlo.

Me pregunto si sucede algo parecido con el mensaje secreto de Jesús. Tal
vez usted lo haya oído todo el tiempo, sin haberse dado cuenta. Tal vez lo
esté viendo ahora mismo o sus señales, sin saber distinguir qué es lo que está
viendo. Tal vez el mejor resultado de este libro será que sus oídos y sus ojos,
es decir, su corazón y su mente, de algún modo hayan «nacido de nuevo»,
para que usted ahora y para siempre lo reconozca cuando lo oiga o lo vea,
cuando pase cerca de usted y entone su canto en las ramas más altas.

Si el gran escritor religioso Huston Smith tiene la razón, hay algo en
nosotros que es incapaz de quedar satisfecho hasta que asimilemos el significado de un secreto determinado, algo que él llama «el anhelo»:

Hay dentro de nosotros, hasta en los más campantes y risueños de nosotros,
una mortificación fundamental... Es un deseo que habita en la médula de
nuestros huesos y en las regiones más profundas de nuestra alma. Toda la
gran literatura, poesía, arte, filosofía, psicología y religión es un intento por
nombrar y analizar este anhelo hondo. Rara vez estamos en contacto
directo con él, y es innegable que el mundo moderno parece empecinado
en impedir que nos pongamos en contacto con él, tapándolo con... entre-
tenimientos, obsesiones y distracciones de toda clase. Pero el anhelo sigue
allí, incorporado a nosotros y a la espera de ser soltado como un resorte
comprimido en una caja... Bien sea que lo reconozcamos o no, el simple
hecho de ser humanos nos hace anhelar la liberación de esta existencia
mundana con sus paredes limitantes de finitud y mortalidad. La buena
noticia... es que ese anhelo puede ser satisfecho.[1]

¿Qué es lo que tanto anhelamos sin siquiera saber su nombre? Mil cosas, pero en últimas una sola. C. S. Lewis la describió simplemente como *belleza*:

No queremos meramente ver la belleza, aunque sabe Dios que aún eso es recompensa suficiente. Queremos algo más que no podemos expresar con palabras, como estar unidos con la belleza que vemos, adentrarnos en ella, revestirnos de ella, sumergirnos en ella, ser parte de ella... En la actualidad estamos en la periferia del mundo, en el lado equivocado de la puerta. Discernimos la frescura y pureza de la mañana, pero no nos alcanza para ser frescos y puros. No podemos mezclarnos con los esplendores que vemos, pero todas las hojas del Nuevo Testamento se mecen con el rumor de que no siempre será así. Algún día, Dios mediante, vamos a estar *adentro*.[2]

Tengo plena convicción, tras muchos años de reflexión en el mensaje secreto de Jesús, que todo de lo que han hablado Smith, Lewis y miles de otros escritores, poetas, maestros y místicos, se esconde como un tesoro en esta bella frase: «El reino de Dios». Hay momentos inesperados en que nos sorprende con el canto de un ave y el refulgir del sol sobre el agua. Es muy real, pero es apenas una vislumbre breve y momentánea. Cómo quisiéramos quedar suspendidos en esos momentos y capturarlos, pero como son tan elusivos son ellos los que nos capturan. Quizás Emily Dickinson haya entendido por qué debe ser así: «Como el relámpago a los niños tranquilizados por su revelación paulatina, la verdad debe encandilar gradualmente o nos dejaría ciegos a todos». Como el aroma característico del océano cuando todavía estamos a kilómetros de distancia, o los indicios de la primavera que observamos de repente en un día de invierno, o como un recuerdo de la infancia que uno ni siquiera sabía que existía hasta que un día en la cocina percibe cierto olor mientras el café se prepara y el pan se hornea... una vislumbre, un aroma o una canción del reino nos «encandila gradualmente». Mi amigo Samir Selmanovic dice: «Estas vislumbres ponen una astilla en nuestro corazón, y apenas veamos una vislumbre del reino de Dios nada más nos dejará satisfechos por completo». Quedamos incurablemente afligidos con el deseo de ver más, más y más. Es porque nos hemos convertido en buscadores del reino de Dios.

Estas vislumbres del reino de Dios nos llegan de forma impredecible e inesperada, por ejemplo leyendo un libro o hasta oyendo un sermón. A mí me llegó una hace poco cuando leí la palabra «cárcel» en este pasaje de uno de los sermones de Frederick Buechner:

> ¿El Reino de Dios? Una y otra vez, Jesús trata de hacernos entender a qué se refiere con ello. Nos presenta una parábola tras otra como un profesor delirante. Nos lo grita y también nos lo susurra... Lo que parece estar diciendo es que el Reino de Dios es el tiempo, o un tiempo más allá del tiempo, cuando ya no serán los humanos en su demencia quienes estén a cargo del mundo sino Dios en su misericordia. Por encima de todo, es un tiempo de regocijo desaforado, como quien sale de la cárcel, como ser curado de cáncer, como volver finalmente al hogar tras una prolongada ausencia. Además, Jesús dice que ese tiempo está al alcance de la mano.[5]

Creo que las mejores vislumbres del reino de Dios nos llegan en nuestra cotidianidad, y los sermones que oímos (o los libros que leemos) nos ayudan a mantener abiertos nuestros ojos para que cuando lleguen esos momentos no nos los perdamos cual sonámbulos. Buechner mismo describe una de esas experiencias, en Orlando, Florida, de todos los lugares posibles, en una atracción turística llamada Sea World [El mundo marino]:

> Era un día magnífico, con el sol brillante de la Florida reflejado en el agua centelleante y un cielo azul sin una nube sobre nuestras cabezas. Las graderías donde nos acomodamos estaban repletas de gente. El espectáculo empezó con el anuncio de que al darse una señal soltarían en el tanque a cinco o seis ballenas asesinas (sería interesante saber cómo nos llaman ellas), y ninguna criatura bajo el cielo podría verse menos asesina que ellas cuando empezaron a dar vueltas en esa piscina gigante. Con el resplandor combinado de sol y cielo, gente joven y bella en la plataforma, el exquisito aire sureño y el deleite de los espectadores al ver las ballenas que también parecían igualmente deleitadas, fue como si toda la creación, hombres, mujeres y animales, sol, agua, tierra y cielo, y yo creo que hasta Dios mismo, se hubiera embelesado en una gran danza jubilosa de belleza inima-

ginable. Y luego, en medio de aquella experiencia, quedé atónito al descubrir que mis ojos estaban llenos de lágrimas.[4]

Buechner se dirigió luego a su esposa y su hija y les contó la emoción que había sentido, y ellas le dijeron que habían sentido lo mismo. ¿Qué les conmovió hasta las lágrimas en aquellas graderías de Sea World? Él explica:

Nos salieron lágrimas porque habíamos captado una vislumbre del Reino Apacible, y casi nos partió el corazón. Durante unos minutos presenciamos el Edén y participamos en la gran danza que tiene lugar en lo más íntimo de la creación. Lloramos porque nos fue dada una vislumbre de cómo debió ser la vida desde que fue creada... La felicidad está en el hogar, y yo creo que las lágrimas que salieron de nuestros ojos fueron lágrimas de añoranza porque nos hace falta estar en casa.[5]

En otra ocasión, sucedió en un lugar tan improbable y diferente de Sea World como uno pudiera imaginar. Fue en medio del tráfico agitado llegando al centro de la ciudad de Nueva York, cuando Buechner sintió que recibió otra vislumbre del reino:

Por un instante el mundo dejó de ser como lo veía y se convirtió en el mundo como podría ser, como algo muy en lo profundo que nuestro mundo anhela y se prepara para ser, parecido a una semilla que crece en la oscuridad del suelo, como la levadura que actúa en el pan.[6]

Estos momentos de visualización, estas vislumbres momentáneas del reino, no pueden ser inventadas ni creadas. Únicamente pueden ser recibidas. De igual manera, el reino mismo, aquello que «nuestro mundo anhela y se prepara para ser», no puede ser alcanzado sino únicamente recibido:

Humanamente hablando, si vamos a sobrevivir, sospecho que nuestro mejor chance lo tienen los hombres y las mujeres que actúen conforme a ese impulso profundo [el cual se describe mejor con palabras como *tole-*

*rancia, compasión, cordura, esperanza, justicia*]. Por supuesto, a ellos les queda imposible hacer realidad el Reino de Dios porque Dios es el único que hace realidad su Reino... Nosotros no podemos hacer que ocurra el Reino de Dios, pero sí podemos prepararnos para recibirlo a medida que se acerca. Podemos tratarnos bien unos a otros y tratarnos bien a nosotros mismos. Podemos hacer que las tinieblas retrocedan un poco. Podemos preparar un terreno fértil dentro de nosotros y entre nosotros donde Dios pueda traer su Reino.[7]

Hay un instante cuando yo siento muchas veces la grandiosidad del reino de Dios, y no me llega a través de la vista, sino al oír el *Mesías* de Handel durante el famoso coro de «Aleluya». El momento no llega cuando las voces entonan el fortísimo y glorioso «Aleluya», aunque es un pasaje maravilloso. Tampoco ocurre en la sección hermosa donde la melodía parece ascender triunfalmente sobre las palabras «Porque el Señor Dios todopoderoso reina», aunque es un arreglo espléndido. Mi momento llega justo después de esta sección retumbante, gloriosa, poderosa y conmovedora. Primero cambia el tono y se cantan suave y lentamente unas palabras que van aumentando sigilosamente en intensidad, en tonos descendientes y ascendientes como las olas crecientes de la marea, y culminan con finalidad sublime: «El reino de este mundo ahora es el reino de nuestro Señor, y de su Cristo, y de su Cristo, y él reinará por siempre y para siempre».

Estas palabras sacadas de Apocalipsis 11.15 evocan un entendimiento del reino de Dios muy diferente al que muchas personas parecen tener, si acaso lo entienden en absoluto. Para ellos, las palabras deberían ser más bien: «El reino de este mundo es destruido y es reemplazado por el reino de Dios en el cielo». En cambio, la vislumbre que hemos recibido en este momento musical no es el fin de nuestro universo de espacio-tiempo sino más bien su transformación, no su destrucción sino su salvación, no su substitución sino su realización total.[8]

No estoy completamente seguro de por qué me conmueven tanto esas palabras. Quizás sea la idea de que nada será desperdiciado, que este universo tan precioso, maravilloso y asombroso no será destruido como un vaso desechable, bien sea en un gran congelamiento o en una incineración total. En lugar de eso, va a ser preservado del decaimiento, salvado de la corrupción, librado del mal y transformado por completo. Estas palabras me permiten alegrarme por «el reino de este mundo», pues algún día será liberado de toda dominación y se convertirá en lo que siempre ha querido ser, lo que siempre ha anhelado con gemidos, lo que siempre ha soñado ser.

Además... en un nivel más profundo, me alegro por Jesús al oír esas palabras. Él intentó decírnoslo una y otra vez en palabra y obra, en prodigio y señal, en metáfora y parábola, pero nosotros fuimos demasiado lentos para oír. Gracias a Dios, la revelación de Apocalipsis nos recuerda que nuestra sordera y torpeza no prevalecerá. Además de todo... estas palabras me hacen alegrarme por Dios. Como una madre que sueña un futuro bienaventurado para el bebé que duerme en su seno, como un padre junto a la cuna donde duerme apaciblemente su recién nacido, Dios verá por fin hecho realidad el sueño que tuvo desde un principio para la creación, y ese sueño no será impuesto por Dios desde afuera, en un acto de dominio contra la voluntad de la creación, sino que surgirá desde el interior de la creación misma, para que el sueño de Dios y el gemir de la creación por su cumplimiento, sean uno solo. La creación de Dios por fin será, como un todo y en todos sus componentes, buena, hermosa y verdadera. Será armoniosa y diversa, dinámica y saludable, generativa y fructífera, novedosa y maravillosa. Su maldad será juzgada y expelida, su cosecha será celebrada. Por supuesto, todas estas palabras son insuficientes.

Tal vez todo este tiempo, mi gozo más profundo nunca ha sido que todos mis sueños se hagan realidad, sino más bien que el sueño singular de Dios se haga realidad: *Que este mundo se convierta en un lugar donde Dios se siente a gusto, un hogar que es el orgullo y deleite de Dios, un lugar donde los sueños de Dios se hacen realidad.*

Ahora bien, esto no es lo que dice el texto exactamente. No lo conjuga en tiempo futuro, sino en el presente perfecto: *El reino de este mundo ahora es (o se ha convertido en) el reino de nuestro Señor y de su Mesías.* Al mirar a nuestro alrededor, ¿qué vemos? No el presente perfecto, no el reino de Dios manifestado plenamente. En lugar de eso vemos regímenes de violencia, amenaza, maltrato, conflicto, peligro, contaminación, corrupción, dominación y opresión. El reino todavía no ha llegado del todo. Hay mucho por hacer, y podemos empezar dándonos cuenta de que sí existe tal posibilidad, que el reino de Dios es real, así como disponiéndonos a ajustar y arreglar nuestras vidas para que formen parte de él, a buscarlo, a trabajar con él y por él.

Muchas veces no lo vemos, pero llega un momento en que lo vemos de repente. Lo buscamos con nuestro corazón, no solo con nuestros ojos, y ahí está, como si nunca se hubiera movido de su lugar, siempre entre nosotros, dentro de nosotros, cerca, aquí: El reino de este mundo *se ha convertido* en el reino de nuestro Señor y de su Cristo, su Mesías, su Rey liberador. El mundo todavía no se ha convertido en el reino, sin embargo *vemos que ya lo ha hecho*.

Es en esa tensión, que tal vez sea la tensión más creativa y verdadera en todo el mundo, que el mensaje secreto de Jesús danza, centellea, brilla y nos llama a vivir: Viendo el reino aquí y también buscándolo y orando para que venga. Al orar para que venga, podríamos usar como modelo la primera oración sencilla pero profunda que Jesús enseñó a sus discípulos. Esta oración que se encuentra en Mateo 6 se ha vuelto casi invisible para muchos de nosotros por ser tan familiar. Se memoriza y recita con tanta frecuencia que mucha gente jamás se ha preguntado qué significa realmente. A la luz de todo lo que hemos considerado juntos en estas páginas, tal vez podamos verlo (de nuevo) por vez primera.

Recomiendo que degustemos cada frase de esta oración permitiendo que capture e inspire nuestra imaginación y transforme nuestras aspiraciones, dándonos una visión del reino. Si llegamos a ser bastantes los que logramos ver el reino, es decir, si lo vemos, repensamos nuestras vidas y al repensar nuestras vidas creemos que lo imposible es posible, todo podría cambiar.

Padre nuestro que estás en el cielo,
santificado sea tu nombre,
venga tu reino,
hágase tu voluntad en la tierra como en el cielo.
Danos hoy nuestro pan cotidiano.
Perdónanos nuestras deudas, como también nosotros hemos perdonado a
    nuestros deudores.
Y no nos dejes caer en tentación, sino líbranos del maligno.

# COROLARIO

*Es necesario que también a otras ciudades anuncie el evangelio del reino de Dios;*
*porque para esto he sido enviado.*
— LUCAS 4.43

Queda tanto por decir acerca del mensaje secreto de Jesús. Tiene implicaciones de largo alcance en un rango amplísimo de temas como racismo y ecología, proliferación de armas y terrorismo, conflicto interreligioso y entretenimiento destructivo, educación y economía, sexualidad y arte, política y tecnología, liturgia y contemplación. Aquí apenas hemos raspado la superficie.

Me consuela el poema «Un futuro que no es el nuestro» del arzobispo Oscar Romero de El Salvador, quien fue asesinado en 1980 por pronunciarse a favor del reino y la justicia de Dios:

De vez en cuando, nos ayuda dar un paso atrás
y contemplar el vasto panorama.
El Reino no solamente está más allá de nuestros esfuerzos,
sino que trasciende nuestra visión.

Cumplimos en nuestra vida solamente una ínfima fracción
de la magnífica empresa que es la obra de Dios.
Nada de lo que hacemos es completo,
lo cual es otra forma de decir
que el Reino siempre nos trasciende.

Ninguna declaración expresa todo lo que puede ser dicho.
Ninguna oración expresa totalmente nuestra fe.
Ninguna confesión deviene en perfección...
Ninguna meta o serie de objetivos incluye la totalidad.

Eso es lo que proponemos:
Plantamos las semillas que algún día brotarán.
Regamos las semillas que ya han sido plantadas,
sabiendo que contienen una promesa futura.
Echamos los cimientos que necesitarán posterior desarrollo.
Proveemos la levadura que produce efectos más allá de nuestras aptitudes.

No podemos hacerlo todo,
y al darnos cuenta de ello nos sentimos liberados.
Eso nos permite hacer algo y hacerlo muy bien.
Será incompleto pero es un comienzo,
un paso a lo largo del camino,
y una oportunidad para que la gracia del Señor se manifieste y haga el resto.

Quizás nunca veremos los resultados finales...
Somos los profetas de un futuro que no es el nuestro.

Este libro es mi «algo» que «será incompleto pero es un comienzo».
Pienso en Jesús y en las parábolas que contó. Me parece que él estuvo más
interesado en despertar nuestra curiosidad que satisfacerla por completo, en
dejar a la gente con hambre y sed de más en lugar de hastiarlos con complacencia. Tal vez así es como debería ser.

Sea lo que sea que aprendamos acerca del mensaje secreto de Jesús,
debería dejarnos con ganas de buscar más, aprender más y experimentar

más. La idea no es entenderlo todo como resultado de haber leído un libro, sino interesarnos a tal punto que nos «adentramos en él» viviéndolo. Supongo que es como el golf, la pesca, tocar violín, estar casado, criar hijos, saltar en paracaídas, enamorarse o estar vivo: Uno puede leer libros sobre el tema, pero ese no es el objetivo real. ¿No le parece?

# ¿POR QUÉ NO LO ENTENDIMOS MUCHO ANTES?

*Allí será el llanto y el crujir de dientes cuando veáis a Abraham, a Isaac, a Jacob y a todos los profetas en el reino de Dios, y vosotros estéis excluidos. Porque vendrán del oriente y del occidente, del norte y del sur, y se sentarán a la mesa en el reino de Dios. Y he aquí, hay postreros que serán primeros, y primeros que serán postreros.*
— LUCAS 13.28-30

Ciertamente, este entendimiento del mensaje secreto de Jesús no es original. Estoy seguro de que nunca habría tenido el coraje para cuestionar mis interpretaciones convencionales de las enseñanzas de Jesús si no fuera por varios eruditos bíblicos y teólogos cuyos escritos despertaron mi propio inconformismo callado, la sensación fastidiosa de que había mucha más tela que cortar en la vida y las enseñanzas de Jesús de lo que podía acceder con mi teología convencional. En particular, los escritos de Dallas Willard, el obispo N. T. Wright, Walter Wink, John Howard Yoder y Walter Brueggemann estimularon mi pensamiento. También me influenciaron muchos otros como Sharon Welch, Howard Snyder, Brian Hathaway, Jim Wallis, John Perkins, Tony Campolo, Tim King, Todd Hunter... demasiados para ser nombrados.[1]

Ahora bien, usted notará que todos estos escritores son contemporáneos y cabe hacer una pregunta legítima: Si esta lectura de los evangelios es correcta, ¿por qué no la vieron los eruditos hace quinientos u ochocientos años? Los críticos podrían contestar que la respuesta es obvia: Esta lectura no está arraigada en absoluto en los textos de los evangelios, es como una mancha en los anteojos de los eruditos recientes que les hace expresar más nuestra perspectiva contemporánea que a Jesús mismo. Los críticos podrían juzgar que no es algo que pueda leerse en los textos originales, sino más bien una lectura a la que el texto debe acomodarse. Este es un enjuiciamiento viable. Después de todo, hay gente que ha acomodado las enseñanzas de Jesús a todo tipo de cosas como reencarnación, supremacía blanca, americanismo, prosperidad instantánea, y quién sabe qué más.

Yo no creo que tales críticas sean legítimas, por dos razones. En primer lugar, tenemos que preguntar qué constituye una buena lectura. Es difícil tratar de responder en una sola frase esa pregunta tan importante y profunda, pero me permito ofrecer una frase que dice mucho a pesar de su brevedad: *Una buena lectura incluye más detalles del texto que una mala lectura.*[2] Nuestra lectura del texto bíblico, según la cual en la médula del mensaje de Jesús se encuentra esta idea compleja y radical del reino de Dios como una realidad que está «a la mano» y que «baja del cielo» aquí y ahora, incluye más detalles del texto bíblico que cualquier otra que haya visto. Las lecturas tradicionales que suponen que Jesús vino primero que todo a resolver el antiguo problema del pecado para que podamos «subir al cielo» quién sabe cuándo en el «más allá», ciertamente incluyen algunas de las palabras y acciones de Jesús, pero no con la intensidad y resonancia de la lectura aquí presentada.

En segundo lugar, otras lecturas contemporáneas, algunas de las cuales están muy de moda últimamente, parecen reducir el texto a aquellos pasajes que cuadran con cierto «ángulo», creando imágenes de Jesús que o bien son reflejos exactos de los eruditos que las proponen o lo reducen a un personaje bidimensional muy fácil de descartar como irrelevante. A diferencia de ello, nuestra lectura aquí toma el texto entero en toda su variedad e intensidad y parece integrar temas políticos, sociales, teológicos, escatológicos y demás en un todo coherente. En mi opinión, se las arregla para consolidar el texto y le da sentido a sus detalles como ninguna otra lectura que haya encontrado.

Todavía queda por responder la pregunta: ¿Por qué no se hizo antes esta lectura? Hay razones para creer que esta clase de lectura simplemente *no habría podido hacerse* antes. Esas razones no incluyen cualquier noción arrogante o ingenua de que nosotros en el siglo veintiuno seamos mejores o más inteligentes o iluminados que nuestras hermanas y nuestros hermanos de otras épocas. Más bien, parados sobre sus hombros, miramos hacia atrás y consideramos una serie de razones posibles para nuestra lentitud en ver el mensaje del reino. De hecho, sin su legado no podríamos ver lo que ahora vemos.

El primer factor que se debe considerar es que al empezar la historia eclesiástica a finales del siglo II, la fe cristiana dio un giro fatídico. Pasó de ser una secta judía comprometida a mantener una continuidad completa con el judaísmo histórico, para convertirse en una religión gentil con tendencias antisemíticas persistentes. Me duele decirlo, pero cualquier historiador de la iglesia debe admitir que ese es el caso. El antisemitismo tendió a cegar a los cristianos en cuanto a las dimensiones judías únicas de la historia de Jesús y de su enseñanza, precisamente las dimensiones que han enriquecido nuestra historia aquí expuesta. Quizás entonces, el antisemitismo que fue demasiado común en la historia de la iglesia fue lo que impidió a los lectores entender el mensaje secreto de Jesús puesto que es un mensaje radicalmente judío. El antisemitismo también ocasionaría desinterés e ignorancia en cuanto al contexto del primer siglo en que Jesús vivió y enseñó. Esa ignorancia intencional haría improbable una lectura como esta, si no imposible. (Tal vez sea demasiado optimista esperar que esta reevaluación de Jesús y su mensaje por parte de cristianos como yo pudiera hacer posible un nuevo terreno común para el diálogo entre judíos y cristianos. Sea realista o no, esa es mi esperanza.)

El segundo factor fue que el divorcio precoz entre la iglesia y sus raíces judías fue seguido por su amancebamiento correspondiente con la filosofía griega. La filosofía griega, en particular la corriente neoplatónica en la que muchos de los primeros pensadores cristianos estaban inmersos, tenía mucho más interés en conceptos universales que en particularidades contextuales y se enfocaba más en verdades atemporales que en verdades del momento o históricamente oportunas. Esta mentalidad habría predispuesto a los lectores de los evangelios a interpretar el mensaje de Jesús como una serie de abstracciones atemporales y a perderse por completo las referencias históricas particulares a realidades políticas y movimientos sociales contemporáneos.[3]

Tan solo hay que comparar el aluvión de tiempo y recursos que la iglesia gasta debatiendo asuntos teológicos, filosóficos y esotéricos, con la atención a cuentagotas que se presta a entender y aplicar la ética del reino de Jesús. La diferencia es abismal, y a la luz de nuestra exploración nos parte el corazón. Algunos podrían decir que los argumentos esotéricos fueron necesarios, pues de otro modo la teología cristiana habría perdido su integridad doctrinal y se habría convertido en subalterna de alguna otra ideología. Pero si acaso tuvo éxito en preservar su integridad doctrinal, uno tiene que preguntarse si no perdió su integridad ética en el proceso y qué provecho tiene salvar la primera si se pierde la segunda.

La tercera razón es que a principios del siglo cuarto, el cristianismo fue acogido por el emperador Constantino (bien fuera sinceramente o por tejemaneje político, sólo se puede especular). Tras su divorcio del judaísmo y su amorío con la filosofía neoplatónica, el cristianismo entró en un matrimonio permanente con el imperio de Constantino. Ahora como religión oficial del imperio romano, ¿sería capaz de leer las enseñanzas de Jesús como una crítica implícita al imperio terrenal? Con razón los eruditos de la iglesia optaron por hacer lecturas abstractas «más seguras» que no cuestionaban el estatus quo, ya que estaban totalmente afiliados y casados con los mismos «principados y potestades» que Jesús y sus apóstoles declararon que el reino de Dios había venido a deponer.

Sin lugar a dudas, esta amalgama de iglesia e imperio tuvo ciertas ventajas y consecuencias inevitables. Teniendo en cuenta todas las dinámicas históricas, es difícil imaginar una trama que pudiéramos crear, carente de consecuencias negativas inherentes. Es difícil imaginar qué habríamos podido hacer diferente, aún sabiendo lo que sabemos hoy. El hecho es que se perdió mucho como resultado de este matrimonio infeliz. Walter Wink lo expresa así:

> Jesús visualizó un mundo transformado… Si Jesús nunca hubiera vivido, no habríamos sido capaces de inventarlo. Ni el mundo ni la iglesia siquiera

tenían categorías para concebir un cambio tan fundamental. Con razón el aspecto radical de Jesús fue desleído por la iglesia... La iglesia dejó de ver lo demoníaco en el imperio y pasó a verlo en los enemigos del imperio. Puesto que la sociedad como un todo ahora se consideraba cristiana, la expiación se convirtió en una transacción exclusivamente individual entre el creyente y Dios. Así fue como se abandonó casi por completo la idea de que la obra de Cristo incluya la crítica radical de la sociedad.[4]

En cuarto lugar, como hemos visto, con esta alianza entre iglesia e imperio vino un respaldo del uso de la violencia en el servicio del reino de Dios. Es difícil imaginar algún acierto en la aplicación del mensaje secreto de Jesús cuando la iglesia-imperio determinó que los herejes podían ser torturados justamente mediante el uso de los métodos más horribles jamás inventados: destripación, arranque de la piel, quemar a gente viva y demás. Si a esta tragedia se añaden las incursiones reiteradas de «bárbaros» violentos como los hunos, los godos, los vikingos, etc., además de las guerras frecuentes con los musulmanes, es evidente que la iglesia estaba tan ocupada combatiendo por su supervivencia que no estaba dispuesta a considerar entendimientos alternativos de las enseñanzas de Jesús ni siquiera si alguno hubiera sido propuesto. De hecho, es fácil imaginar cómo se considerarían una traición esos entendimientos alternativos propuestos en tiempo de guerra. Además, como el alfabetismo era la excepción y no la regla durante esos siglos de oscurantismo, no había suficientes estudiosos con tiempo disponible para explorar interpretaciones renovadoras del mensaje de Jesús.

En quinto lugar, después de la edad media, cuando los protestantes se separaron de la iglesia occidental, la mayoría de segmentos nuevos de la iglesia simplemente crearon nuevas alianzas con el estado secular, de tal modo que en lugar de un solo imperio sacro-romano, quedamos con muchas aleaciones de iglesia-estado. En estos contextos, la cristiandad pasó por una metamorfosis que la convirtió en diversas formas de religión civil, cada una de las cuales era un sirviente voluntario del nacionalismo. Si se consideran las palabras de Jesús sobre la imposibilidad de servir a dos amos, ninguna de estas opciones sería compatible con el mensaje secreto de Jesús. En estos

contextos, proclamar el mensaje secreto de Jesús como lo hemos considerado aquí no sólo se juzgaría como no ortodoxo, sino también sería
condenado como antipatriótico y por ende impensable. (Algunos lectores
pueden haber sentido esta misma objeción al leer este libro, porque la
religión civil sigue siendo dominante en muchos lugares.)

El sexto es un factor de gran importancia: No fue sino hasta décadas
recientes que se descubrieron y tradujeron documentos nuevos del mundo
antiguo, incluidos los rollos del Mar Muerto. Estos documentos han
arrojado más luz sobre los aspectos religiosos, políticos y sociales del tiempo
en que Jesús vivió. Sin esos documentos y la erudición que los rodea, fue
demasiado fácil dar por sentado que los entendimientos convencionales
habían tomado todo en cuenta y no se creó un espacio para repensarlos. Al
mismo tiempo, se ha intensificado la «búsqueda del Jesús histórico» en
siglos recientes, pero en la mayoría de los casos estas búsquedas presentan
una imagen de Jesús moldeada por los eruditos y expertos que las
emprenden: un Jesús racionalista, un Jesús romántico, etc. Se requiere
tiempo para distinguir la erudición sesgada de la objetiva e imparcial y para
que las tajadas de buena erudición se integren de algún modo entre sí, y más
importante todavía, con el texto bíblico mismo. Este proceso es constante y
sugiere que la visión del mensaje de Jesús que hemos considerado aquí nece-
sitará un desarrollo continuo en los años venideros.

La séptima razón es que hasta décadas recientes, la iglesia cristiana no
había reconocido suficientes errores como para hacerse un auto-examen
serio. Es decir, había cometido bastantes errores pero no había reconocido
muchos de ellos. Durante la fase de colonización, la iglesia occidental en sus
corrientes tanto católica como protestante fue energizada por un sentido de
misión expansiva, y tristemente el concepto mismo de misión se convirtió
en un híbrido de la colonización imperial. Como un equipo invicto de fútbol
en plena temporada o un grupo de rock que asciende al súper estrellato, una
religión que se expande como resultado de su asociación con un imperio
colonial no dedica muchas energías a la reflexión y el auto-examen, especialmente en cuanto a las injusticias producidas por el proceso mismo de
colonización.[5]

No obstante, cuando se empiezan a amontonar las fallas y algunas se elevan al nivel de escándalos y atrocidades (la conquista y el genocidio de los pueblos nativos en el continente americano, el comercio global de esclavos, la esclavitud y la segregación en los Estados Unidos, el apartheid en Sudáfrica, la degradación del medio ambiente, dos guerras mundiales, el holocausto, los civiles japoneses que murieron cuando Estados Unidos lanzó bombas atómicas sobre Hiroshima y Nagasaki, los escándalos de pedofilia, y la lista continúa), las organizaciones tienden a reflexionar más sobre su situación. El mismo efecto lo puede tener la disminución drástica en el número de sus miembros activos. Así, la pregunta «¿qué nos pasó?» se convierte en «¿qué nos pasa?» y esta a su vez puede llevar a «¿qué le pasa a nuestro mensaje?» La soberbia viene antes de la caída, y tal vez las organizaciones soberbias necesitan una caída para considerar la posibilidad de arrepentirse y repensarse.

Por lo menos hay una razón más que debe considerarse para responder la pregunta que aquí consideramos: Toda religión, *el cristianismo incluido*, puede convertirse en un oponente del mensaje secreto de Jesús. Christoph Friedrich Blumhardt (1842–1919), un líder de las comunidades del Bruderhof, entendió este peligro: «Nada es más peligroso para el avance del reino de Dios que la religión. El problema es que el cristianismo se ha vuelto una religión. ¿Acaso no sabemos que es posible matar a Cristo con esa clase de cristianismo?»

El gran filósofo danés Søren Kierkegaard ofreció un diagnóstico igualmente provocativo:

El asunto es muy simple. La Biblia es muy fácil de entender, pero nosotros los cristianos somos un montón de tergiversadores insidiosos. Pretendemos ser incapaces de entenderla porque sabemos muy bien que tan pronto la entendamos estaremos en obligación de actuar conforme a tal entendimiento. Lea cualquier versículo en el Nuevo Testamento y olvídese de todo excepto comprometerse a actuar conforme a lo que dice; Dios mío, dirá usted, si hago eso toda mi vida se arruinará, ¿cómo podría seguir viviendo en el mundo?

Aquí es donde entra en escena la erudición cristiana. La erudición cristiana es la invención prodigiosa de la Iglesia para asegurar que podamos continuar siendo buenos cristianos sin que la Biblia se nos acerque demasiado. Cosa temible es caer en las manos del Dios vivo. Sí, hasta nos da miedo estar un rato a solas con el Nuevo Testamento.[6]

A un cristiano como yo le queda imposible leer las palabras de Blumhardt y Kierkegaard sin sentir una vergüenza amarga, ¡y también una gratitud inmensa por el Nuevo Testamento! Como ha dicho Walter Wink, «la historia que todos han podido leer en los evangelios todo este tiempo, sigue haciendo efecto como una cápsula de efecto lento».[7]

Lo que fue cierto para los contemporáneos de Jesús, que ellos podrían perderse el reino mientras habría «quienes lleguen del oriente y del occidente, del norte y del sur», ciertamente podría aplicarse también a los adherentes a la religión cristiana en nuestro tiempo. ¿No sería fascinante si miles de musulmanes, alienados por la manera en que los fundamentalistas y los extremistas han asimilado su religión, empezaran a «sentarse al banquete en el reino de Dios», descubriendo el mensaje secreto de Jesús en maneras que muchos cristianos no lo han logrado? ¿Podría ser que Jesús, reconocido siempre como uno de los grandes profetas del Islam, en algún momento fuese redescubierto para salvar al Islam de su peligroso lado oscuro? Similarmente, ¿no habría cierta justicia irónica en que los propios compatriotas de Jesús, el pueblo judío, se pusiera a la delantera en entender y practicar la enseñanza cardinal de uno de sus propios profetas a quien hasta ahora han descartado para favorecer otros intereses o ideologías? ¿Qué tal si los budistas, los hinduistas y hasta los ateos y agnósticos llegaran «del oriente y del occidente, del norte y del sur» y empezaran a disfrutar el banquete del reino en maneras a las que todavía no han accedido los que llevan el nombre de *cristianos*?[8] Por supuesto, gracias a que tenemos la «cápsula de efecto lento» que es el Nuevo Testamento, siempre hay esperanza de que los cristianos no sean los últimos en redescubrir la verdad que podría cambiarlo todo. Quizás el tradicionalismo moralista blando de algunas de nuestras iglesias y la arrogancia militante e iracunda de otros grupos se hayan vuelto tan insufribles y de mal gusto que hoy estemos más cerca a ese redescubrimiento de lo que podríamos darnos cuenta.

Tal vez así como nos tomó más de ochocientos años tener el valor para enfrentarnos a lo que significó el mensaje de Jesús para el asunto de la esclavitud, y otros cien para empezar a preguntarnos lo que significaba para las mujeres, y otros cien para empezar a preguntar lo que significa para el medio ambiente, es posible que siempre requiramos cierta cantidad de tiempo para estar dispuestos a ver lo que siempre ha estado allí desde el principio. Esto me hace pensar en las famosas y apasionadas palabras de John Robinson cuando se despidió de aquellos en su congregación que estaban a punto de zarpar en el *Mayflower* con destino a Norteamérica en 1620:

> Les encargo delante de Dios... que no me sigan más lejos de lo que me han visto seguir al Señor Jesucristo. Si Dios les revela algo por cualquier otro instrumento Suyo, estén tan dispuestos a recibirlo como si fueran a recibir cualquier verdad a través de mi ministerio, pues tengo la plena persuasión de que el Señor tiene más verdad por revelar de Su Santa Palabra. Por mi parte, no puedo lamentarme más por la condición de aquellas iglesias reformadas que... en el presente, no están dispuestas a avanzar más que los instrumentos de su reformación. Los luteranos no pueden ser movidos a ver más allá de lo que Lutero vio, pues aquella parte de Su voluntad que nuestro Dios le reveló a Calvino, sus seguidores prefieren morir antes que acogerla; y por su lado, los calvinistas se adhieren firmemente a lo que les dejó aquel gran hombre de Dios aunque él no pudo ver todas las cosas. Esta es una miseria que debe lamentarse en gran medida.

Si las palabras de Robinson siguen siendo válidas casi cuatro siglos después y las Escrituras tienen más tesoros de los que nos hemos percatado hasta ahora, entonces el entendimiento fresco del reino de Dios que hemos explorado en estas páginas tampoco es el fin de la aventura. La idea no es que nos demos palmadas en la espalda y digamos: «Ahora sí que podemos verlo todo, ¿no es grandioso?» Más bien, una renovación del interés en el mensaje secreto de Jesús podría marcar los primeros comienzos de un nuevo capítulo en la historia, el nacimiento de una aventura de suprema importancia, una exploración que podría cambiarlo todo.

# EL COMPLOT DE LA BONDAD

*Además, el reino de los cielos es semejante a un tesoro escondido en un campo,*
*el cual un hombre halla, y lo esconde de nuevo, y gozoso por ello va*
*y vende todo lo que tiene, y compra aquel campo.*
— MATEO 13.44

E spero que este libro no haya satisfecho su curiosidad en cuanto al mensaje secreto de Jesús. Más bien, espero que haya atizado la llama de su curiosidad como nunca antes. Como resultado, espero que usted continúe explorando el mensaje y su significado para su vida y para nuestro mundo. A continuación, tres pasos que yo le recomendaría:

1. *Diálogo en grupo*. El reino de Dios fue explorado originalmente en un grupo de doce, y ese parece ser todavía el mejor método. Usted no necesita doce, pero ¿por qué no alentar a unos cuantos amigos a leer este libro y luego reunirse para discutirlo juntos? Podría ser un día a la semana con algunos amigos en el trabajo durante el desayuno o el almuerzo, o con algunos amigos de su iglesia o vecindario que se reúnan en su sala o comedor. Tal vez conozca algunas personas que se podrían reunir con regularidad en una cafetería o un bar para entablar una conversación animada. Podrían ponerse de acuerdo en un plan de lectura, quizás un capítulo por

semana, y asignarle a cada persona diez minutos (o lo que sea) para hablar de sus reacciones al capítulo de la semana, leer citas del libro, plantear preguntas o manifestar desacuerdos, así como relacionar las ideas del libro con su propia vida.

También podrían ponerse de acuerdo para subrayar pasajes de interés especial y tomar turnos para leer los pasajes subrayados y decir por qué los consideraron interesantes. También podrían leer juntos todo el capítulo en voz alta y luego turnarse para responder ciertas preguntas sobre cada capítulo. Por ejemplo:

- ¿Qué fue lo que más me gustó de lo leído?
- ¿Qué no entendí?
- ¿Con qué no estuve de acuerdo?
- ¿Qué pareció mas relevante a mi vida?
- ¿Qué interrogantes genera este capítulo que requieran mayor estudio o discusión?

Después que terminen de discutir todo el libro, podrían proceder a leer los cuatro evangelios originales. Les recomendaría leer un capítulo juntos y en voz alta (turnándose o leyéndolo al unísono entre todos); los evangelios tienen algo que los hace cobrar vida cuando son leídos en voz alta, al estilo de un relatador de historias.[1] También podrían asignar media hora para que cada persona lea el capítulo en silencio, tomando apuntes y escribiendo respuestas en preparación para el diálogo en grupo. Después podrían responder las preguntas anteriores o probar algunas de estas:

- ¿Qué me dice este pasaje acerca de Dios?
- ¿Qué me dice acerca del reino de Dios?
- ¿Qué me dice acerca de Jesús?
- ¿Qué me dice acerca de mí mismo(a)?
- ¿Qué me dice acerca de nuestra misión en el mundo?
- ¿Qué interrogantes genera este capítulo que requieren mayor estudio o discusión?

A muchos grupos les va mejor si se comprometen por un tiempo determinado, por ejemplo tres meses o un año. Si su grupo se consolida y parece
adquirir vida propia, ¡disfrute el paseo! Si siempre llega gente nueva al grupo
(lo cual es bueno porque un buen secreto como este debería divulgarse), tal
vez tenga que dividirlo en subgrupos (cuatro miembros es un buen número
para cada subgrupo), a fin de facilitar la conversación. Usted podría empezar
con un grupo de cuatro en la mesa de la cocina, otros cuatro en la sala, el
comedor y el sótano, o podría empezar en una mesa esquinera en la cafetería
o el local y luego expandirse a las mesas adyacentes.[2]

2. *Experimentos variados*. No es suficiente leer, estudiar y discutir el mensaje
secreto de Jesús, pues su propósito es que sea *practicado*. Por eso, como parte
de su conversación en grupo, podrían ponerse de acuerdo en realizar varios
experimentos para poner en práctica alguna faceta de la enseñanza de Jesús
en el transcurso de la semana y presentar en la próxima reunión un informe
de la experiencia con sus éxitos, fracasos, sorpresas, reflexiones y conclu-
siones. Por ejemplo, podrían experimentar con lo siguiente:

- «Volver la otra mejilla» durante una semana: Responder a ofensas o
  maltratos sin retaliación ni retirada, más bien con exposición
  creativa del ofensor y trascendencia de la situación.
- Bendecir a las personas que les traten mal (hablarles bondadosa-
  mente) y orar por ellos.
- Utilizar un lenguaje sencillo y directo, sin hacer juramentos ni
  votos, hablando con honestidad sensible pero sin adornos, que su
  «sí» sea «sí» y su «no» sea «no» (Mateo 5.37).
- Hacer a los demás lo que quieran que los demás les hagan.
- No juzgar ni insultar a nadie.
- Perdonar a las personas de tal modo que guardar algún rencor sea
  considerado más serio que cualquier cosa que haya motivado ese
  rencor.
- Cuidar de «los más pequeños» observando y sirviendo a personas
  necesitadas o vulnerables (los enfermos, los niños, los ancianos, los
  discapacitados, los diferentes a usted en raza o cualquier otro

aspecto, o cualquier tipo de persona que usted tenga dificultad en amar) como si fueran Cristo mismo.

La idea no es tratar de seguir las enseñanzas de Jesús para hacerse acreedor a algo (como si usted fuera un empleado de Dios y no su hijo acepto y amado), ni para evitar algo (como si fueran leyes y usted tratara de evitar una multa o ir a la cárcel), ni para ganarse algo (como si participara en un juego o concurso). Más bien, la idea simplemente es experimentar para ver si el modo de vida enseñado por Jesús realmente demuestra ser, en su experiencia, algo bueno y que vale la pena, y en últimas, para ver si aumenta o no su confianza en Jesús como maestro. A medida que usted lo experimenta, le convendrá tener presentes las palabras de Jesús: «El que quiera hacer la voluntad de Dios, conocerá si la doctrina es de Dios, o si yo hablo por mi propia cuenta» (Juan 7.17).

Tal vez su grupo quiera explorar el tema de la formación espiritual siguiendo el modelo de Jesús, experimentando con varias prácticas espirituales como las siguientes:

- *Silencio y soledad.* Dedicar un lapso de tiempo cada día o semana a estar solos y en silencio, conscientes de la presencia de Dios, bien sea sentados, caminando, en el automóvil o sobre las rodillas.
- *Actos de generosidad.* Por ejemplo, llevando una cantidad determinada de dinero en su bolsillo todos los días, lista para dársela a la primera persona que salga a su encuentro y que la necesite, o levantando fondos para alguna buena causa que ayudará a algún necesitado.
- *Ayuno.* Pasar un día o más tiempo sin comida.
- *Oración.* Orar el Padre Nuestro lenta y pensativamente, una, dos o tres veces al día, o siguiendo otro plan de oración frecuente y regular.[3]
- *Concientizar la mente.* Aprender a tener presente a Dios (o «practicar la presencia de Dios»), por lo menos una vez al día, luego una vez cada hora y después con mayor frecuencia, hasta que usted sea consciente de la presencia de Dios durante períodos extensos de tiempo, sin interrupción.

- *Gratitud.* Percatarse de cada goce y bendición que se cruce en su camino, y dar gracias a Dios por ello como un regalo de su gracia.
- *Hospitalidad.* Departir alrededor de comidas en las casas de cada uno como parte de sus reuniones, o recordando la «inclusión escanda-losa» de Jesús en su compañerismo en la mesa, invitando a alguien inesperado (un extraño, una persona indigente, un vecino, una persona de trasfondo, raza o religión diferente, etc.) para que se una a ustedes en la ocasión.

Todos ustedes podrían ponerse de acuerdo en realizar una práctica espiritual durante una semana o un mes, y compartir cada semana algunas de sus experiencias. La idea es que por medio de todas estas cosas, ustedes practiquen el estilo de vida del reino de Dios.

3. *El complot de la bondad.*[4] En algún punto, su grupo debería decidirse a hacer algo para beneficiar a otras personas no incluidas en su grupo, a fin de expresar de algún modo la realidad el reino de Dios. Hace años, con un grupo de amigos empezamos a recolectar ropa usada y cuando ya teníamos un par de automóviles llenos de ropa, nos íbamos el sábado a un vecindario pobre. Luego extendíamos cuerdas entre árboles y ahí colgábamos toda la ropa. Después corríamos a los edificios de apartamentos y tocábamos en la puerta para avisarle a la gente que les esperaba una sorpresa afuera si les interesaba. Nunca olvidaré la emoción de ver a toda la gente que salía de compras gratis en su estacionamiento. Si nos preguntaban por qué lo hacíamos, únicamente les decíamos: «Queremos que sepan que Dios los ama».

También podrían preparar un picnic y llegar a un parque de su ciudad donde los indigentes pasan la noche, como lo ha hecho mi amigo Spencer Burke en el pueblo donde vive. No se limiten a darles comida e irse, quédense con ellos como si fueran participantes en el convite de su grupo.

Todos sabemos qué hacen las células terroristas. De pronto su grupo podría hacer todo lo opuesto a una célula terrorista, conspirando en secreto para realizar actos de bondad que sorprendan a la gente con vislumbres y anticipos del reino de Dios: Celebrando fiestas inesperadas, visitando gente en hospitales, regalando flores, plantando jardines, haciendo arreglos en las casas de los ancianos o los incapacitados, aseando casas, arreglando carros, cuidando los niños de madres y padres solteros, construyendo zonas de recreo para niños, haciendo el aseo en vecindarios con problema de basuras, o limpiando quebradas o vías públicas. Cualquier cosa que hagan, diviértanse y sean creativos para darle a la gente una probadita del reino de Dios a través de su bondad manifiesta.

También podrían confrontar un problema de injusticia, como lo hicimos hace poco un grupo de amigos. Como nos preocupa el genocidio que ocurre en Darfur, organizamos cinco servicios de adoración al aire libre en cinco lugares estratégicos en Washington, D.C. Llamamos nuestro proyecto «Adoración en el espíritu de la justicia», y cada semana alabamos a Dios en palabra y canción como el Dios de la justicia que se interesa en los oprimidos, e hicimos un llamado a nuestra nación y su gobierno para que no se quedaran de brazos cruzados mientras se derrama la sangre de nuestro prójimo.[5] Podrían dedicar medio año a aprender acerca de un país necesitado o en crisis y luego hacer lo que puedan para ayudar. (Créame, a medida que estudien los diferentes asuntos se les van a ocurrir buenas ideas.) ¡De pronto ustedes marcarán la diferencia!

Tal vez se pregunte cómo debería llamarse un grupo de este tipo. Algunos lo llamarían un grupo de estudio, un grupo de compañerismo, una comunidad de fe, una comunidad misionera, un monasterio laico (un grupo de laicos que se congregan alrededor de una práctica espiritual y una misión), un grupo de formación espiritual o un grupo de diálogo espiritual. Algunos tal vez querrán llamar un grupo de este calibre «iglesia», quizás micro-iglesia o mini-iglesia, iglesia casera, iglesia líquida o iglesia orgánica. Después de todo, es un grupo que se reúne en torno a Jesús y su mensaje.[6] (Por supuesto, algunos no lo considerarán apropiado.) Hay grupos que podrían formarse como clases de educación cristiana dentro de iglesias establecidas, y podrían optar por invitar a algunos amigos no cristianos a formar parte de ellos. La diversidad de perspectivas los beneficiaría a todos. Si quieren crear cierta intriga en cuanto a su grupo, llámenlo «grupo secreto», puesto que van a estar explorando el mensaje secreto de Jesús.

Si les gustaría compartir sus experiencias en un grupo de ese tipo o si quisieran obtener ideas y recursos adicionales, por favor visiten estos sitios en Internet: www.emergentvillage.com y www.anewkindofchristian.com.

Quisiera sugerir que concluyan sus reuniones tomándose de las manos y diciendo juntos la oración que Jesús enseñó a sus discípulos. Esta oración bien podría llamarse «la oración del reino», y también me parece que provee las mejores palabras para concluir este libro:

Padre nuestro que estás en los cielos, santificado sea tu nombre.
Venga tu reino. Hágase tu voluntad, como en el cielo, así también en la
    tierra.
El pan nuestro de cada día, dánoslo hoy.
Y perdónanos nuestras deudas, como también nosotros perdonamos a
    nuestros deudores.
Y no nos metas en tentación, mas líbranos del mal; porque tuyo es el reino,
    y el poder, y la gloria, por todos los siglos. Amén.

Porque si perdonáis a los hombres sus ofensas, os perdonará también a vosotros vuestro Padre celestial; mas si no perdonáis a los hombres sus ofensas, tampoco vuestro Padre os perdonará vuestras ofensas. (Mateo 6.9-15)[7]

# RECONOCIMIENTOS

Este libro trata de sintetizar y hacer accesible la obra de muchos eruditos en filosofía, estudios bíblicos, teología e historia. Cabe destacar dos de estas obras. Primero, siento que juntamente con un número cada vez mayor de personas en los últimos años, se me ha dado una oportunidad de ver desde una perspectiva nueva la vida y el mensaje de Jesús por medio de la obra del historiador y teólogo anglicano, el obispo N.T. Wright.

Segundo, he estado muy bien abastecido de los escritos del filósofo y teólogo Dallas Willard sobre la vida espiritual, y especialmente sobre el mensaje central de las enseñanzas de Jesús. Aunque ellos y otros merecen que se les reconozca el mérito de cualquier valor que vaya a tener este libro, la responsabilidad por todos y cualquiera de los defectos del mismo será exclusivamente mía.

Muchas otras personas, la mayoría ni eruditas, ni personas bien conocidas en el ámbito público, me han mostrado de manera cada vez más clara el mensaje que este libro trata de explorar a través de su vivo ejemplo. Me he encontrado con estas personas en mi familia, en la comunidad de fieles a la que he pertenecido por más de veinte años (crcc.org), en una red de amigos (emergentvillage.com), en organizaciones con las que he trabajado (incluyendo iteams.org, off-the-map.org, mhgs.edu, sojo.net), y en momentos inesperados en los aeropuertos, restaurantes, y en los vecindarios.

Estoy sinceramente agradecido a Greg Daniel y todo el equipo de W Publishing Group. Ha sido un placer trabajar con ellos, este libro es mucho mejor gracias a su guía, ánimo y apoyo.

Finalmente, a todos los lectores de mis libros anteriores que me han animado de tantas maneras, gracias, y gracias a Dios.

# NOTAS

## INTRODUCCIÓN

1. Por ejemplo, el significado teológico de la muerte de Jesús es central en todas las vertientes del pensamiento y la vida del cristianismo, pero como este libro trata sobre el mensaje de Jesús, yo limito aquí mis reflexiones sobre su muerte a cómo se relaciona con el tema primario de su enseñanza. Recalcar un tema no implica minimizar el otro.

2. Mis amigos Steve Chalke y Alan Mann han escrito un libro interesante y útil con tema y título similares a este: *The Lost Message of Jesus* [*El mensaje perdido de Jesús*] (Grand Rapids: Zondervan, 2003). Además de tener muchos de los mismos críticos, tenemos un objetivo en común: «Que este libro pueda provocar el debate pensativo, plantear nuevas preguntas y arrojar un poco de luz, pero más que eso, inquietar nuestros corazones, encender nuestras emociones y carburar nuestras imaginaciones» (p. 16).

## CAPÍTULO 1: PREGUNTAS INQUIETANTES ACERCA DE JESÚS

1. Si hubiera podido encontrar una manera más agraciada y concisa de expresarlo, esta frase habría generado el subtítulo de este libro, que habría sido algo parecido a esto: *El mensaje secreto de Jesús: su plan sorprendente y poco implementado para una revolución política, social, religiosa, artística, económica, intelectual y espiritual*. Como

ya tengo reputación de escribir subtítulos peliagudos, rechazamos
este a favor de uno más sencillo.

2. El libro de Sharon D. Welch, *After Empire: The Art and Ethos of
Enduring Peace [Imperio post: El arte y ethos de la paz duradera]*
(Minneapolis: Augsburg Fortress, 2004) ejemplifica para mí un tipo
de reflexión interreligiosa productiva y muy necesaria. En términos
del diálogo entre budismo y cristianismo, pienso en el libro del
Dalai Lama, *The Good Heart: A Buddhist Perspective on the
Teachings of Jesus [El corazón bueno: Una perspectiva budista sobre las
enseñanzas de Jesús]* (Somerville, MA: Wisdom, 1998) o el
de Thich Nhat Hanh, *Living Buddha, Living Christ [Buda vivo, Cristo
vivo]* (Nueva York: Riverhead, 1997). Y en términos del diálogo
entre musulmanes y cristianos, sólo se me ocurre pensar en *Islam,
Postmodernism and Other Futures: A Ziauddin Sardar Reader [Islam,
postmodernidad y otros futuros: Lecturas de Ziauddin Sardar]*, editado por
Sohail Inayatullah y Gail Boxwell (Londres: Pluto, 2003), o el libro
de Irshad Manji, *The Trouble with Islam [El problema con el Islam]* (Nueva
York: St. Martin's, 2004). Lo que Sardar identifica como el problema
con el cristianismo occidental y Manji identifica como el problema
con el Islam podrían tratarse radicalmente mediante el redescubrimiento y la revaloración del mensaje secreto de Jesús.

CAPÍTULO 2: EL MENSAJE POLÍTICO DE JESÚS

1. Mi amigo Jim Wallis explica esta distinción en su importante libro
*God's Politics: Why the Right Gets It Wrong and the Left Doesn't Get It [La
política de Dios: Por qué los derechistas la captan mal y los izquierdistas no la
captan]* (San Francisco: HarperSanFrancisco, 2005).

2. Gran parte del material histórico en esta sección proviene de los
escritos de N. T. Wright, incluido *The Challenge of Jesus [El reto de Jesús]*
(Londres: SPCK, 2000). Muchas de sus cátedras están disponibles
en línea en el sitio www.ntwrightpage.com.

3. Entre estos teólogos y escritores que exploran la dimensión política
del mensaje de Jesús se cuentan John Howard Yoder, Stanley

Hauerwas, N. T. Wright, Jim Wallis, Walter Brueggemann, Walter Wink, Ron Sider, René Padilla, Chuck Gutenson y Tony Campolo.

4. Como veremos en el capítulo 16, los términos *reino* e *imperio* son problemáticos hoy día porque tienen connotaciones diferentes a las que tuvieron en el tiempo de Jesús. Para fines de este libro, empleo la palabra imperio para aludir a «reino de reinos» sin implicar una especie de imperialismo colonial.

5. Lee Camp ofrece un resumen útil de la dimensión política del mensaje de Jesús: «[Los discípulos] no estaban equivocados por esperar un reino real que marcaría la pauta en la historia humana, la política y la cultura. Jesús no los corrigió por esperar un reino sino por su noción falsa del tipo de rey que regiría el reino... Es decir, no se equivocaron por esperar un reino "político" a diferencia de uno "espiritual"... Más bien, Jesús anunció un reino político en el sentido clásico del término, puesto que se involucra en la manera como las comunidades reales arreglan sus asuntos... El gobierno de Dios no estaba lejos en los cielos sino que estaba invadiendo la historia humana, y por eso el reino del cielo todavía está "a la mano"» (*Mere Discipleship* [*Mero discipulado*] [Grand Rapids: Brazos, 2003], p. 92).

## Capítulo 3: El mensaje judío de Jesús

1. Resulta interesante que los primeros escritores cristianos sí vincularan a Jesús con el sacerdocio de un no judío conocido como Melquisedec, quien parecía representar una especie de sacerdocio orgánico anterior al judaísmo (véase Hebreos 5.5-10). Una exploración fascinante de este tema puede encontrarse en el libro de Don Richardson, *Eternity in Their Hearts* [*La eternidad en sus corazones*] (Ventura, CA: Regal, 1981).

2. Mi libro *The Last Word and the Word After That* [*La última palabra y la palabra que le sigue*] (Nueva York: Jossey-Bass, 2005) explora de forma introductoria la historia y el significado del lenguaje del infierno.

3. Walter Brueggemann llama esta función profética «imaginación profética». Véase *The Prophetic Imagination* (Minneapolis: Augsburg Fortress, 2001).

CAPÍTULO 4: EL MENSAJE REVOLUCIONARIO DE JESÚS

1. Mi libro *The Story We Find Ourselves In* [*La historia en que nos encontramos*] (Nueva York: Jossey-Bass, 2003) se dedica a explorar esta narrativa bíblica en mayor detalle.

2. También podríamos hablar de Jesús como un nuevo Josué (ambos nombres son sinónimos en hebreo) con una misión expansiva de reconciliación y sanidad en lugar de conquista y destrucción.

3. Gracias a Wes White por sus ideas sabias que han influenciado este capítulo.

CAPÍTULO 5: EL MENSAJE MISTERIOSO DE JESÚS

1. Gracias a Dallas Willard por este lenguaje de relación interactiva.

2. Más sobre el uso intrigante de preguntas por parte de Jesús en el libro de Conrad Gempf, *Jesus Asked* [*Jesús preguntó*] (Grand Rapids: Zondervan, 2003).

CAPÍTULO 6: EL MEDIO DEL MENSAJE

1. Para mayor información sobre las dificultades al hablar (o escribir y leer) acerca de Dios, véase de Peter Rollins, *How (Not) to Speak of God* [*Cómo (no) se debe hablar de Dios*] (Londres: SPCK, 2006).

CAPÍTULO 7: LA DEMOSTRACIÓN DEL MENSAJE

1. Aunque creo que los milagros pueden ocurrir, no creo todos los reportes de milagros que oigo porque muchos son producto de lo que la gente quiere creer, el auto-engaño, la exageración y el fraude como tal. Tampoco creo en milagros por demanda, la idea de que los milagros están garantizados para cualquiera que encuentre y aplique la fórmula correcta. Eso reduciría el poder de Dios a un mecanismo y equivaldría a encajar a Dios en los compartimentos predecibles de nuestra cosmovisión occidental mecánica y reduccio-nista, lo cual a su vez reduciría lo sobrenatural a una especie de mecanismo natural.

2. Si le interesa saber más de mi travesía espiritual personal, puede cotejar mis libros más personales o confesionales *Finding Faith*

[*Encontrando la fe*] (Grand Rapids: Zondervan, 1999) y *A Generous Orthodoxy* [*Una ortodoxia generosa*] (Grand Rapids: Zondervan, 2004).

3. El racismo encubierto tal vez resulte más difícil de erradicar que el racismo abierto.

4. Fyodor Dostoevsky (1821–1881) habló en estos términos de la persona atrapada en una cosmovisión mecanizada: «Siempre encontrará fuerzas y habilidad para descreer lo milagroso, y al verse confrontado con un milagro irrefutable preferirá desacreditar sus propios sentidos que admitir el hecho. La fe no es producto del milagro sino el milagro de la fe» (*Los hermanos Karamazov*, capítulo 5).

5. Resulta interesante contrastar esta manera de entender las señales y los prodigios con las prácticas de la mayoría de los que se conocen como sanadores y milagreros.

## CAPÍTULO 8: EL ESCÁNDALO DEL MENSAJE

1. Su reacción es todo lo opuesto a los encubrimientos institucionales de errores y ofensas que se han vuelto tan comunes en nuestro tiempo.

2. Esta tensión del reino de Dios como una fuerza poderosa pero no imponente ni irresistible salta a la vista en Juan 3.16-21: «Porque tanto amó Dios al mundo… la luz vino al mundo, pero la humanidad prefirió las tinieblas a la luz, porque sus hechos eran perversos» (NVI). El amor y la luz de Dios, las fuerzas más poderosas del universo, son susceptibles a nuestro rechazo.

3. Hechos 16.16-18 provee un contraejemplo, donde Pablo confronta directamente a un «demonio personal». En 1 Corintios, Pablo parece tener cierta ambivalencia en cuanto a los demonios personales. En 8.4-7 dice: «Sabemos que un ídolo no es absolutamente nada… Pero no todos tienen conocimiento de esto». Luego, en 10.19-20 dice: «¿Qué quiero decir… que el ídolo mismo sea algo? No, sino que cuando ellos ofrecen sacrificios, lo hacen para los demonios, no para Dios» (NVI). ¿Afirma Pablo la realidad de los

demonios, o simplemente señala las intenciones erróneas de quienes adoran ídolos?

4. No puedo pensar en una dramatización más escalofriante de este proceso que la película del canal HBO *The Conspiracy [La conspiración]*, que presenta a un grupo de oficiales alemanes que son «poseídos» por el espíritu del nazismo.

5. Mohandas Gandhi (1869–1948), tras haber visto la fealdad del cristianismo occidental reflejada en el colonialismo, dijo una vez: «Considero al cristianismo occidental en su puesta en práctica una negación del cristianismo de Cristo».

6. Debería advertirse que una de las tentaciones satánicas de Jesús fue hacer un trato y abandonar su labor por el reino de Dios a cambio de «todos los reinos del mundo» (Mateo 4.8). Esto podría representar la tentación esencial a todo poder.

7. Véase de Bruce Ellis Benson, *Graven Ideologies: Nietzsche, Derrida and Marion on Modern Idolatry [Ideologías de ídolos: Nietzsche, Derrida, Marion y la idolatría moderna]* (Downers Grove, IL: InterVarsity, 2002).

## Capítulo 9: Un secreto que no se puede guardar
1. Véase, por ejemplo, Isaías 60.1-3, el Salmo 117 o el libro asombrosamente subversivo de Jonás.

## Capítulo 11: El secreto abierto
1. Para una lectura alternativa, refiérase al capítulo 19.
2. El obispo N. T. Wright explora la relación de Jesús y Pablo en *What St. Paul Really Said: Was Paul of Tarsus the Real Founder of Christianity? [Lo que San Pablo dijo realmente: ¿Fue Pablo de Tarso el fundador real del cristianismo?]* (Grand Rapids: Eerdmans, 1997).
3. Creo que esta práctica social radical del mensaje del reino se aprecia muy rara vez hoy en día. Véase Hechos 10.1–11.18; 2 Corintios 5.16; Colosenses 3.11; Gálatas 3.28; y Efesios 2.13-18.

## Capítulo 12: El mensaje encuentra un nuevo escondite
1. Era una variedad del arameo. Véase de Lamin Sanneh, *Translating the Message: The Missionary Impact on Culture [Cómo se traduce el mensaje: El impacto misionero en la cultura]* (Maryknoll, NY: Orbis, 1989).

2. Véase en el libro de Sylvia Keesmaat y Brian Walsh, *Colossians Remixed: Subverting the Empire* [*Colosenses, la nueva mezcla: Cómo se subvierte un imperio*] (Downers Grove, IL: InterVarsity, 2004) una exploración de este tema en Colosenses.

3. En realidad, Pablo está más cerca de Jesús en este sentido de lo que muchos reconocen. Un buen ejemplo es el libro de Romanos, donde Pablo estructura menos su historia como un argumento linear y más como una sucesión rápida de analogías, imágenes, narraciones y conversaciones imaginarias. Evoca matrimonios y divorcios, esclavos y amos, cuerpos y partes del cuerpo, vasijas y alfareros, además de una serie de historias y personajes bíblicas desde Adán hasta Abraham. Contrario a la percepción popular, Pablo se parece menos a un jurisprudente armado de códigos y argumentos legales y más a un poeta que compone parábolas.

## CAPÍTULO 13: ENTIENDO, LUEGO ENTRO

1. Esta idea quedó bellamente capturada en la canción de Jill Phillips *"God Believes in You"* [«*Dios cree en ti*»] incluida en su disco *Writing on the Wall* [*La escritura sobre la pared*] (Fervent, 2003).

## CAPÍTULO 14: EL MANIFIESTO DEL REINO

1. Dos clásicos de la práctica espiritual: El libro de Richard Foster, *Celebration of Discipline* [*Celebración de la disciplina*] (Harper San Francisco, 1998) y el libro de Dallas Willard, *Spirit of the Disciplines* [*El espíritu de las disciplinas*] (Harper San Francisco, 1991).

2. Dallas Willard, *"Jesus the Logician"* [*Jesús el lógico*], en la revista Christian Scholars Review 28, no. 4 (1999): pp. 605–14, disponible en el sitio www.dwillard.org.

3. Atenágoras, un apologista cristiano de finales del siglo segundo definió el ethos cristiano en estos términos: «Pero entre nosotros usted hallará a personas no educadas, artesanos, ancianas y demás, que así sean incapaces de probar con palabras el beneficio de nuestra doctrina, por sus obras exhiben el beneficio que se deriva de su persuasión de la verdad. Ellos no ensayan discursos sino que exhiben buenas obras; si los golpean, ellos no devuelven el golpe; si los

roban, ellos no acuden a la ley; le dan a todo aquel que les pide, y aman a su prójimo como a sí mismos» (A. Roberts, editor, *The Ante-Nicene Fathers [Los padres antes de Nicea]* [Nueva York: Christian Literature Press, 1885], p. 134).

## Capítulo 15: La ética del reino

1. Las lecturas convencionales del manifiesto del reino se enfocan mucho en cuán imposibles son sus demandas y frustran cualquier esperanza de vivir conforme a sus principios si no es por pura misericordia divina. Yo afirmo de todo corazón la necesidad de acudir a Dios y depender de su misericordia, pero no veo el manifiesto como un llamado a alcanzar una perfección técnica de tipo farisaico. Más bien, tengo la impresión de que este modo de vida no impone demandas imposibles y opresivas sino saludables, atractivas y liberadoras. Esto me recuerda las palabras de Jesús mismo sobre su enseñanza ética (o su «yugo» como se decía en su época): «Vengan a mí todos ustedes que están cansados y agobiados, y yo les daré descanso. Carguen con mi yugo y aprendan de mí, pues yo soy apacible y humilde de corazón, y encontrarán descanso para su alma. Porque mi yugo es suave y mi carga es liviana» (Mateo 11.28-30, NVI). Más sobre «yugo» en *Velvet Elvis [Elvis de terciopelo]* (Grand Rapids: Zondervan, 2005), 40ss. Como dice Dallas Willard, el costo del discipulado debe compararse con las consecuencias terribles de no ser discípulos.

2. Para ampliar esta lectura del manifiesto de Jesús, véase de Walter Wink, *The Powers That Be: Theology for a New Millennium [Los poderes del momento: Teología para un nuevo milenio]* (Nueva York: Galilee Doubleday, 1998).

## Capítulo 16: El lenguaje del reino

1. Las palabras citadas son de Dallas Willard. Más sobre la traducibilidad del evangelio en el libro de Lamin Sanneh, *Translating the Message: The Missionary Impact on Culture* (Maryknoll, NY: Orbis, 1989).

2. El Dr. Grenz, quien en años recientes se volvió amigo y mentor mío, falleció mientras se escribía este libro. *Theology for the Community of God* [*Teología para la comunidad de Dios*] (Grand Rapids: Eerdmans, 2000) es una buena introducción a su obra.

3. El bello himno de los Shaker «Señor de la danza» merece ser escuchado y considerado nuevamente a la luz del poder y la belleza de esta metáfora.

## CAPÍTULO 17: EL REINO PACÍFICO

1. Recomendaría el libro de Walter Wink, *The Powers That Be: Theology for a New Millennium* (Nueva York: Galilee Doubleday, 1998) para profundizar el estudio de este tema de importancia vital. Además, la reflexión sobre dos películas, *La Misión* (1986) y *To End All Wars* [*Para poner fin a todas las guerras*] (2001), estimulará un diálogo importante sobre Jesús y la violencia.

2. Lee Camp, *Mere Discipleship: Radical Christianity in a Rebellious World* [*Mero discipulado: El cristianismo radical en un mundo rebelde*] (Grand Rapids: Brazos, 2003), p. 125.

3. Martin Luther King Jr., informe anual titulado «¿A dónde vamos desde aquí?», pronunciado en la 11ª Convención del Liderazgo Cristiano del Sur, el 16 de agosto de 1967 en Atlanta, Georgia.

4. Martin Luther King Jr., «Las víctimas de la guerra en Vietnam», discurso pronunciado el 25 de febrero de 1967 en Los Ángeles, California.

5. Martin Luther King Jr., discurso pronunciado al aceptar el Premio Nóbel de la Paz, el 10 de diciembre de 1964 en Oslo, Noruega.

6. La película clásica *A Few Good Men* [«Cuestión de honor»] sirve como comentario en estas situaciones, al igual que las torturas reales que se infligieron hace poco en la prisión Abu Ghraib de Irak.

7. Sharon D. Welch escribe: «Necesitamos el coraje de quienes se niegan a prestar servicio en situaciones injustas. Necesitamos la presencia de israelíes y palestinos que hagan manifestaciones por la paz, declarando "no somos enemigos". Necesitamos gente en los Estados Unidos que se manifieste... en solidaridad con aquellos que

sufren y son testigos silenciosos de los horrores de la guerra. Sin tales objeciones por principios a la guerra, sin ese compromiso resuelto por la paz, yo cuestionaría nuestra humanidad. Ahora bien, si no emprendemos acciones continuas y esfuerzos concertados para institucionalizar los medios para la prevención de la guerra, yo cuestiono nuestra creatividad y sabiduría». Luego ella nos recuerda el antiguo aforismo: *Dulce bellum inexpertis*, «la guerra es dulce para quienes no la han experimentado» (*After Empire: The Art and Ethos of Enduring Peace [Imperio post: El arte y el ethos de la paz duradera]* [Minneapolis: Augsburg Fortress, 2004], pp. 161–62).

8. Soy consciente que al escribir estas palabras, muchas personas en el mundo temen que mi país se ha propuesto revivir una nueva era de colonialismo. Yo comparto su temor y espero que este libro contribuya de alguna manera pequeña a mantener soplando el viento en contra ante esa clase de avivamiento.

## CAPÍTULO 18: LAS FRONTERAS DEL REINO

1. Para mayor información sobre el «compañerismo de mesa» de Jesús, véase de Conrad Gempf, *Mealtime Habits of the Messiah [Los hábitos de comida del Mesías]* (Grand Rapids: Zondervan, 2005).
2. Doy gracias a Wes White de Glasgow, Escocia, por esta frase.

## CAPÍTULO 19: EL FUTURO DEL REINO

1. No estoy diciendo aquí que la Biblia no contenga predicciones del futuro, sino más bien que muchos de los pasajes que comúnmente interpretamos en ese sentido serían mejor interpretados como advertencias y promesas.
2. Más sobre esta manera de abordar la profecía bíblica en los libros de Craig Hill, *In God's Time: The Bible and the Future [En el tiempo de Dios: La Biblia y el futuro]* (Grand Rapids: Eerdmans, 2002), y Walter Brueggemann, *The Prophetic Imagination [La imaginación profética]* (Minneapolis: Augsburg Fortress, 2001).
3. Para una lectura interesante del libro de Apocalipsis y demás tópicos relacionados desde una perspectiva similar en varios aspectos a la

presentada en este capítulo, véase la obra de Timothy y Max King (presence.tv).

4. Disponible en los sitios www.christianfutures.com y www.presence.tv. Véase también la obra naciente de Andrew Perriman sobre escatología y el reino de Dios, disponible en www.opensourcetheology.net, y su próximo libro, *The Coming of the Son of Man [La venida del Hijo del Hombre]*. Véase también el importante libro de Scott McKnight, *A New Vision for Israel: The Teachings of Jesus in National Context [Una nueva visión para Israel: Las enseñanzas de Jesús en contexto nacional]* (Grand Rapids: Eerdmans, 1999).

5. Resulta interesante que Andrew Perriman (www.opensourcetheology.net) llame post-escatológico nuestro contexto posterior a los años 67–70 A.D.

## CAPÍTULO 20: LA COSECHA DEL REINO

1. C. S. Lewis ofrece cuatro definiciones del cielo en *Miracles [Milagros]* (San Francisco: HarperSanFrancisco, 2001), 256–57. Para Lewis, la palabra cielo incluye por lo general lo que llamamos resurrección y el estado intermedio entre la muerte y la resurrección. Él define cielo como «toda la Naturaleza o sistema de condiciones en que los espíritus humanos redimidos, sin dejar de ser humanos, pueden disfrutar de tal participación [en la vida divina de Dios] plena y eternamente». Esta definición inusualmente amplia del cielo podría ser idéntica o casi idéntica a nuestra noción de reino de Dios en este libro, puesto que para Lewis esta participación en la vida divina de Dios empieza aquí y ahora, antes de la muerte. Él se enfoca en una realidad futura gloriosa que en un sentido invade el presente, mientras que nosotros partimos de una realidad presente gloriosa que se expande hacia un futuro todavía más glorioso, pero son significativos los elementos comunes.

2. *Cielo* a veces se refiere simplemente al espacio donde vuelan las aves y se ven los astros. Sin embargo, debemos recordar que ese cielo para los antiguos era la fuente misteriosa de la luz solar y la lluvia, y también era visto como la morada de Dios. En este sentido, la palabra cielo tendría la misma relación con la atmósfera física como

la que tiene la palabra *corazón* con el músculo que bombea sangre dentro del pecho, y que se entiende en frases como «te amo con todo mi corazón». *Cielo* también puede emplearse en representación de Dios mismo, como cuando decimos «válgame el cielo» que significaría «Dios, ayúdanos». (*Reino del cielo* probablemente alude a este significado).

3. Más sobre el cielo y su relación con la resurrección en el libro de N. T. Wright, *The Resurrection of the Son of God [La resurrección del Hijo de Dios]* (Minneapolis: Augsburg Fortress, 2003), especialmente las páginas 417ss.

4. La idea convencional de almas o espíritus carentes de cuerpo está siendo reevaluada en varios círculos teológicos. Para una buena introducción a este tema, véase de Joel Green, editor, *What About the Soul? [¿Y qué del alma?]* (Nashville: Abingdon, 1999).

5. Yo trato este tema en mayor detalle en mi libro *The Last Word and the Word After That [La última palabra y la palabra que le sigue]* (Nueva York: Jossey-Bass, 2005). En especial, las páginas 115–20.

6. La noción de «privilegio blanco» constituye un ejemplo poco usual de un pueblo moderno que reconoce su responsabilidad grupal.

7. En un capítulo previo mencionamos otro grupo religioso, los esenios. Sus ideas complejas sobre la vida después de la muerte son menos relevantes aquí, puesto que ellos vivían aislados del resto de la sociedad judía.

8. Para quienes estén familiarizados con la filosofía de posguerra, post-holocausto y post-colonialismo, así como su sensibilidad a los temas de poder, opresión, dominación e injusticia, la frase indica que el reino de Jesús se propone deconstruir todas las demás formas de ejercer autoridad. Este podría verse como el proyecto más dominante de todos, el imperialismo supremo, si no fuera porque Cristo al fin de cuentas no detentará el poder sino que lo transferirá, lo soltará y se sujetará a sí mismo a Dios. Esto me hace pensar en la trilogía de J. R. R. Tolkien *El señor de los anillos*, que trata ese mismo tema: La retención precavida del poder por parte de los mansos para que finalmente pueda ser liberado y destruido. Esta aproximación paradójica al poder, como hemos visto, está en el

centro de la vida, el ministerio y el mensaje secreto de Jesús. Él es un rey que actúa como un siervo que le lava los pies a sus discípulos, que entra montado sobre un pollino de asna en lugar del corcel de un guerrero, que no gobierna desde un trono sino desde una cruz, que trae la paz sin derramar la sangre de otros sino sangrando y sufriendo él mismo, que dice «el mayor entre ustedes es el que sirve a todos», y de esta manera establece un contraste tremendo entre su entendimiento de la grandeza y el de aquellos que gobiernan «enseñoreándose» de los demás.

9. Walter Wink, *The Powers That Be: Theology for a New Millennium* (Nueva York: Galilee Doubleday, 1998), p. 64.

10. C. S. Lewis, *Miracles* (San Francisco: HarperSanFrancisco, 2001), pp. 243–44.

11. C. S. Lewis, *The Problem of Pain* [*El problema del dolor*] (San Francisco: HarperSanFrancisco, 2001), pp. 148–49.

12. C. S. Lewis, *The Weight of Glory* [*El peso de la gloria*] (San Francisco: HarperSanFrancisco, 2001), p. 25.

13. Resulta interesante que una de las traducciones de la frase de Pablo «en el reino» parezca equivaler a «en el Cristo resucitado». Claramente, nuestra resurrección todavía no ha sucedido, pero para Pablo ya es una realidad gracias a la resurrección de Cristo: De alguna manera, nosotros fuimos resucitados con él. Por eso es que Pablo dice, por ejemplo: «Por tanto, mediante el bautismo fuimos sepultados con él en su muerte, a fin de que, así como Cristo resucitó por el poder del Padre, también nosotros llevemos una vida nueva... En cuanto a su muerte, murió al pecado una vez y para siempre; en cuanto a su vida, vive para Dios. De la misma manera, también ustedes considérense muertos al pecado, pero vivos para Dios en Cristo Jesús» (Romanos 6.4-11, NVI); «Y en unión con Cristo Jesús, Dios nos resucitó y nos hizo sentar con él en las regiones celestiales» (Efesios 2.6, NVI); «Ya que han resucitado con Cristo, busquen las cosas de arriba, donde está Cristo sentado a la derecha de Dios» (Colosenses 3.1, NVI). En otras palabras estamos invitados a empezar a vivir desde ya como todos

vivirán algún día en la resurrección, en el mundo que será hecho nuevo. Así pues, no dejemos que nuestra vida sea determinada por el pasado ni por el presente, sino por el futuro que a través de la resurrección de Cristo se ha hecho presente y disponible en el aquí y ahora.

14.   «Una historia gloriosa que no terminará nunca jamás» no es lo mismo que una historia que termina en un estado platónico sin tiempo ni espacio, donde nada más vuelve a ocurrir. Lo que Dios espera cosechar de la creación es exactamente lo mismo que caracteriza una cosecha: semillas y fruto. Trátese de manzanas, trigo, maíz o soya, lo que se cosecha casi siempre es el germen reproductivo que se necesita para la próxima temporada de cultivo y crecimiento. Por ende, la cosecha de este mundo y su historia será la recolección de todo el buen fruto de todas las épocas y lugares, limpiado y separado de la maleza, dejando únicamente semillas puras, llenas de posibilidades nuevas para un futuro radiante. «El fin», entonces, no es el fin del futuro sino su nuevo comienzo tras haber sido liberado de los círculos viciosos y las estructuras de dominación de «este mundo malvado» (Gálatas 1.4). Tanto Jesús como Pablo emplean la imagen del nacimiento de un bebé para representar este fin como nuevo comienzo (Juan 16.20-22; Romanos 8.22-23). En esa metáfora, nuestro universo se encuentra en una labor cósmica de parto que de algún modo dará nacimiento a una nueva creación. Pablo describe los dolores y las luchas que experimentamos como una participación de los sufrimientos de Cristo, las contracciones y los dolores de parto necesarios para dar a luz al reino de Dios en su plenitud. Estos dolores, dice el apóstol, son tan «ligeros y efímeros» que no vale la pena compararlos «con la gloria que habrá de revelarse en nosotros» (véase 2 Corintios 4.17, también Romanos 8.18).

15.   C. S. Lewis, *Mere Christianity* (San Francisco: HarperSanFrancisco, 2001), p. 137. Se podría añadir que la imagen de coronas en las cabezas de todas las personas alude a la destrucción del «sistema de dominación», evocando una especie de igualitarismo donde toda la gente tiene la misma capacidad y libertad. De forma

similar, cuando Pedro usa el lenguaje de «real sacerdocio» está aludiendo a una sociedad en la que no hay un sistema religioso de dominación porque todos sus miembros son sacerdotes. Lewis dice lo siguiente acerca de quienes toman demasiado literalmente estas imágenes de harpas, coronas, oro y puertas de perla: «Si no pueden entender libros escritos para gente adulta, no deberían hablar sobre ellos». Lewis ofrece sus propias imágenes fértiles de la vida después de la muerte en su libro *The Great Divorce [El gran divorcio]* (San Francisco: HarperSanFrancisco, 2001).

16. Lewis, *Weight of Glory*, pp. 38–39.

## CAPÍTULO 21: CÓMO VER EL REINO

1. Huston Smith, *The Soul of Christianity: Restoring the Great Tradition [El alma del cristianismo: Restaurando la gran tradición]* (San Francisco: HarperSanFrancisco, 2005).

2. C. S. Lewis, *The Weight of Glory* (San Francisco: HarperSanFrancisco, 2001), p. 397.

3. Frederick Buechner, *Secrets in the Dark [Secretos en la oscuridad]* (Nueva York: HarperCollins, 2005), p. 118.

4. Ibid., p. 214.

5. Ibid., pp. 214–15.

6. Ibid., p. 121.

7. Ibid., p. 122.

8. Resulta interesante, en vista de ello, que el libro de Apocalipsis no termine con el transporte de gente al cielo sino con el descenso de la Jerusalén celestial (la «ciudad de la paz») a la tierra.

## APÉNDICE 1: ¿POR QUÉ NO LO ENTENDIMOS MUCHO ANTES?

1. Michael Cassidy.

2. Gracias a Jo-Ann Badley por su idea sobre cómo establecer lo que es una buena interpretación.

3. A propósito, quienes creen que los llamados evangelios gnósticos ofrecen una manera más radical de leer el texto deberían advertir que esos documentos son muchísimo más «griegos» que los docu-

mentos que tenemos en la Biblia. Casi todos contienen dichos de Jesús sin descripción del contexto o la situación, y refuerzan la interpretación atemporal del mensaje de Jesús en lugar de este acercamiento histórico y de relevancia política.

4. Walter Wink, *The Powers That Be: Theology for a New Millennium* (Nueva York: Galilee Doubleday, 1998), pp. 81, 90.
5. Véase también el ensayo de Mabiala Kenzo sobre post-colonialismo, disponible en el sitio www.anewkindofconversation.com, que será incluido en un libro editado por Myron Penner.
6. Charles E. Moore, editor, *Provocations: Spiritual Writings of Søren Kierkegaard [Provocaciones: Los escritos espirituales de Søren Kierkegaard]* (Maryknoll, NY: Orbis, 2003).
7. Wink, *Powers That Be*, p. 91.
8. Véase E. Stanley Jones, *Ghandi* (Abingdon, 1993).

APÉNDICE 2: *EL COMPLOT DE LA BONDAD*

1. Una versión de la Biblia con sensibilidad especial a su flujo narrativo es *The Voice [La voz]* (que será sacada al mercado por World Publishing).
2. Considere la posibilidad de invitar a su grupo personas de una variedad de trasfondos raciales, étnicos y religiosos. Por supuesto, tendrá que establecer reglas claras para la interacción, y encontrará buenas ideas sobre reglas para grupos diversificados en los materiales de Simple Spirituality que se encuentran disponibles siguiendo el enlace http://www.off-the-map.org/idealab/articles/id10304-1ss.html. Consulte también los materiales disponibles en el sitio www.anewkindofchristian.com.
3. Se pueden encontrar planes de oración muy útiles en los sitios www.explorefaith.org y www.sacredspace.ie.
4. Gracias a mi amigo Bart Campolo por la estupenda expresión el complot de la bondad.
5. Visite www.worship4justice.org y www.crcc.org.
6. Si su grupo explora esta posibilidad, tal vez quiera incorporar las prácticas de bautismo y comunión como las discutimos brevemente

en el capítulo 18. Para recibir orientación y recursos en la formación más intencional de su grupo como una iglesia o comunidad de fe y misión, visite el sitio www.emergentvillage.com.

7. Más recursos sobre la adoración en el espíritu de la justicia se encuentran en www.anewkindofchristian.com.

# ACERCA DEL AUTOR

BRIAN D. MCLAREN es un conferencista de fama internacional, miembro de la junta directiva de Sojourners y autor de diez libros ilustres sobre el cristianismo contemporáneo, incluidos *Un nuevo tipo de cristiano* y *Una ortodoxia generosa*.

Para obtener más materiales visite:
www.brianmclaren.net

# EL MENSAJE SECRETO DE JESÚS

## DISPONIBLE EN INGLÉS

BRIAN D. McLAREN

Author of A New Kind of Christian

# THE SECRET MESSAGE OF JESUS

## UNCOVERING THE TRUTH THAT COULD CHANGE EVERYTHING

ISBN: 084990000X

GRUPO NELSON
Una división de Thomas Nelson Publishers
juntos inspiramos al mundo
www.gruponelson.com

«Este libro va a ser como una piedra en el zapato. Es posible que le haga enojarse. Jesús tiene ese efecto en la gente, nos recuerda Brian McLaren con sabiduría sin pretensiones. *El mensaje secreto de Jesús* nos reta a dejar a un lado nuestras certezas estériles acerca de Cristo y volver a considerar con imaginación renovada el maravilloso mundo de las historias, las señales y los prodigios de Jesús».

— MARK MOSSA, S.J., coautor de
*Just War, Lasting Peace: What Christian Traditions Can Teach Us*

«Brian McLaren se ha propuesto entender y responder a la persona, la personalidad y el programa de Jesús con un uso excepcional de la imaginación. Su talento consiste en presentar una lectura inteligente de los evangelios, con sensibilidad aguda hacia la belleza y la brutalidad de la humanidad, y una propuesta convincente con las posibilidades inherentes al mensaje de Jesús. Este libro debería ayudarnos a renovar nuestra esperanza».

— ANDREW PERRIMAN, autor de *The Coming of the Son of Man*

«Durante los últimos años Brian McLaren nos ha ayudado a navegar las aguas siempre cambiantes de nuestra cultura emergente postmoderna. Sus libros arrojan luz y nos infunden esperanza sobre muchas de las preguntas difíciles que nuestro nuevo mundo se hace en cuanto a sus creencias, y también nos capacitan para volver a imaginar la naturaleza y el propósito de nuestra fe y la iglesia. Este libro de Brian nos ayuda a avanzar en nuestro rumbo. *El mensaje secreto de Jesús* es probablemente su obra más importante hasta ahora».

— JASON CLARK, coordinador del
Movimiento Emergente en el Reino Unido

«Cuando terminé de leer *El mensaje secreto de Jesús*, me vino a la mente la idea de que este es el último libro cristiano que necesito leer. Llegó la hora de poner los libros en el librero y entrar en acción».

— TIM BLAIR, vicepresidente ejecutivo
de las tiendas cristianas Parable

«Es asombroso que *El mensaje secreto de Jesús* también sea un secreto para muchos cristianos, pero Brian McLaren explica con valentía cómo y por qué es así. En este libro, las «buenas nuevas» suenan buenas otra vez, en los oídos de cristianos y no cristianos por igual».

— OTEIL BURBRIDGE, bajista del grupo The Allman Brothers Band

«Brian es considerado, agudo, audaz e inquieto. En eso se parece un poco al hombre de quien escribe».

— JOHN ORTBERG, autor con éxitos de ventas
y maestro pastor, iglesia presbiteriana Menlo Park

«Brian explora a Jesús y su mensaje "secreto" de forma imaginativa e invitadora, y también provoca controversia y diálogo, tal como lo hizo Jesús».

— DICK STAUB, presidente del Centro para la Fe y la Cultura,
comunicador y autor de *Christian Wisdom of the Jedi Masters*

«¡Brian McLaren lo ha hecho de nuevo! Ha escrito un libro que pone en entredicho la religiosidad tradicional con un redescubrimiento vital de las verdades centrales de la Biblia».

— TONY CAMPOLO, profesor honorario de Eastern University
y autor de *Speaking My Mind*

una inyección de energía y la renovación de su propio compromiso como resultado de leer estas páginas».

— PHYLLIS TICKLE, editora de temas religiosos (jubilado)
de *Publishers Weekly* y compiladora de *The Divine Hours*

«Brian McLaren insiste amablemente en que reconozcamos el mensaje de Jesús como una revolución continua que tal vez nunca culmine en nuestra dimensión temporal. La ley de Dios no cambia, eso jamás, pero nuestra percepción de ella nunca es estática y debe cambiar con el paso de los siglos. Nuevos estudios e ideas, nuevas metáforas y reconocimientos de limitaciones pasadas pueden acercarnos cada vez más a la naturaleza viva y dinámica de las Escrituras al mismo tiempo que procuramos cumplir con sus demandas radicales. McLaren nos recuerda que hemos sido invitados a ser transformados a través de Cristo. Este es un libro lúcido, convincente, crucial y liberador para todo aquel que quiera experimentar el bendito calor abrasador que el cristianismo tiene en su fuente».

— ANNE RICE, escritora de *Christ the Lord: Out of Egypt*

«En *El mensaje secreto de Jesús* la neblina religiosa empieza a disiparse y la vida revolucionaria que Jesús vivió y a la que nos llama empieza a adquirir forma. No vacile en leer este libro sabio que pondrá a volar su imaginación».

— ZACH LIND, baterista del grupo Jimmy Eat World

«Es por muy buena razón que Brian McLaren ha "emergido" como una voz destacada en la formación de la iglesia venidera. Su pasión y sus talentos se articulan a plenitud en esta obra donde invita al lector a considerar de nuevo las dimensiones más urgentes y elementales de Jesús. McLaren irrumpe más allá de la fe convencional de la iglesia para llegar a la médula del texto sagrado, allí donde le sale al encuentro Aquel quien es revolucionario, subversivo y acogedor en el sentido más exigente y restaurador que se pueda imaginar».

— WALTER BRUEGGEMANN, profesor del seminario teológico Columbia
y autor de *La imaginación profética*

«Este es el verdadero "código Da Vinci", el mensaje perdido que todavía no ha captado la iglesia contemporánea. Un libro poderoso que abre los ojos y me ha puesto a repensar mi propia postura en cuanto a todo».

— JACK HAFER, productor de la película *To End All Wars*

# Quién recomienda leer el libro de Brian McLaren,
## El mensaje secreto de Jesús

«McLaren es un pastor y escritor exitoso que recorre los evangelios desde una perspectiva novedosa y a veces radical. Hace un trabajo excelente al capturar el sereno estilo revolucionario de Jesús».

—Publishers Weekly (libros nuevos distinguidos)

«En *El mensaje secreto de Jesús*, Brian McLaren nos transmite su propia experiencia de meditación en las enseñanzas y acciones de Jesús. Mientras lee este magnífico libro es muy posible que usted cuestione a Jesús, aprecie a Jesús, admire a Jesús, y quizás al final adquiera cierto sentido de amor y lealtad. Lo que le suceda en la lectura no será muy diferente de lo sucedido a hombres y mujeres que se encontraron con Jesús miles de años atrás, y a los millones de personas que han afirmado encontrarle desde entonces. McLaren sorprende por su objetividad al abstenerse de tratar de vendernos un producto o un programa. Es así como ha logrado crear una presentación refrescante del hombre que afirmó ser Dios».

— DONALD MILLER, autor de Tal como el Jazz

«En este libro definitivo, Brian nos reta a preguntar qué significaría hoy día vivir realmente a la altura del mensaje de Jesús, y al hacerlo nos invita a correr el riesgo de poner todo patas arriba».

— JIM WALLS, autor de La política de Dios y editor de la publicación Sojourners

«Brian McLaren nos ha dado una destilación sabia, oportuna y en ocasiones arrobadora del mensaje de Jesús. El autor está muy al tanto de las múltiples maneras en que ese mensaje ha sido distorsionado y demacrado por nosotros, pero McLaren sostiene el argumento convincente de que sigue siendo el mejor mensaje que tenemos. Así trae claridad, guía y por encima de todo, esperanza a nuestro mundo ensombrecido y desorientado».

— FREDERICK BUECHNER

«McLaren se abre paso en un nuevo terreno. *El mensaje secreto de Jesús* es su primera decodificación del evangelio para quienes son o desean ser cristianos de "una nueva estirpe". Lo más importante es que cristianos tanto viejos como nuevos recibirán